Jutta Schöler

Alle sind verschieden

Auf dem Weg zur Inklusion in der Schule

Beltz Verlag · Weinheim und Basel

Jutta Schöler, Prof. Dr., lebt in Berlin, lehrte von 1980–2006 an der Technischen Universität Berlin Erziehungswissenschaft.

Das Werk und seine Teile sind urheberrechtlich geschützt. Jede Nutzung in anderen als den gesetzlich zugelassenen Fällen bedarf der vorherigen schriftlichen Einwilligung des Verlages. Hinweis zu § 52a UrhG: Weder das Werk noch seine Teile dürfen ohne eine solche Einwilligung eingescannt und in ein Netzwerk eingestellt werden. Dies gilt auch für Intranets von Schulen und sonstigen Bildungseinrichtungen.

Lektorat: Cornelia Matz

© 2009 Beltz Verlag · Weinheim und Basel
www.beltz.de
Herstellung: Lore Amann
Satz: Druckhaus »Thomas Müntzer«, Bad Langensalza
Druck: Druck Partner Rübelmann, Hemsbach
Umschlaggestaltung: glas ag, Seeheim-Jugenheim
Umschlagabbildung: PantherMedia, München
Printed in Germany

ISBN 978-3-407-57220-2

Inhaltsverzeichnis

Einleitung 9

1. Integration aus der Sicht der Eltern 11
   1.1 Wann anfangen mit der Integration? 11
   1.2 Sonderschule oder Regelschule? 16
   1.3 Welche Schule ist die richtige? 18
   1.4 Wo finden Sie Unterstützung? 19
   1.5 Die Sonderschule ist gegen die Integration! Was können Sie tun? 20
   1.6 Schulärzt/innen befürworten den Übergang auf die
       Regelschule nicht! 21
   1.7 Ämter – Ämter 22
   1.8 Widerspruchsverfahren oder klagen? 23
   1.9 Sie haben es geschafft! Ihr Kind ist drin – in der Regelschule! 24

2. Integration aus der Sicht von Lehrer/innen der Regelschulen 26
   2.1 In meine Klasse kommt ein behindertes Kind! 26
   2.2 Die Ängste vor dem zweiten Erwachsenen im Klassenzimmer 31
   2.3 Die Vorteile des Zwei-Pädagogen-Prinzips bei
       integrativem Unterricht 35
   2.4 Die Fähigkeiten und die Umfeldbedingungen der Kinder beachten! 36
   2.5 Muss integrativer Unterricht unbedingt offener Unterricht sein? 37

3. Sonderpädagog/innen in Integrationsklassen 41
   3.1 Erwartungen der Regelschullehrkräfte an die Sonderpädagog/innen ... 43
   3.2 Selbsteinschätzungen der Sonderpädagog/innen 43
   3.3 Arbeit in einer Sonderschule – Arbeit als Kooperationslehrerin in
       einer Grundschule 45

4. Eltern setzen die Integration ihres behinderten Kindes durch 48
   4.1 Abhängigkeit vom Wohnort 48
   4.2 Gesetzliche Regelungen – Verwaltungsvorschriften 49
   4.3 Mit Schwierigkeiten muss gerechnet werden 52
   4.4 Argumente der Eltern für integrativen Unterricht 52
   4.5 Hürden mit Argumenten überwinden! 54

5. Leistungsbewertung in Integrationsklassen ... 57
- 5.1 Die Fragwürdigkeit von Zensuren ... 57
- 5.2 Selbsteinschätzungen lernen ... 59
- 5.3 »Nachteilsausgleich« bei zielgleichem Unterricht ... 61
- 5.4 Leistungsbewertung bei zieldifferentem Unterricht ... 62
- 5.5 Verbale Beurteilungen für alle Schüler/innen ... 63
  - 5.5.1 Die Schwierigkeiten, »gute« verbale Beurteilungen zu schreiben ... 64
  - 5.5.2 Inhaltsbereiche von Textzeugnissen ... 65
- 5.6 Ziffernzeugnisse auch für Schüler/innen mit schwerer Behinderung ... 68

6. Beginn einer Integrationsklasse ... 69
- 6.1 Eine gute Schule für alle nicht behinderten Kinder ist auch eine gute Schule für Kinder mit Behinderungen ... 69
- 6.2 Wie beginnen? ... 70
- 6.3 Rahmenbedingungen klären! ... 71
  - 6.3.1 Klassenfrequenzen ... 71
  - 6.3.2 Zusätzliche Lehrerstunden ... 72
- 6.4 Beachten der Individualität ... 73
  - 6.4.1 Kennenlernen der besonderen Kinder ... 74
  - 6.4.2 An den Fähigkeiten müssen wir uns orientieren – nicht an den Defiziten! ... 75
  - 6.4.3 Der Weg in die Schule – erste Schritte zur Autonomie ... 76
- 6.5 Klassenzusammensetzung ... 77
  - 6.5.1 Eine oder mehrere Integrationsklassen? ... 78
  - 6.5.2 Zwei Kinder mit derselben Behinderung in einer Klasse? ... 79
  - 6.5.3 Kinder mit verschiedenen Behinderungen in einer Klasse? ... 79
  - 6.5.4 Nicht behinderte Geschwisterkinder in dieselbe Klasse? ... 82
  - 6.5.5 Gruppen von »Problemkindern« in Integrationsklassen? ... 83
- 6.6 Gestaltung des Klassenraumes, Bereitstellung der Unterrichtsmaterialien ... 83
- 6.7 Kooperation der Erwachsenen als notwendige Voraussetzung für integrativen Unterricht ... 85

7. Kinder mit Hörschädigung im gemeinsamen Unterricht ... 86
- 7.1 Fragen zur Alltagssituation des Kindes mit einer Hörschädigung ... 87
  - 7.1.1 Wie kann das Kind verstanden werden? ... 88
  - 7.1.2 Welche Erfahrungen hat das Kind im Zusammenleben mit anderen Kindern? ... 90
  - 7.1.3 Welche besonderen Interessen und Vorlieben hat das Kind? ... 90
- 7.2 Musik, Spiel und Sport für hörgeschädigte Kinder ... 91
- 7.3 Welche Therapien erhält das Kind? ... 91
- 7.4 Personelle Voraussetzungen in der Schule ... 93

7.5	Die Gestaltung des Klassenraumes	93
7.6	Der Umgang mit den technischen Hilfsmitteln, insbesondere dem Hörgerät des Kindes	95
7.7	Die anderen und das hörgeschädigte Kind in der Klasse	96
	7.7.1 Das Verhalten der Lehrer/innen	96
	7.7.2 Das Verhalten der Mitschüler/innen	97
	7.7.3 Zur besonderen Methodik und Didaktik beim Unterricht mit hörgeschädigten Kindern	98
	7.7.4 Pausenzeichen – Feueralarm	100
7.8	Gehörlose Kinder und Gebärdensprache	100

8. Kinder mit Sehschädigung im gemeinsamen Unterricht 103

8.1	Orientierungshilfen für Kinder mit einer Sehschädigung in der Schule	105
8.2	Musik und Spiel für sehgeschädigte Kinder	106
8.3	Sport und Bewegung	106
8.4	Welche Unterstützung erhält das Kind außerhalb der Schule?	107
8.5	Die Gestaltung des Klassenraumes	107
8.6	Die anderen und das sehgeschädigte Kind	108
	8.6.1 Das Verhalten der Lehrer/innen	108
	8.6.2 Das Verhalten der Mitschüler/innen	110
8.7	Zur besonderen Methodik und Didaktik beim Unterricht mit sehgeschädigten Kindern	111
8.8	Nichtaussonderung von blinden Kindern – Von Anfang an dabei sein!	112
8.9	Zwei sehr verschiedene blinde Kinder	114

9. Die Nichtaussonderung von körperbehinderten Kindern 117

9.1	Nur wenige Kinder benötigen ein rollstuhlgerechtes Gebäude	117
9.2	Rollstuhlgerechte Gebäude	119
9.3	Wie verständigt sich das körperbehinderte Kind?	121
9.4	Schreiben von Kindern mit Einschränkungen der Feinmotorik	122
9.5	Sportunterricht mit körperbehinderten Kindern	123
9.6	Welche Unterstützung, welche Therapien erhält das Kind außerhalb der Schule?	125
9.7	Die Gestaltung des Klassenraumes	126

10. Nichtaussonderung von Kindern mit Epilepsie 128

10.1	Die wichtigsten Epilepsien	128
	10.1.1 Grand mal – der große generalisierte Anfall	128
	10.1.2 Absencen	129
	10.1.3 Parzielle oder psychomotorische epileptische Anfälle	129
10.2	Behandlung von Epilepsien	130

10.3 Selbstkontrolle – Unterstützung durch Lehrer/innen und
Mitschüler/innen 130
10.4 Ein anfallkrankes Kind in der Klasse 131
    10.4.1 Lehrer/innen haben einen Verdacht – Wie mit den
Eltern reden? 132
    10.4.2 Eltern kennen die Diagnose – Wie mit den
Lehrer/innen reden? 133

11. Kinder mit großen Lernproblemen in Integrationsklassen 135
    11.1 Zieldifferenter Unterricht für Kinder mit Lernproblemen 138
    11.2 Zieldifferenter Unterricht nutzt allen Kindern 140

12. Benachteiligte Kinder in Integrationsklassen 141

13. Kinder mit erheblichen Störungen der Sprache in Integrationsklassen ... 145

**14. Kinder, die als »geistig behindert« bezeichnet werden, in
Integrationsklassen** 147

15. Kinder mit der Diagnose: »Autismus« in Integrationsklassen 150

16. Kinder mit schweren Mehrfachbehinderungen in Integrationsklassen 154

17. Kinder mit Verhaltensauffälligkeiten in Integrationsklassen 160

18. Nachwort und Ausblick 167

Literatur 171

Tabellenverzeichnis 172

Einleitung

Alle, wirklich alle Menschen sind verschieden. Eine Selbstverständlichkeit. Weshalb akzeptiert das deutsche Schulsystem nicht alle Menschen, so wie sie sind? Weshalb werden in Deutschland – im Gegensatz zu vielen anderen Ländern – die Kinder bereits vor Beginn der allgemeinen Schulpflicht sortiert? Die besonderen Kinder, die wegen einer Sehschädigung oder Hörschädigung, einer körperlichen Beeinträchtigung oder wegen eines Entwicklungsrückstandes eine besondere Berücksichtigung ihrer Lebenssituation und ihrer Lernbedürfnisse benötigen, damit sie sich wohlfühlen, erhalten diese Zuwendung in der Regel nicht in der Schule am Wohnort. Es wird an den meisten Orten auch von den Lehrer/innen nicht erwartet, dass sie sich auf diese Verschiedenheiten der Kinder einlassen.

Als normal gilt in Deutschland noch immer eine Vorstellung von Unterricht, dass alle Kinder zur selben Zeit mit denselben Methoden zu denselben Zielen gelangen sollten. Am Ende eines Lernprozesses wird dann entschieden, wer weiter gemeinsam mit den anderen Kindern lernen darf, wer eventuell eine Klasse wiederholen muss oder gar in eine Schule überwiesen wird, in der alle Kinder große Lernschwierigkeiten haben. Nach vier oder sechs Jahren wird dann wiederum entschieden, wer auf welchem Niveau des dreigliedrigen Schulsystems weiter lernen darf.

Die Vision ist eine andere und an vielen Orten in den deutschsprachigen Ländern zu Beginn des 21. Jahrhunderts bereits Realität: Eine Schule für alle Kinder! Es gibt keinen Grund, ein Kind aus der Gemeinschaft der Gleichaltrigen auszuschließen. Alle Kinder, wirklich alle, unabhängig von der Art oder der Schwere einer Behinderung, haben das Recht, gemeinsam dieselbe Schule zu besuchen, in die Geschwister- oder Nachbarkinder gehen. Die Eltern haben damit die Sicherheit, die Entwicklung des Kindes zu begleiten, die besondere Fürsorge einzufordern und mit den Lehrer/innen gemeinsam zu überlegen, welche Unterstützungen während der Unterrichtszeit in der Schule dem Kind angeboten werden und welche Therapien eventuell außerhalb der Schule sinnvoller zu organisieren sind.

Die UN-Konvention für die Rechte von Menschen mit Behinderung ist 2008 in Kraft getreten. Daraus ergibt sich die Verpflichtung der Länder, ein inklusives Schulsystem für alle Heranwachsenden zu schaffen.

Das vorliegende Buch ist als eine erste Einführung und Handreichung zum gemeinsamen Lernen in der Schule für Eltern und für Lehrer/innen gedacht. Es soll vor allem den Müttern und Vätern, den Großeltern und allen, die ein Kind mit Anteilnahme begleiten, die innere Sicherheit geben: »Es ist richtig, für mein Kind den gemeinsamen Unterricht in einer Schule für alle zu fordern.« Es vermittelt auch den

Eltern der nicht behinderten Kinder eine Vorstellung davon, wie sehr ihre Kinder davon profitieren, wenn sie gemeinsam und ohne Ängste mit Kindern lernen dürfen, deren andere Bedürfnisse im Unterricht berücksichtigt werden. Ein guter Unterricht für Kinder mit einer offensichtlichen Schwierigkeit ist gut für alle Kinder. Für das Kindergartenalter verweise ich auf das von mir herausgegebene Buch von Rita Fritzsche und Alrun Schastok: Ein Kindergarten für alle.

Lehrer/innen, die sich bisher nicht mit diesem Thema beschäftigt haben, sollen einen Eindruck davon erhalten, dass es für sie selbst eine Bereicherung und emotionale Entlastung darstellt, wenn sie mit anderen Lehrer/innen gemeinsam, mit Erzieherinnen oder Schulbegleitern den Unterricht für eine Gruppe sehr verschiedener Kinder gestalten dürfen. Im Zusammenhang mit dem gemeinsamen Lernen von behinderten und nicht behinderten Kindern kommen Menschen in die Schule, die sehr unterschiedlich qualifiziert sind: Schulbegleiter können gut ausgebildete, mit einem festen Arbeitsvertrag arbeitende Sozialpädagogen, Heilerzieherinnen oder Therapeuten sein, die die Kinder über Jahre begleiten. Es werden auch Zivildienstleistende oder junge Frauen im freiwilligen sozialen Jahr beschäftigt. Einerseits kann deren Tätigkeit neue Anregungen und Lebendigkeit in die Schule bringen. Es besteht aber auch die Gefahr, dass langfristige Planungen nicht möglich sind und ein notwendiges Vertrautwerden sich nicht entwickeln kann. Auf die Lehrer/innen kommt eine neue Form der Kooperation von Erwachsenen im täglichen Arbeiten zu. Die Vorstellung, als Lehrerin oder Lehrer alleine vor der Klasse zu stehen und als »Einzelkämpfer/in« die wesentlichen Alltagsprobleme hinter verschlossenen Klassentüren alleine bewältigen zu müssen, ist damit vorbei.

Pädagog/innen begleiten alle Kinder einer Klasse gemeinsam über einen längeren Zeitraum in ihrer Entwicklung. Ihnen werden Lernanregungen gegeben, Kenntnisse und Fertigkeiten vermittelt. Die Freude und das Interesse am Lernen bleibt erhalten, sie werden beraten, aus dem durch Medien vermittelten großen Schatz die Informationen auszuwählen, die für ihre je eigene Entwicklung förderlich ist.

Mit einer solchen Grundhaltung ist nicht mehr vereinbar, dass Lehrer/innen am Ende eines Lernprozesses entscheiden, wer länger mit den vertrauten Mitschüler/innen spielen und lernen darf oder wer ausgesondert wird. Gefragt wird nicht mehr: In welche andere Schule schicken wir dieses Kind, das besondere Bedürfnisse hat? Sondern: Welche besondere Qualifikation kann durch Fortbildungen oder durch die Beratung von Außenstehenden zu uns, in unsere Schule kommen, um diesem Kind mit seinen besonderen Bedürfnissen gerecht zu werden? Welche baulichen Voraussetzungen können geschaffen werden, welche materiellen und personellen Unterstützungsmaßnahmen benötigen wir?

1. Integration aus der Sicht der Eltern

1.1 Wann anfangen mit der Integration?

Die Integration eines Kindes mit Behinderung beginnt mit dem Wunsch der Eltern nach Nichtaussonderung! Welch ein großes Glück für Eltern, wenn sie zugleich mit der Diagnose: »Ihr Kind ist behindert!« auch die Gewissheit vermittelt bekommen: »Ihr Kind wird denselben Kindergarten und dieselbe Schule besuchen können wie die Geschwisterkinder oder die Kinder der Nachbarschaft. Und Ihr Kind wird dort, in der ›normalen‹ Umgebung die besondere Fürsorge und die Förderung erhalten, die es wegen seiner Behinderung benötigt.«

Hilfreich ist es für Eltern auch, wenn sie die Gelegenheit haben, sich mit anderen Eltern auszutauschen, die ein Kind mit denselben Bedürfnissen haben und deren Kind schon älter ist.

Es ist keine Frage: Jede Mutter und jeder Vater wünscht sich ein gesundes Kind. Wenn ein Kind erwartet wird, dann beginnen bereits die Wünsche, die Hoffnungen und die heimlichen Befürchtungen. Viele Eltern lassen während der Schwangerschaft Untersuchungen durchführen, von denen sie die Gewissheit erhoffen, dass ihr Kind nicht behindert ist. Weitaus die meisten Behinderungen, von denen Kinder betroffen sein können, werden unmittelbar während oder nach der Geburt oder durch Krankheit in den ersten Lebensjahren verursacht und sind während der Schwangerschaft nicht feststellbar, z. B. spastische Lähmungen. Nur ein kleiner Teil der Behinderungen ist eindeutig während der Schwangerschaft zu erkennen.

Man muss sich auch immer wieder fragen, was es in einer Gesellschaft bedeutet, wenn so viel Geld für eine medizinische Forschung ausgegeben wird, welche den Eindruck erweckt, Behinderungen ließen sich durch Abtreibungen nach Vorsorgeuntersuchungen vermeiden. Stattdessen wäre es humaner, für alle Kinder, die geboren werden, die gesellschaftlichen Voraussetzungen zu schaffen, dass ihre Mütter und Väter es sich vorstellen können, in dieser Gesellschaft auch mit einem behinderten Kind zu leben. Bei der Bewältigung vieler Probleme, die Mütter und Väter in der Sorge um ihr Kind bewältigen müssen, wird immer wieder deutlich: »Nicht das Kind ist behindert, sondern es wird in seiner Entwicklung durch die gesellschaftlichen Bedingungen behindert!« Die werdenden Mütter und Väter sollten mit ihrer Entscheidung für ein Kind sich dessen bewusst sein: Mit Behinderungen muss immer gerechnet werden!

In das werdende Kind werden – oft auch unbewusst – weit in die Zukunft reichende Träume gesetzt. Schon die werdenden Mütter, die werdenden Väter haben Vorstellungen, wie ihre Zukunft mit diesem Kind gestaltet wird. Ist das Kind auf der

Welt, dann gibt es ein großes Aufatmen, wenn das Kind »normal« ist, wenn es rosig und gesund, ohne sichtbare Defekte von seiner Familie begrüßt werden kann.

Alle diese freudigen Erwartungen und Hoffnungen auf eine gute Zukunft werden zerstört, wenn sofort bei oder kurz nach der Geburt eindeutige Anomalien festgestellt werden. Am eindeutigsten ist dies bei Kindern mit Down-Syndrom der Fall. Da es bisher so wenige Beispiele gibt, in denen Kinder mit dieser Behinderung gemeinsam mit anderen Kindern lernen, können sich die Eltern, welche sich mit dieser Diagnose auseinandersetzen müssen, eine »normale« Zukunft mit diesem Kind und für dieses Kind einfach nicht vorstellen.

Bei Sehschädigungen oder Hörschädigungen sowie bei manchen körperlichen Beeinträchtigungen sind die Anzeichen unmittelbar nach der Geburt oft nicht leicht erkennbar. Sehr oft sind es aber die Eltern, die die ersten Beobachtungen machen, welche darauf hinweisen: »Bei diesem Kind ist etwas nicht normal!« Häufig werden sie mit ihrem Verdacht nicht ernst genommen, lassen sich auch zunächst allzu gerne beruhigen: Das wird sich schon noch entwickeln!

Mit der Diagnose: »Behinderung« ist aber auch in solchen Fällen die Verunsicherung in Bezug auf die ungewisse Zukunft meist größer als die Beruhigung durch die Gewissheit, endlich zu wissen, was mit diesem Kind anders ist. Die Art und Weise, mit der die Eltern eines behinderten Kindes in eine Gesellschaft eingebettet sind, die es ihnen vorstellbar erscheint, auch mit diesem Kind eine gemeinsame gute Zukunft leben zu können, bestimmt den zukünftigen Lebensweg dieses Kindes viel stärker als die körperliche oder psychische Beeinträchtigung.

Wenn die Mutter oder der Vater selbst davon überzeugt ist, ein Kind mit einem Down-Syndrom wird niemals ein gemeinsames Leben mit den nicht behinderten Kindern und den Heranwachsenden leben können, wenn für dieses Kind sogar das Lesen- und Schreibenlernen-können als unmöglich eingeschätzt wird, dann hat diese Erwartungshaltung der Eltern bis zum Beginn der Schulzeit die tatsächlichen Entwicklungsmöglichkeiten des Kindes entscheidend bestimmt. Wenn andererseits Eltern, welche mit derselben Diagnose konfrontiert werden, eine Familie kennen, deren zwanzigjährige Tochter mit Down-Syndrom ausschließlich mit nicht behinderten Kindern gelernt hat, angefangen vom gemeinsamen Kindergartenbesuch, über eine gemeinsame Grundschul- und Gesamtschulzeit bis hin zu einer Eingliederung in die »normale« Arbeitswelt, dann wird dies den Eltern des zwanzig Jahre jüngeren Kindes eine konkrete Vorstellung von einer annähernd normalen Zukunft geben.

Der Kontakt zu anderen Eltern mit ähnlichen Erfahrungen ist sehr wichtig. In vielen Bundesländern, in manchen Städten und Landkreisen gibt es örtliche Initiativen. Da sich die Zusammensetzung dieser Elterninitiativen ständig verändert, ist es nicht sinnvoll, hier konkrete Adressen aufzuführen. Mit den heutigen technischen Möglichkeiten der Suche über das Internet ist es leicht, aktuelle Adressen und Ansprechpartner zu finden (siehe z. B.: www.down-syndrom-netzwerk.de oder: www.autismus.de oder: Im Internet suchen unter dem Suchstichwort: Gemeinsam leben – gemeinsam lernen, Eltern für Integration). Diese verschiedenen Elterninitiativen sind jeweils von dem Engagement der beteiligten Eltern abhängig. Manche beschäftigen sich schwerpunktmäßig mit Fragen der Frühförderung, andere mit dem Kampf um die schulische Integration und wieder andere mit der Suche nach einem Arbeitsplatz auf dem ersten Arbeitsmarkt mit Arbeitsassistenz, nach Ferien- und Freizeitangeboten oder Möglichkeiten des betreuten Wohnens.

Eltern, die Unterstützung suchen, sollten frühzeitig beginnen, danach zu suchen. An manchen Orten ist es kein Problem, einen Kindergartenplatz zu finden, der auch für Kinder mit Beeinträchtigungen gut geeignet ist, an anderen Orten muss man sich für die wenigen Plätze lange vorher anmelden, wiederum an anderen Orten ist es eventuell notwendig, selbst die Initiative zu ergreifen, einen neuen privaten Kindergarten gründen oder einen der Trägervereine davon überzeugen, einen Kindergarten umzuwandeln, der bisher Kinder mit Behinderungen nicht akzeptiert hat. Dasselbe gilt für die Einschulung in eine Grundschule oder den Übergang in eine weiterführende Schule. Nur an wenigen Orten in den deutschsprachigen Ländern gibt es bereits »inklusive« Kindergärten und Schulen. Dieser Begriff »Inklusion« wird in den skandinavischen Ländern für das gemeinsame Lernen aller Kinder gebraucht und ist auch in Kanada oder Italien geläufig. Inklusion steht für ein Bildungssystem, in welchem alle Kinder mit großer Selbstverständlichkeit gemeinsam ihren Bedürfnissen entsprechend gefördert werden.

Leider muss am Beginn des 21. Jahrhunderts für die deutschsprachigen Länder immer noch festgestellt werden: Die Suche nach dem Weg in den gemeinsamen Kindergarten und danach in die gemeinsame Schule ähnelt an vielen Orten einem Hindernislauf. Oft hat man den Eindruck, die Eltern sollten von Fachleuten bewusst in ein Labyrinth geschickt werden. Offizielle Berater/innen sind bisher noch an den meisten Orten in die Sonder(-schul)-systeme einbezogen. Sie können sich ein Leben für ein Kind mit Behinderung in der »Normalität« einer unzuverlässigen Halbtagsschule oft selbst nicht gut vorstellen. Die Unterstützungssysteme, die den Sonderschulen angeschlossen sind, wie z. B. Fahrdienste, Nachmittags- und Ferienbetreuung werden bei der Entscheidung der Eltern für integrative Betreuung ihres Kindes an vielen Orten verweigert. Aber auch hierzu gibt es bereits positive Beispiele.

Den Müttern und Vätern rate ich: Geben Sie nicht auf! Bleiben Sie mit allen Menschen im Gespräch, die die Entwicklung Ihres Kindes mit Anteilnahme begleiten. Suchen Sie nach niedergelassenen Therapeut/innen oder Ärzt/innen, Psycholog/innen oder Sozialpädagog/innen, die an Ihrem Wohnort gemeinsames Lernen unterstützen. Lassen Sie sich nicht einreden: Die einzige Zukunft für dieses Kind sei die Sonderschule und danach die Arbeit in einer Behindertenwerkstatt und die Versorgung in einem Behindertenheim. Im Zusammenhang mit der Beratung von Eltern bei der Einschulung ihres Kindes mit besonderem Förderbedarf habe ich leider sehr häufig erlebt, dass die Eltern keine schriftlichen Informationen oder offizielle Bescheide, sondern bis kurz vor dem Einschulungstermin nur mündliche Aussagen erhielten. Wenn die Eltern dann einen Widerspruch einlegen oder sich gar auf ein Klageverfahren einlassen wollten, war es zu spät. – Deshalb: Bestehen Sie auf einem schriftlichen, frühzeitigen Bescheid und machen Sie gegenüber dem Schulamt deutlich, dass Sie sich notfalls auch auf ein Klageverfahren einstellen. Über die Bundesarbeitsgemeinschaft Gemeinsam leben – gemeinsam lernen e.V. können Sie erfahren, welche Rechtsanwälte in Ihrer Nähe sich mit diesem Thema bereits befasst haben.

Besser ist es, wenn Sie ohne juristische Auseinandersetzungen den Weg in die gemeinsame Schule planen können. Die ganze Familie und die Nachbarschaft am Ort kann einbezogen werden in die Zukunftsplanung: Welche Anforderungen im normalen Lebensbereich dieser konkreten Familie wird dieses Kind mit dieser bestimmten Behinderung bewältigen müssen? Welche Hilfen können von wem gegeben werden, welche Ämter können hinzugezogen werden? Die Behinderung und die Entwicklung des Kindes können dann verglichen werden mit den Hoffnungen, die uns für seine konkrete Zukunft vorstellbar erscheinen.

Otto Roser, ein Psychologe aus Florenz, welcher über viele Jahre die Eltern von behinderten Kindern beraten und begleitet hat, sagt hierzu: »Wer öfter Kontakt mit Eltern gehabt hat, als sie bei ihrem Kind eine Behinderung entdeckten und sich der Behinderung bewusst wurden, der weiß, was es bedeutet, was dieser Augenblick der Wahrheit bedeutet, was dieser riesige Kontrast zwischen den Erwartungen der Eltern und der vorhandenen Behinderung bedeutet. Wie schwer ist es, auf all die vielen Fragen zu antworten, die sich nicht nur auf das Jetzt, sondern auf die Zukunft des Kindes beziehen.«

Für viele Eltern setzt nach der Bewältigung der ersten Schock-Phase eine Zeit ein, in der sie hoffen, durch die richtige Therapie, eine spezielle medizinische Behandlung, durch beständiges Trainieren, die Einschränkungen überwinden zu können.

Eine solche Hoffnung und die Einstellung der Eltern, keine Möglichkeit unversucht verstreichen zu lassen, ist verständlich. Sie birgt aber auch eine große Gefahr: Dem Kind kann leicht der Eindruck vermittelt werden: »So, wie du bist, können wir dich nicht akzeptieren!« Sehr leicht kann sich die Aufmerksamkeit der Eltern und der Spezialisten im Übermaß auf all das konzentrieren, was das Kind noch nicht kann. Seine individuellen Fortschritte, seine besonderen Fähigkeiten werden kaum beachtet. Weil es vielleicht noch nicht laufen kann, muss es jeden Tag turnen, obwohl es das nicht mag. Es spricht noch nicht so gut wie die anderen Kinder, deshalb muss es zur Sprachtherapie. Statt der Freude am Planschen im Wasser gibt es Schwimmtherapie und die Besuche auf einem Reiterhof gelten der Reittherapie.

Wenn diese Therapien als Teil eines langfristigen Programms betrachtet werden können, das mit aller Ruhe in den Alltag der Familie, des Kindergartens oder der Schule integriert werden kann, dann ist dagegen mit Sicherheit nichts einzuwenden. Wenn dem Kind dann auch die Gewissheit vermittelt wird, dass es trotz seiner speziellen Schwierigkeiten in der Gemeinschaft aller anderen Kinder seine Anerkennung erhält und, dass die anderen Kinder mit ihren Entwicklungsvorsprüngen ihm zwar Vorbild aber nicht der Maßstab sind, an dem es selbst bewertet wird, dann wird sich dieses Kind seinen Möglichkeiten entsprechend gut entwickeln können.

Wie viel anders ist dagegen die Situation eines Kindes, das bereits in der Vorschulzeit beweisen muss, dass es sich erfolgreich »normalisieren« lässt, damit es mit den anderen Kindern gemeinsam spielen und lernen darf? Welche Bedeutung hat eine Therapie und eine Frühförderung für ein Kind, wenn damit das Ziel verbunden wird, dass es bis zum Beginn der Schulzeit so weit »repariert« sein muss, damit es den Anforderungen der Schule, so wie Schule heute ist, auch genügen kann? Wird es ein Kind werden können, das mit seiner Behinderung seiner selbst sicher sein kann, wenn Fachleute und die Eltern ihm entgegentreten: »So, wie du bist, haben wir dich nicht erwartet und so, wie du bist, darfst du auch nicht sein!«

Zur Normalität einer jeden Gesellschaft gehören auch Menschen mit Behinderungen. Neben allen medizinischen, therapeutischen und pädagogischen Bemühungen, die Nachteile, welche sich aus einer körperlichen Schädigung oder einer Entwicklungsverzögerung ergeben, zu verringern, benötigen diese Menschen vor allem die Gewissheit, dass sie auch mit ihrer Behinderung einen anerkannten Platz in dieser Gesellschaft haben und nicht ausgegrenzt, entwürdigt und entmündigt werden.

Aus all diesen Überlegungen ergibt sich die Forderung:

Integration nicht nötig machen!

Mit der Aussonderung von Kindern mit Behinderungen erst gar nicht beginnen!

Die Kinder, welche als Kleinkinder gemeinsam in einer Krabbelgruppe aufwuchsen und weiter einen Kindergarten besuchen, werden leichter in eine gemeinsame Schulklasse wechseln als andere, die wegen besonderer Probleme bereits im Kindergartenalter von der Mehrzahl der gleichaltrigen Kinder getrennt waren. Es gibt jedoch heute immer noch viele Kinder, die wegen besonderer Probleme zunächst einen Sonderkindergarten besuchen. Häufig sind die Eltern unsicher, wollen keine der angebotenen besonderen Therapien versäumen. Viele Spezialist/innen verunsichern die Eltern. Die gute räumliche Ausstattung der Sonderschule, die kleinen Lerngruppen überzeugen die Eltern und sie haben um ihr Kind in einer großen Regelklasse Angst.

Andererseits: In diesen kleinen Klassen sind nur Kinder, die besondere Probleme haben – vielleicht ähnliche, oft andere. Die langen Fahrwege verhindern, dass Freundschaften, die im Kindergarten oder in der Schule geschlossen werden, am Nachmittag oder an den Wochenenden weitergeführt werden können. Es sollte auch bedacht werden: Für die kleineren Kinder ist es üblich, dass die Eltern die Verabredungen treffen für den Nachmittag oder Übernachtungen sowie die notwendigen Fahrdienste. In diesem Alter ist es dann noch möglich, dass auch Kinder mit besonderen Bedürfnissen in die Freizeitaktivitäten einbezogen werden. Ältere Kinder treffen ihre Entscheidungen selbst und lernen es, öffentliche Verkehrsmittel zu nutzen. Dies ist auch Kindern mit Behinderung oft möglich, wenn die Wege überschaubar sind. Kinder mit Behinderung, die eine Sonderschule besuchen, sind am Vormittag in ihrem »Schonraum«, am Nachmittag oder an den Wochenenden aber isoliert. Diese Situation besteht auch, wenn eine sogenannte »Kooperationsklasse« oder »Integrationsklasse« außerhalb des Wohnortes eingerichtet wird. Die Freundinnen und Freunde aus der Schule wohnen zu weit weg; die Kinder der Nachbarschaft kennen das Kind mit Behinderung nicht und hatten wenige Gelegenheiten, die Besonderheit dieses Kindes kennenzulernen. Nach dem Sonderkindergarten folgt fast ausnahmslos die angeschlossene Sonderschule. – Und dann? Ein Wechsel von der Sonderschule in die Regelschule ist in Deutschland immer noch die Ausnahme und in der Regel von den Eltern schwer durchzusetzen.

Und trotzdem, es kann versucht werden. Wann sollte dann gewechselt werden von der Sonderschule zur Regelschule am Wohnort? Auf diese Frage kann keine einheitliche Antwort gegeben werden. Es kann kein bestimmtes Alter des Kindes oder ein Schuljahr angegeben werden. Aufgrund meiner jahrelangen Erfahrungen bei der Beratung von Eltern kann ich sagen, wichtig ist:

Die Eltern müssen sich ihrer Entscheidung sicher sein, dann ist der richtige Zeitpunkt für einen Wechsel! Den Eltern von behinderten Kindern möchte ich raten: Sehen Sie sich den Sonderkindergarten oder die Sonderschule an, die Ihnen für Ihr Kind angeboten wird. Hospitieren Sie einen Vormittag während des Unterrichts in der Altersgruppe, die Ihrem Kind entspricht. Erkundigen Sie sich nach anderen Eltern, deren Kinder bereits älter sind und fragen nach dem tatsächlichen Unterrichts- und Therapieangebot. Danach machen Sie mit sich selbst einen kleinen Test: Sind Sie schon »reif« für die Integration Ihres Kindes? Beziehen Sie andere Menschen, welche die bisherige Entwicklung Ihres Kindes gut kennen und denen Sie vertrauen, in diese Gespräche mit ein!

1.2 Sonderschule oder Regelschule?

Tab. 1: **Hilfe bei der Entscheidungsfindung**	
Mein Kind braucht (noch) den Schonraum der kleinen Gruppe.	Mein Kind hat keine Angst vor größeren Gruppen »normaler« Kinder!
Mein Kind geht gerne in seine jetzige Schule, in die Sonderschule.	Mein Kind fragt öfter, warum es nicht auch in dieselbe Schule geht wie alle anderen Kinder.
Mein Kind hat Angst vor anderen Kindern. Es versteckt sich, wenn Kinder oder Erwachsene wegen seiner Behinderung gucken oder Fragen stellen.	Mein Kind hat im Allgemeinen keine Angst vor anderen Kindern. Es geht selbstverständlich mit zum Einkaufen oder auf den Spielplatz.
Für mich ist es beruhigend zu wissen, dass mein Kind in der Sonderschule die notwendigen Therapien erhält. Alle diese Termine kann ich nachmittags nicht wahrnehmen!	Therapien, die wirklich notwendig sind, kann ich auch außerhalb der Schule organisieren oder sie werden in der Regelschule angeboten.
In der Sonderschule erhält mein Kind die notwendigen Unterweisungen, um mit seiner Behinderung selbstständig leben zu können. Hierfür fehlt in der Familie die Zeit und die Kenntnis der Methoden.	»Lebenspraktische Übungen« können in der Familie vermittelt werden oder das Kind kann diese in Wochenend- oder Ferienfreizeiten, gemeinsam mit ähnlich beeinträchtigten Kindern und Jugendlichen erlernen.
Eigene Berufstätigkeit und/oder die notwendige Betreuung anderer Familienangehöriger machen es langfristig nicht möglich, das Kind mit den besonderen Bedürfnissen zuverlässig zu betreuen.	Die Familiensituation kann so organisiert werden, dass unzuverlässige Halbtagsbetreuung der staatlichen Schule ausgeglichen werden kann.

Stimmen Sie eher den Aussagen auf der linken Seite zu?

Dann sollten Sie Ihr Kind in die Sonderschule gehen lassen. Sie selbst sind dann nicht sicher genug oder haben leider nicht die Netzwerke, um alle Schwierigkeiten zu bewältigen, die mit einer »Integration« auf Sie und Ihr Kind zukommen könnten. Nach Ihrer gegenwärtigen Einschätzung ist dann die Sonderschule für Ihr Kind die richtige Schule.

Eltern, die die Integration ihres Kindes wollen – auch dann, wenn das Kind viele Lernmöglichkeiten anders nutzt als die Mehrheit der Kinder –, haben irgendwann ein »Schlüsselerlebnis«.

Ein Beispiel

Tanjas Vater war während eines Urlaubs bewusst geworden, dass seine Tochter in der Sonderschule für Körperbehinderte nie lernen kann, selbstbewusst jemanden aufzufordern, ihr die Tür aufzuhalten.

Er ging zum Schulrat und verlangte: »Meine Tochter braucht keine sich automatisch öffnenden Türen, sondern andere Kinder, die ihr die Tür aufhalten! Und sie selbst soll lernen, auf ihre Art nach Hilfe zu fragen.«

Ein anderer Vater erlebte, wie sein Sohn fröhlich schwatzend mit einer Gruppe türkischer Kinder am Strand saß. Sein Sohn sprach – obwohl er nach Aussagen der für ihn zuständigen Logopädin wegen seiner Spastik in der Sonderschule den Mund nie aufmachte. Nach jenem Urlaub stand für die Eltern fest: »Zwanzig plappernde Kinder sind für unseren Sohn die bessere Sprachtherapie als zwei Stunden Einzelunterricht pro Woche mit einer Logopädin.«

Diese innere Sicherheit der Eltern ist notwendig, um die Widerstände und Krisen auf dem in den meisten Teilen der deutschsprachigen Länder leider immer noch hürdenreichen Weg von den Sondereinrichtungen in die Regelschule bestehen zu können. Im Kindergartenalter ist ein Wechsel leichter. Manche Eltern haben ihre innere Sicherheit gewonnen, indem sie das Kind zunächst in einer Sonderkindergartengruppe betreuen ließen und dann in einen Regelkindergarten wechselten. Die Art und Weise, wie die Kinder aufeinander reagieren, kann den Erwachsenen wichtige Hinweise geben, welche Rahmenbedingungen das Kind für seine spezielle Entwicklung benötigt.

Wann also wechseln? Obwohl jede Verallgemeinerung auch falsch sein kann, nenne und begründe ich doch geeignete »Einstiegspunkte«.

- Beginn der Vorklasse oder ersten Klasse – weil dann eine Lerngruppe neu gebildet wird.
- Günstig sind – sofern vorhanden – Gruppen der sogenannten »Eingangsstufe« (Vorklasse und erste Klasse werden durchgängig von derselben Lehrerin/demselben Lehrer unterrichtet) oder eine altersgemischte Schulanfangsphase.
- Zu Beginn oder im ersten Halbjahr der dritten Klasse – wenn die Mehrheit aller Kinder den Lese- und Schreib-Lernprozess abgeschlossen hat, wenn die Lern-

gruppe der aufnehmenden Klasse sich gefestigt hat und die Kinder darauf vorbereitet werden können, eine neue Mitschülerin/einen neuen Mitschüler aktiv zu unterstützen.
- Zu Beginn der fünften, siebten oder neunten Klasse – mit dem Anfang neuer Unterrichtsfächer, z. B. der ersten oder zweiten Fremdsprache – oder wenn in Gesamtschulen Lerngruppen neu gebildet werden.

Bei einem Schulwechsel wird häufig zu überlegen sein, ob die Wiederholung einer Klassenstufe sinnvoll ist. Es hat sich auch als günstig erwiesen, wenn für den gut vorbereiteten Wechsel eines Kindes mit einer Behinderung von der Sonderschule in die Regelschule nicht die Zeit nach den Schulferien abgewartet wird, sondern wenn bewusst ein oder zwei Wochen vor Beginn der Ferien gewechselt wird. Weshalb? In den meisten Fällen ist die Zeit unmittelbar vor den Schulferien eine eher lockere Phase im Schuljahr; wenn die letzten Klassenarbeiten korrigiert, die Zeugnisse geschrieben sind, können sich die Lehrer/innen und die Mitschüler/innen entspannter und bewusster auf eine neue Mitschülerin oder einen neuen Mitschüler einstellen. Zum anderen: Das einzelne Kind, welches eventuell zuvor wenig oder gar keine Kontakte zu nicht behinderten Kindern hatte, kann auch Ängste vor dem Schulwechsel entwickeln, wenn die Zeitspanne zwischen der Entscheidung über den geplanten Wechsel und dem tatsächlichen Beginn in der neuen Lerngruppe zu groß wird und, wenn nur wenige Vorstellungen darüber bestehen, was von ihm in der neuen Schule erwartet wird.

Beruhigend kann es sein, in die Ferien gehen zu können und schon genaue Vorstellungen und persönliche Erfahrungen darüber zu haben, wie es nach den Ferien weitergehen kann. Eventuell können in den Ferien bereits Kontakte zu den neuen Mitschüler/innen geknüpft werden. Oder: Die neue Schule wird in den Ferien besucht, um sich mit den Räumlichkeiten und dem Hausmeister vertraut zu machen.

1.3 Welche Schule ist die richtige?

Die Schule in Wohnortnähe! Erkundigen Sie sich: In welche Schule gehen die gleichaltrigen Kinder aus der Nachbarschaft? Wenn die nächstgelegene Schule nicht möglich ist, dann sollten die Eltern versuchen, an den gemeinsamen Erfahrungen ihres Kindes mit einer vertrauten Kindergruppe anzuschließen. Besucht Ihr Kind eine Kindergottesdienstgruppe, einen Turnverein, spielt es Fußball oder singt es in einem Chor? Unterhalten Sie sich mit den Eltern anderer Kinder über Ihre Pläne! Welche Schule gilt als besonders streng? In welchen Schulen bemühen sich Lehrer/innen, auch schwächere Schüler/innen zu unterstützen? Sind dies einzelne Lehrer/innen, die selbst ein wenig in einer Außenseiterrolle in ihrer Schule stehen, oder werden diese Lehrer/innen von der Schulleitung unterstützt?

Wenn Sie als einzelne Mutter oder einzelner Vater Ihr Kind trotz seiner besonderen Probleme in eine »normale« Schule bringen möchten, dann können Sie bisher nur in wenigen Schulbezirken in den deutschsprachigen Ländern mit offizieller Unterstützung rechnen, obwohl sich diese Situation in vielen Regionen seit Beginn der 1990er-Jahre schon entscheidend verbessert hat.

In den allermeisten Gegenden sind die Eltern immer noch die wahren »Integrationsantreiber«. Erfolg oder Misserfolg hängt entscheidend davon ab, ob es gelingt, wenigstens eine Lehrerin oder einen Lehrer zu finden, die/der den Eltern die Sicherheit gibt: »Ich werde mich in meiner Schule für Ihr Kind einsetzen!« Wenigstens eine »Anwältin«/einen »Anwalt« braucht Ihr Kind in der Schule. Ihre Unterstützung von außen – selbst Anweisungen von »oben« reichen für die Bewältigung der vielen täglichen Probleme in der Schule nicht aus.

Eltern müssen fast detektivische Fähigkeiten entwickeln, um Lehrer/innen zu finden, die den Mut haben (notfalls auch gegen anfängliche Bedenken von Schulleitung und Kolleg/innen), mit der Integration zu beginnen. Nutzen Sie Gespräche mit den Lehrer/innen von Geschwistern oder Nachbarkindern. Nehmen Sie Ihr Kind mit zu Weihnachtsfeiern und Sommerfesten in der Schule! Wenn Ihr Kind sich dort wohlfühlt, dann gibt dies Ihnen selbst mehr Sicherheit für den Weg in die Regelschule. Das Lachen Ihres Kindes überzeugt vielleicht die eine Lehrerin, den anderen Lehrer.

Kann Ihr Kind eventuell eine Nachmittagsgruppe, einen Hort, einen Schülerladen besuchen und mit den Kindern von dort (eventuell am Anfang samstags oder tageweise) die Schule besuchen? Würden die anderen Eltern einer solchen Gruppe Sie unterstützen, damit Ihr Kind öfter – später für immer – in die gemeinsame Schule für alle Kinder dieser Gruppe aufgenommen wird? Schulleiter/innen und Lehrer/innen, die in ihrer eigenen Familie oder im engeren Freundeskreis Erfahrungen gemacht haben, was es bedeutet, ein Kind mit besonderen Problemen zu haben, sind oft gute Anwälte für andere Kinder, die spezielle Unterstützung brauchen.

Suchen Sie den Kontakt zu anderen Eltern, die vor ähnlichen Problemen stehen wie Sie! Als kleine Gruppe haben Sie mehr Ideen und können zumeist auch besser Ihre Ziele vertreten.

1.4 Wo finden Sie Unterstützung?

Vergessen Sie niemanden in Ihrem Bekanntenkreis, der Ihr Kind kennt, seine Entwicklungsfortschritte über einen längeren Zeitraum verfolgt hat und der wie Sie davon überzeugt ist, dass dieses Kind später als Erwachsener in einer möglichst normalen Umgebung leben und arbeiten soll. Fragen Sie immer wieder nach, wer jemanden kennen könnte. – Über die Pfarrersfrau, die den Kindergottesdienst leitet, die Schulsekretärin, den Hausmeister, die Tagespflegemutter, die zugleich Mitglied im Elternbeirat der Schule ist, die Chorleiterin oder den Fußballverein sind schon viele Integrationen »eingefädelt« worden.

Auf derartige Wege müssen sich Eltern leider einlassen, solange es an ihrem Wohnort noch als »normal« gilt, dass das Kind mit den besonderen pädagogischen Bedürfnissen per Verwaltungsentscheidung aus der Regelschule ausgesondert wird. Andererseits haben sich in den vergangenen Jahren die Möglichkeiten verbessert, mithilfe der modernen Kommunikationsmittel auch über größere Distanzen Informationen und Erfahrungen auszutauschen.

Beziehen Sie auch die Schulverwaltung und die örtliche Politik mit ein. Es gibt Bürgermeister/innen und Schulrät/innen, die selbst von der Richtigkeit des gemeinsamen Unterrichts überzeugt sind und Eltern unterstützen, wenn ihnen deren Wille bekannt ist. Häufig kommt ein solcher Wunsch »auf dem Dienstweg« nicht bei der richtigen Person an. Manchmal ist es auch nützlich, das Thema des gemeinsamen Unterrichts in einen Wahlkampf einzubeziehen. Keine der Parteien tritt heute noch offen gegen den gemeinsamen Unterricht auf. Die Art und Weise, wie sich einzelne Abgeordnete zu diesem Thema tatsächlich verhalten, ist aber (unabhängig von deren Parteizugehörigkeit) sehr verschieden.

1.5 Die Sonderschule ist gegen die Integration! Was können Sie tun?

Bei den zahlreichen von mir begleiteten Integrationsmaßnahmen war es bisher die Ausnahme, dass die abgebende Sonderschule damit einverstanden war, dass dieses Kind »seine« Schule verlässt.

Die Lehrer/innen und Schulleiter/innen an den Sonderschulen betonen erfahrungsgemäß fast ausschließlich das, was die Kinder nicht können. Die Stärken eines behinderten Kindes werden zu wenig wahrgenommen. Es ist dann die Aufgabe der Eltern, die Fähigkeiten des eigenen Kindes hervorzuheben und den Nachteilen der Sonderschule gegenüberzustellen.

Diese Schulleiter/innen der Sonderschulen sind häufig entschiedene Gegner von Integration. Es ist vielleicht auch verständlich, dass sie ihre »besten Kinder« nicht gehen lassen wollen. Sie sehen die Bedürfnisse der anderen Kinder, deren Eltern eventuell nicht die Möglichkeit haben, sich für die Integration am Wohnort zu engagieren und denen Ihr Kind als Vorbild oder Freund wichtig ist. Diese Sonderpädagog/innen vertreten die Interessen der Institution Sonderschule und befürchten oft, dass mit jedem Kind, das von »ihrer« Schule abgeht, auch ihre eigene berufliche Position gefährdet sei.

Dies sind tatsächlich ernst zu nehmende Argumente. Es kann aber nicht Ihre Aufgabe als Mutter oder Vater eines Kindes mit Behinderung sein, die grundsätzlichen Probleme des Schulsystems zu berücksichtigen und deshalb Ihr Kind in einer Schule zu belassen, die nach Ihrer Einschätzung nicht mit Ihren langfristigen Zielen für Ihr Kind übereinstimmt.

Wie die Praxis in anderen Ländern zeigt, werden bei konsequentem gemeinsamem Unterricht aller Kinder an Regelschulen mehr qualifizierte Sonderpädagog/innen benötigt als bei ausschließlicher Betreuung dieser Kinder in Sonderschulen. Und: Gerade die ambulante Betreuung von Kindern mit Behinderungen macht es notwendig, dass die Kolleg/innen, welche die sonderpädagogische Betreuung an mehreren verschiedenen Schulen durchführen, regelmäßig als Kollegium zusammenkommen, d.h.:

Auch eine Sonderschule ohne Schüler jedoch mit sonderpädagogisch qualifizierten Lehrer/innen braucht eine Schulleiterin oder einen Schulleiter!

Versuchen Sie, an Ihrer Schule herauszufinden, welche Lehrerinnen und welche Lehrer Sie unterstützen könnten. Es gibt inzwischen auch Sonderschullehrer/innen, die ihre eigene Rolle an der Sonderschule infrage stellen und eventuell ein Interesse daran habe, mit Ihrem Kind gemeinsam von der Sonderschule in die Regelschule zu wechseln.

Kürzlich sagte mir die Lehrerin einer Sonderschule: »Bei uns werden die Gruppen immer kleiner und die Probleme der Kinder immer größer. Ich habe das Gefühl, meine Arbeit an der Sonderschule hat immer weniger Sinn. Ich gehe jetzt sechs Stunden pro Woche an die benachbarte Grundschule und unterstütze die Lehrerin dort, damit ein Kind mit schweren Verhaltensproblemen in der Grundschule bleiben kann und nicht zu uns wechseln muss. Diese neue Tätigkeit ist zwar für mich mit Umstellungsschwierigkeiten verbunden, aber persönlich befriedigender.«

1.6 Schulärzt/innen befürworten den Übergang auf die Regelschule nicht!

Ob eine Schulärztin oder ein Schulpsychologe oder ein Amtsarzt an der Entscheidungsfindung für oder gegen die Aufnahme eines Kindes mit sonderpädagogischem Förderbedarf an einer Regelschule beteiligt wird, ist von Bundesland zu Bundesland, oft von Ort zu Ort verschieden. Wenn Sie Ihr Kind für eine Begutachtung durch einen Arzt vorstellen sollen, dann fragen Sie genau nach der Begründung. In den meisten Fällen haben Schulärzt/innen wenig Erfahrung mit den speziellen pädagogischen Problemen, die sich aus der medizinischen Diagnose einer Behinderung ergeben; sie sind oft unsicher und können es sich nicht vorstellen, wie der gemeinsame Unterricht in der »normalen« Klasse möglich sein soll. Sie vergleichen das eine Kind mit Down-Syndrom, ein blindes oder ein gehörloses Kind mit den unzähligen anderen nicht behinderten Kindern, die sie täglich untersuchen. Wenn eine solche Untersuchung gefordert wird, dann kann dies nur bedeuten, dass aus medizinischer Sicht die Frage beantwortet wird, ob dem Kind der Besuch einer »normalen« Schule zuzumuten sei.

Überlegen Sie, welche anderen Informationen für die Schulärzt/innen wichtig sein können! Sprechen Sie mit Ihrer behandelnden Kinderärztin oder Ihrem Kinderarzt, der Krankengymnastin oder dem behandelnden Facharzt! Die Spezialist/innen, die Ihr Kind seit mehreren Jahren kennen und seine Entwicklung verfolgt haben, können vielleicht ein Gutachten schreiben, aus dem für die Schulärztin diese positive Entwicklung ersichtlich ist. Für eine Entscheidungsfindung sollte auch bedacht werden, welche positiven Auswirkungen der in der Regel kürzere Schulweg zur Regelschule oder die leichter möglichen Kontakte zwischen Elternhaus und Schule für das Kind haben, im Vergleich zu einem Besuch der Sonderschule.

Es gibt inzwischen auch Fachärzt/innen, welche Befürworter von Integration sind. Einige von ihnen können z. B. die Entwicklung von Kindern mit Down-Syndrom in

Regelschulen mit der Entwicklung der anderen Kinder an Sonderschulen vergleichen. Über die Elternselbsthilfegruppen können Sie die Adressen solcher Ärzte erfahren. Bitten Sie die Schulärztin oder den Schularzt, sich die infrage kommende Sonderschulklasse einen Schulvormittag während des Unterrichts selbst anzusehen. Nach einem solchen Besuch berichtete mir eine Schulärztin:

»Ich war unsicher, ob das zierliche, körperbehinderte Mädchen an der Regelschule überfordert sein könnte. Jetzt habe ich gesehen, dass viele Kinder in der Körperbehindertenklasse, in die dieses Mädchen gekommen wäre, Verhaltensschwierigkeiten haben. Im Rollstuhl ist dort nur ein weiteres Mädchen. Jetzt bin ich sicher, dass es in dieser konkreten Situation besser ist, wenn dieses Mädchen die Grundschule an seinem Wohnort besucht.«

Jenes Mädchen, mit der medizinischen Diagnose »Spina Bifida« (»offener Rücken«) war Mitte der 1980er-Jahre das erste körperbehinderte Kind an der Grundschule seines Wohnortes. Viel Überzeugungskraft war notwendig, bevor der Schulleiter seine Einwilligung für die Integration gab. Einige Jahre später war es für ihn selbstverständlich, den Schulleiter eines Gymnasiums zu überzeugen, dieses Mädchen in derselben Schule aufzunehmen, die von der Mehrzahl ihrer Freundinnen besucht wurde. Inzwischen hat sie ihr Abitur gemacht, ein Studium abgeschlossen und arbeitet als selbstständige Journalistin.

Achten Sie als Mutter oder Vater darauf, dass die Schulärztin oder der Schularzt nicht am Nachmittag in die leeren Klassenräume der Sonderschule geht und sich deren Vorzüge von der Schulleiterin erklären lässt. Die großzügige Raumgestaltung, die reichhaltige Ausstattung, das Schwimmbad mit Hubboden verfehlen meistens nicht ihre Wirkung. Sie haben sich vielleicht auch nach der Besichtigung derartiger Schulgebäude gefragt, warum ein Kind erst zum »Behinderten« erklärt werden muss, um die Vorteile einer derartigen Ausstattung zu genießen – sie wäre oft für alle Kinder gut. Man sollte wenigstens einen Vormittag lang Unterricht erleben in einer Gruppe von Kindern, die alle wegen irgendeines Defizits aus der für sie eigentlich zuständigen Schule ausgesondert worden sind.

Bestehen Sie darauf, dass allein Sie als Eltern die Entscheidung darüber haben wollen, auf welche »Vorteile« der Sonderschule Sie verzichten können und welche »Nachteile« Sie in der Regelschule in Kauf nehmen.

1.7 Ämter – Ämter

Als Mutter oder Vater eines Kindes mit besonderen Problemen haben Sie es dann, wenn Ihr Kind eingeschult werden soll, schon seit Langem mit der Behindertenfürsorge, eventuell auch mit der Familienfürsorge oder der Erziehungsberatung zu tun. Mit dem Schuleintritt kommt der Schulpsychologische Dienst hinzu. Erkundigen Sie sich rechtzeitig, welches dieser Ämter bei einem Schulwechsel von der Sonderschule zur Regelschule oder bei der Einschulung beteiligt werden muss – oder auch von Ihnen hinzugezogen werden kann.

Welche Unterstützungen – aber auch welche Widerstände können Sie erwarten? Gehen Sie davon aus, dass in all diesen Ämtern Menschen mit unterschiedlichen Sichtweisen arbeiten. In vielen Ämtern ist es für die Eltern reine Glückssache, welche Sachbearbeiterin für ihr Kind zuständig ist. Tauschen Sie mit anderen Eltern desselben Bezirkes Ihre Erfahrungen aus! Wenn Ihr Kind zu irgendwelchen testartigen Untersuchungen bestellt wird, dann beachten Sie, dass alle Kinder in kurzen Testsituationen (eventuell nach langem Warten auf einem Gang) weniger zeigen, als sie wirklich können. Ihre eigene Nervosität wirkt sich auf das Kind aus. Versuchen Sie, mit dem Psychologen zu sprechen. Vielleicht ist er bereit, Ihr Kind in einer Kindergruppe oder auch bei Ihnen zu Hause zu beobachten.

Wenn es Fachleute gibt, die die Entwicklungsfortschritte Ihres Kindes aus einem längeren Zeitraum kennen, dann sollten Sie diese um eine Stellungnahme bitten. Diese Stellungnahme nehmen Sie mit zu der eventuell angeordneten Testsituation. Klären Sie auch, ob eine Person Ihres Vertrauens oder Sie selbst bei dem Begutachtungsverfahren anwesend sein dürfen.

Ein besonderes Problem ist an manchen Orten die Frage der Finanzierung von unterstützendem Personal. Die Schulbehörde hatte entschieden, dass ein Kind mit einer Behinderung die Regelschule besuchen darf; die Sozialbehörde der Kommune hat jedoch die Übernahme der Kosten für die Schulbegleitung verweigert. Häufig haben Eltern sich abschrecken lassen, wenn ihnen gesagt wurde, dass sie sich an den Kosten beteiligen müssten, auf jeden Fall ihre gesamten Einnahmen nachweisen. Dies ist eine falsche Information: Die Kosten für notwendige Begleitung von Kindern mit Behinderung in der Regelschule müssen unabhängig vom Einkommen der Eltern von der Schulbehörde oder der Sozialbehörde übernommen werden. Schwierig wird es für die Eltern, wenn die zuständigen Behörden sich darüber nicht einigen können. Es gibt zu diesem Thema bereits etliche Gerichtsurteile. Im Oktober 2007 hat das Bundesverwaltungsgericht entschieden, dass die Kommunen grundsätzlich den Besuch integrativer Schulen finanziell ermöglichen müssen (BVerwG Az. 5 C 34/06 und 35/06).

1.8 Widerspruchsverfahren oder klagen?

Die Entscheidung, ob Ihr Kind entsprechend Ihrem Wunsch eine Schule am Wohnort besuchen darf oder gegen Ihren Willen in eine Sonderschule gehen muss, wird in den deutschsprachigen Ländern letztlich von der zuständigen Schulverwaltung, in der Regel von einem Schulrat/einer Schulrätin getroffen. Sie erhalten hierüber einen schriftlichen Bescheid, gegen den prinzipiell Widerspruch eingelegt werden kann, auch dann, wenn Sie darauf in dem Schreiben nicht hingewiesen werden. Wird aufgrund Ihres Widerspruches von der Sonderschulzuweisung nicht abgewichen, haben Sie das Recht zu klagen. In manchen Bundesländern ist sofortige Klage notwendig.

In den vergangenen Jahren habe ich viele Eltern ermutigt, diesen Weg zu gehen. Ich kann verstehen, dass Eltern eine Scheu davor haben, ihr Kind in die Schule einzuklagen. Ihre Bedenken sind berechtigt: »Wird es meinem Kind gut gehen, wenn ich diesen Klageweg gehe?« Trotz dieser Bedenken, ist dies nach meinen Erfahrungen die richtige Entscheidung, die ich wie folgt begründe: An vielen Orten ist es in den Schulen noch nicht als selbstverständlich akzeptiert, dass Kinder mit besonderen Lernbedürfnissen die Regelschule besuchen. Einzelne Lehrer/innen, auch Schulleiterinnen und Schulleiter befürworten zwar diesen Weg, sind aber an ihrem Arbeitsplatz oder an ihrem Wohnort mit dieser Einstellung noch in der Minderheit. Solange die Einschätzung besteht, sie würden sich »freiwillig« für die Einschulung eines Kindes entscheiden, das ohne große Schwierigkeiten auch an eine Sonderschule »abgeschoben« werden könnte, wählen viele beteiligte Professionelle leider diesen Weg. Sie tun dies nicht, weil sie Ihr Kind nicht akzeptieren, sondern: Sie haben eine Scheu davor, dies den Kolleg/innen, anderen Eltern oder den Vorgesetzten gegenüber als ihre eigene Entscheidung zu verteidigen. Anders stellt sich die Situation dar, wenn deutlich wird: Die Eltern kennen ihr Recht und setzen dies auch durch, notfalls mit juristischer Unterstützung auf dem Klageweg. Ich habe mehrere Beispiele erlebt, dass der zuständige Schulrat, die Schulrätin, eine positive Entscheidung getroffen hat, allein aufgrund der Tatsache, dass die Eltern deutlich gemacht haben: »Wir lassen von unserem Wunsch auf Integration nicht ab!«

Dann muss »von oben« entschieden werden. Die einzelne Schulleiterin bzw. der Schulleiter muss sich selbst gegenüber seinem Kollegium nicht rechtfertigen. Das kleine Team der Lehrer/innen dieser Schule, die eine »Vorreiterposition« einnehmen, sind hoffentlich selbst froh, eine Integrationsklasse übernehmen zu dürfen oder Ihr Kind in der Einzelintegration zu unterrichten. Die Scheu der zuvor skeptischen oder gar abwehrenden Lehrer/innen legt sich meist nach einigen Wochen. Am Anfang sind die zuvor skeptischen Kolleg/innen froh darüber, wenn klar ist, dass nicht sie, sondern jene anderen die bisher ungewohnte Aufgabe übernommen haben. Nach kurzer Zeit spricht es sich in der Schule herum oder durch Vertretungsunterricht wird die Erfahrung gemacht: Integrationsklassen haben zumeist ein ruhiges, sozial verständliches Klima.

1.9 Sie haben es geschafft! Ihr Kind ist drin – in der Regelschule!

Nach meinen Erfahrungen haben Sie damit den entscheidenden und anstrengenden Kampf hinter sich. Ich wünsche Ihnen, dass Ihr Kind von Lehrer/innen unterrichtet wird, die Ihr Kind so mögen, wie es ist. Was können, sollten, müssen Sie als Mutter oder Vater weiter tun?

Unterstützen Sie Ihr Kind so, dass es sich im Kreise seiner Mitschüler/innen wohlfühlt. Laden Sie die Klassenkamerad/innen für den Nachmittag zu sich ein, damit Ihr Kind in die Gemeinschaft hineinwächst. Informieren Sie die anderen Eltern, damit die ihre eigenen Unsicherheiten überwinden können und Ihr Kind auch zu sich nach Hause einladen, z. B. zu einem Kindergeburtstag. Reden Sie mit anderen Eltern über deren Probleme! (Es kann für Sie sehr entlastend sein, auch die Schwierigkeiten der anderen Eltern mit »normalen« Kindern in der Klasse Ihres Kindes zu kennen.)

Wenn Ihr Kind nicht das Glück hat, in eine Klasse zu kommen, in der mit verbalen Beurteilungen die Lernentwicklung der Kinder beschrieben wird, dann ermutigen Sie Ihr Kind vor allem dann, wenn die Zensuren schlecht sein sollten! Sie und Ihr Kind wissen, dass mit großer Wahrscheinlichkeit eine »Eins« in der Sonderschule leichter zu erreichen ist als eine »Vier« in der Regelschule.

Reden Sie mit den Lehrer/innen darüber, ob die Bedingungen für Klassenarbeiten so verändert werden können, dass die speziellen Probleme Ihres Kindes berücksichtigt werden (z. B.: Ihr Kind diktiert einen Aufsatz auf Tonband, wenn es nur sehr langsam schreiben kann, oder: die Anweisungen für eine Klassenarbeit, die ansonsten alle Schüler mündlich erhalten, erhält Ihr Kind schriftlich, wenn es Schwierigkeiten mit dem Hören hat). Geben Sie die Informationen, die Sie sich im Laufe der Jahre über die Besonderheiten der Behinderung Ihres Kindes erworben haben, an die Lehrer/innen weiter. Eventuell können Sie über die Kontakte, die Sie zu anderen Eltern haben, auch zu Lehrer/innen vermitteln, welche bereits Erfahrungen mit der Integration eines Kindes haben, das ähnliche Schwierigkeiten hat wie Ihr Kind. In den meisten Bundesländern und in Österreich ist geregelt, dass Kinder mit besonderen Problemen einen Anspruch auf »Nachteilsausgleich« bei Klassenarbeiten haben (vgl. auch Kapitel 5; und unter dem Stichwort »Nachteilsausgleich« finden Sie über Internet-Suchportale die Regelungen, die für Ihr Bundesland gelten).

Ihr Kind ist drin – in der Regelschule! Sorgen Sie mit dafür, dass dies an Ihrem Wohnort keine Ausnahme bleibt. Je mehr Kinder mit besonderen Problemen eine Regelschule besuchen, umso selbstverständlicher wird dies auch für Ihr Kind. Geben Sie Ihre Erfahrungen an andere Eltern weiter, indem Sie sich in den Elterngruppen gegen Aussonderung an Ihrem Wohnort engagieren oder indem Sie den Aufbau ähnlicher Selbsthilfegruppen an anderen Orten unterstützen.

2. Integration aus der Sicht von Lehrer/innen der Regelschulen

2.1 In meine Klasse kommt ein behindertes Kind!

Für Lehrer/innen ist es bisher noch keine selbstverständliche Gewohnheit, dass sie auch Kinder mit Behinderungen in der Regelschule unterrichten. Bisher wird z. B bei der Zusammenstellung der Klassen eines neuen Jahrganges überlegt, dass Jungen und Mädchen gleichmäßig verteilt sind. Oder: Wenn Kinder in der Schule angemeldet werden, welche die deutsche Sprache noch nicht gut sprechen und verstehen, dann wird bei der Planung berücksichtigt, ob sie in einer Klasse gesammelt oder auf die Parallelklassen verteilt werden. Es gibt vielleicht eine gewisse Tradition an einer Schule, von welchem Kindergarten Gruppen von Kindern gemeinsam in eine Klasse übernommen oder auch bewusst auf verschiedene Klassen aufgeteilt werden. Bei weiterführenden Schulen wird auf eine ausgewogene Zusammensetzung der Klassen geachtet, oder es werden Klassen nach besonderen Interessen- oder Leistungsschwerpunkten gebildet.

Aber: Wie wird in einer Schule reagiert, wenn bekannt wird, dass ein Elternpaar ein Kind mit einer Behinderung anmeldet?

Es gibt bisher in den deutschsprachigen Ländern nur sehr wenige Schulen, die sich darauf eingestellt haben, dass ALLE Kinder eines Wohngebietes das Recht haben, in diese Schule zu gehen.

Eine solche Schule würde höchstwahrscheinlich schon lange vor dem Beginn des neuen Schuljahres wissen: Wird ein hochgradig hörbehindertes, ein sehgeschädigtes oder körperbehindertes Kind in diese Schule kommen? Auch ein geistig behindertes Kind würde in den langfristigen Planungen und Überlegungen der Lehrer/innen nicht ausgeschlossen werden. In einer inklusiven Grundschule arbeiten die Erzieherinnen der umliegenden Kindergärten eng mit den Lehrer/innen zusammen und bereiten den Übergang einer Gruppe von Kindern vor. In einer weiterführenden Schule bestehen enge Kontakte zu den umliegenden Grundschulen, um frühzeitig zu entscheiden, an welcher Gesamtschule, Hauptschule, Realschule oder an welchem Gymnasium eine Integrationsklasse aus der Grundschule übernommen wird. Im Kollegium könnte beraten werden, wer sich für eine entsprechende Fortbildung anmeldet oder in einer Klasse hospitiert, in der ein ähnlich behindertes Kind bereits unterrichtet wird. Der Schulträger könnte rechtzeitig Umbaumaßnahmen planen oder die Auswahl und Finanzierung von pädagogischen Unterrichtshilfen klären.

Bei einem Kind mit einem erheblichen Entwicklungsrückstand könnte mit den Eltern gemeinsam darüber beraten werden, ob dieses Kind erst ein Jahr später eingeschult werden sollte oder ob es wegen des Verbleibens in der vertrauten Gruppe sinnvoller ist, dass alle gemeinsam in die erste Klasse der Grundschule eingeschult werden. Ähnlich könnte beim Übergang in die weiterführende Schule beraten werden, ob für das einzelne Kind der um ein Jahr verlängerte Verbleib in der Grundschule sinnvoll ist oder ob es besser ist, wenn das Kind mit den besonderen Problemen gemeinsam mit einer Gruppe der vertrauten Kinder in die weiterführende Schule wechseln kann.

Eine inklusive Schule erwartet nicht, dass die Kinder für die Schule »reif« werden – eine inklusive Schule stellt sich auf den individuellen Entwicklungsstand eines jeden Kindes ein. An einer Schule, die bisher keine Erfahrungen mit der gemeinsamen Erziehung von behinderten und nicht behinderten Kindern hat, sind die Befürchtungen und Ängste der Lehrer/innen vielfältig. Zumeist steht im Vordergrund aller Wahrnehmungen, was das Kind nicht kann:

Das Kind kann nicht oder nur sehr wenig sprechen. Werde ich als Lehrerin dieses Kind verstehen können? Oder: Dieses Kind sieht nur wenig, es wird vielleicht sogar erblinden. Muss ich meinen gesamten Unterricht so umstellen, dass ich auf die Arbeit mit der Tafel oder dem Tageslichtprojektor verzichten muss? Das Kind lernt nur sehr mühsam, werde ich immer auf die Langsamkeit dieses Kindes warten müssen? Und wenn das Kind auf einen Rollstuhl angewiesen ist? Werde ich mit meiner Klasse keine normalen Ausflüge mehr machen können?

Zweifel an der eigenen Kompetenz, diese Kinder unterrichten zu können, sind nachvollziehbar: Ich soll in der weiterführenden Schule eine kleine Gruppe von Kindern mit erheblichen Lernschwierigkeiten übernehmen. Werde ich als Fachlehrerin für Geschichte und Erdkunde oder als Fachlehrer für Mathematik und Physik diesen Kindern gerecht? Wie kann ich – gemeinsam mit der Sonderpädagogin – meinen Unterricht so gestalten, dass sich die einen Kinder nicht langweilen und die anderen nicht ständig überfordert sind?

Ich bin als »normaler« Lehrer auf den Umgang mit behinderten Kindern doch überhaupt nicht vorbereitet! Wer ehrlich mit sich selbst ist, wird oft zugeben müssen, dass die eigenen Ängste gegenüber dem Ungewohnten, dem Unbekannten, dem Beängstigenden und Fremden überwiegen. Oft lähmt die Angst vor dem, was eventuell geschehen könnte, jede weitere Überlegung.

Diese Ängste sind verständlich! In der Phase der Vorbereitung eines Kollegiums, das gefragt wurde, ob es ein Kind oder eine Gruppe von Kindern mit besonderen Bedürfnissen in die eigene Schule aufnimmt, sollten diese Bedenken artikuliert werden. Nur so können Lösungen gesucht und gefunden werden oder allen Beteiligten wird bewusst, dass mancher Kompromiss notwendig ist – zumindest am Anfang.

Bereits mit Beginn des Lehrerstudiums stellen sich die allermeisten Lehrer/innen darauf ein, dass sie es später einmal nur mit den »normalen« Kindern zu tun haben werden. Sonst hätten sie sich anders entschieden und wären Sonderschullehrer/in geworden. Viele Lehrer/innen lassen sich bereits bei den allerersten Anzeichen der »Gefahr«, dass ein behindertes Kind in die Schule, vielleicht sogar in die eigene Klasse kommen könnte, von ihren eigenen Ängsten überwältigen. Die Anwesenheit eines Kindes mit Behinderung erinnert Lehrer/innen an die eigenen Ängste davor, selbst krank oder behindert zu sein oder davor, aus der Gemeinschaft ausgegrenzt zu werden. Über diese Ängste wird jedoch sehr selten gesprochen, oft sind sie den Beteiligten auch nicht bewusst.

Es ist nicht verwunderlich, dass sich häufig diejenigen Pädagog/innen am ehesten für die Aufgabe der gemeinsamen Erziehung von behinderten und nicht behinderten Kindern engagieren, die in ihrer Familie oder im nahen Freundeskreis von der Tatsache der Behinderung eines Menschen selbst betroffen sind und welche die persönliche Auseinandersetzung mit den Herausforderungen, die damit verbunden sind, zu einem großen Teil bereits bewältigt haben. Diese Menschen haben zumeist auch eine innere Sicherheit gefunden, dass es sich lohnt, gemeinsam mit diesen besonderen Kindern andere Wege als die bisher üblichen zu gehen. Die Entwicklungsfortschritte der Kinder sind zumeist sehr deutlich und die Zufriedenheit der Lehrer/innen. Die anderen Pädagog/innen, für die derartige Auseinandersetzungen noch neu sind, versuchen – menschlich verständlich – einer solchen Herausforderung zunächst auszuweichen. Sie machen eine ähnliche Phase der Bearbeitung einer neuen Herausforderung durch wie die Eltern nach der Diagnose: »Ihr Kind ist behindert«.

Es gibt viele Gründe, die man sich als Lehrerin oder Lehrer ausdenken kann, um den ersten Anfragen der Schulleiterin oder des Schulleiters, wer eine Integrationsklasse leiten würde oder wer als Fachlehrerin in dieser Klasse unterrichten würde, zu entkommen:
- Sie wollen im nächsten Jahr sowieso keine Klasse als Klassenlehrer/in übernehmen!
- Solche neuartigen Aufgaben sollte man den jüngeren Kolleg/innen überlassen!
- Für eine solche Aufgabe kommen nur erfahrene Lehrkräfte infrage!
- Sie wissen ganz genau, dass die Eltern der Mitschüler/innen gegen einen solchen Versuch sind!

Statt sich weitere mehr oder weniger gute Hürden auszudenken, die den Weg zwischen Ihnen und dem zumeist noch unbekannten Kind versperren, könnten Sie auch die Begegnung mit einem ungewöhnlichen Kind als eine besondere Chance für sich selbst begreifen: Als Gelegenheit, die eigenen Ängste vor Krankheit, Behinderung, vor Ausgrenzung, eigener Unvollkommenheit, Alter und Tod zu bearbeiten.

Die Begegnung mit einem Menschen, der unsere Welt mit seinen Sinnen anders begreift, kann sehr befriedigend und anregend sein. Dessen individuelle Eigenarten fordern besondere Überlegungen heraus, die sich oft als förderlich für alle Kinder erweisen. Ich habe Lehrer/innen kennengelernt, die mit einer solchen herausfordernden Aufgabe nach mehreren Jahren Unterricht wieder neuen Elan entwickelt haben. Andere Lehrer/innen haben mit offenem Unterricht nach dem Studium ihre erste Lehrerstelle begonnen und es als Bereicherung erlebt, wenn sie dann wegen der Aufnahme eines behinderten Kindes in die Klasse die Gelegenheit erhielten, im Unterricht mit einem zweiten Erwachsenen zusammen zu arbeiten.

Ich kenne Lehrer/innen, die standen nach Abschluss ihres Studiums vor der Frage: Nehme ich diese Planstelle in einer Integrationsklasse an? Die Alternative wäre eine unsichere Vertretungsstelle oder die Arbeitslosigkeit gewesen. Nach einer kurzen Zeit der Eingewöhnung ging es beim gemeinsamen Lernen dann sowohl den Kindern wie auch den Lehrer/innen gut.

In dem einen Fall stand eine junge Kollegin vor der Frage, ob sie als zweite Pädagogin in einer Klasse beginnen sollte, deren Bedingungen kaum schlechter hätten sein können:
- Ein gehörloses Mädchen, das für fremde Menschen zunächst nur schwer verständlich sprechen konnte.
- Eine neu zusammengestellte Gesamtschulklasse, welche von außergewöhnlich vielen Jungen mit erheblichen Verhaltensauffälligkeiten besucht wurde.
- Ein Lehrerteam, bestehend aus acht Fachlehrer/innen, die zuvor nur wenig miteinander gearbeitet hatten.

Sicherlich ungünstige Voraussetzungen für die erste Lehrerstelle einer jungen Frau, die sich während ihres Studiums weder mit Gehörlosenpädagogik noch mit dem Thema Integration beschäftigt hatte. Was machte es möglich, dass der gemeinsame Lernprozess trotzdem nach kurzer Zeit so befriedigend für alle Beteiligten vonstatten ging? Die Lehrerin konnte auf eine solide pädagogische Ausbildung aufbauen. Sie traute sich (vielleicht auch eher durch ihre anfängliche persönliche Notsituation bedingt) die Übernahme einer besonderen Aufgabe zu und das Wesentlichste: Sie lernte das Mädchen, das ihr nur mit seinen Defiziten vorgestellt worden war, mit seinen besonderen Fähigkeiten kennen!

Die Bereitschaft zur Kooperation der Erwachsenen und die Suche nach den Fähigkeiten des behinderten Kindes sind die notwendigen Voraussetzungen für einen guten Integrationsprozess.

Bei Kindern mit eindeutig medizinisch diagnostizierten Behinderungen, vor allem bei Kindern mit schweren und seltenen Behinderungen ist es für die beteiligten Lehrer/innen sehr wichtig, sich von den offensichtlichen Defiziten nicht überwältigen zu lassen. Die Suche nach den Fähigkeiten dieser Kinder ist der Anfang eines gemeinsamen pädagogischen Prozesses. Häufig ist es sehr sinnvoll, das Kind einen Tag lang in seiner vertrauten Umgebung zu beobachten und selbst ein Gespür dafür zu bekommen, wie sich das Kind mit seiner Mutter, seinem Vater, den Geschwistern oder den Großeltern verständigt.

Lehrer/innen der weiterführenden Schulen könnten sich mit einer Hospitation in der Grundschule und Gesprächen mit den Kolleg/innen, die die Kinder aus dem Unterricht bereits kennen, auf die neue Aufgabe vorbereiten.

Wenn ein Kind mit speziellen Bedürfnissen in eine bereits bestehende Klasse neu aufgenommen werden soll, dann ist es günstig, die übrigen Kinder der Klasse so genau wie möglich zu informieren. Auch dabei sollten die Fähigkeiten des Kindes im Mittelpunkt stehen und Hinweise an die anderen Kinder, wie sie die neue Mitschülerin/den Mitschüler unterstützen können. Den Klassenkamerad/innen muss erklärt werden, welches Verhalten von ihnen erwartet wird, wenn ein einzelnes Kind selbst nicht die Möglichkeit hat, seine Bedürfnisse eindeutig mitzuteilen.

Am günstigsten ist es, wenn das Kind mit den besonderen Lernbedürfnissen gemeinsam mit einer Gruppe der übrigen Kinder vom Kindergarten oder der Vorschule in die erste Klasse der Schule oder von der Grundschule in eine weiterführende Schule wechselt. Gespräche mit den Eltern können wichtige Informationen über die besonderen Interessen des Kindes geben und die Erwachsenen davor bewahren, ihre eigene falsche Einschätzung über die Situation des Kindes als dessen Lebensrealität zu deuten.

Ein Beispiel

Ein Junge, der auf einen Rollstuhl angewiesen ist, besucht bereits seit drei Jahren die Grundschule in unmittelbarer Nähe seiner Wohnung. Am Anfang hatte es große Probleme gegeben, für Thomas die Genehmigung zu erhalten, dass er die Schule am Wohnort besuchen darf und nicht in eine mehrere Kilometer entfernte Körperbehinderten-Sonderschule gehen musste.

Am Beginn des Integrationsprozesses hatte der Klassenlehrer mich gelegentlich um Rat gefragt; inzwischen hatte ich aber fast ein Jahr lang nichts mehr von dem Jungen gehört und bin davon ausgegangen, dass es keine Probleme gäbe –, sonst hätte die Mutter mich angerufen.

Am Rande eines Gespräches mit der Schulleiterin frage ich sie, wie sie die bisherige Entwicklung von Thomas einschätze. Sie antwortet mir: »Das geht eigentlich alles sehr gut hier. Im Unterricht hat Thomas kaum Schwierigkeiten. Die Mitschüler, vor allem die Mädchen sind alle ganz lieb zu ihm. Der Klassenlehrer setzt sich sehr für ihn ein. Ich habe keinerlei Grund zum Klagen. Und trotzdem zweifle ich oft, ob die Entscheidung der Eltern richtig war, einen solchen Jungen auf unsere Schule zu schicken. Ich bin inzwischen der Meinung, es wäre doch besser gewesen, Thomas auf eine Sonderschule zu schicken. Ich habe dies der Mutter auch schon gesagt, aber mit den Eltern ist darüber nicht zu reden!«

Aus den Worten der Schulleiterin ist große Besorgnis herauszuhören. Ich frage nach, worauf sich ihre Ängste um das Wohlbefinden von Thomas beziehen. Die Schulleiterin bittet mich, zum Fenster ihres Amtszimmers zu kommen. Es ist gerade große Pause. Von hier aus kann man gut den Platz beobachten, auf dem die Jungen der Schule Fußball spielen. Am Rande dieses Platzes sitzt Thomas in seinem Rollstuhl, mit dem Rücken zum Schulgebäude, von wo aus die Schulleiterin das Geschehen gut überblicken kann. Sie sagt zu mir:

»Ich muss das jeden Tag beobachten, wie dieser Junge so traurig dasitzt und den anderen beim Fußballspielen zusieht. Der Thomas weiß genau, dass er selbst nie Fußballspielen kann. Muss man ihm dann diesen Anblick der anderen Jungen jeden Tag zumuten? Wäre es nicht besser, er wäre an einer Schule, in der er erlebt, dass die anderen Kinder genauso arm dran sind wie er?«

Die Schulleiterin schaute mich fragend an. Von hier oben und so von hinten auf den Jungen im Rollstuhl und die tobenden anderen Kinder auf dem Hof blickend, beschlich auch mich eine traurige Stimmung. Ich antworte der Schulleiterin, dass ich darüber mit der Mutter sprechen werde. Nachdem ich der Mutter über die Beobachtung in der Schule bei einem Telefongespräch vorsichtig berichtet hatte, brach sie in Lachen aus:

»Sie hätten mal Ihren Beobachtungsposten verlassen sollen, dem Thomas ins Gesicht gucken und ihn selbst fragen, was er von dem Fußballspiel der Jungen hält! Es ist zurzeit seine absolute Lieblingsbeschäftigung, anderen Jungen beim Fußballspielen zuzugucken. Fast jeden Sonntagvormittag verbringen wir auf irgendeinem Fußballplatz. Es interessiert Thomas nicht, wenn erwachsene Männer spielen. Jugendspiele werden viel zu selten im Fernsehen übertragen. So verbringen wir viel gemeinsame Freizeit am Spielfeldrand.«

Im Umgang mit behinderten Menschen stellen wir unsere eigene Wahrnehmung zu selten infrage. Wir fragen zu selten direkt. Wir haben oft nicht den Mut, dem Menschen mit einer Behinderung ins Gesicht zu blicken und ihn zu bitten, uns bei unseren Verständigungsproblemen zu helfen. Andererseits habe ich auch häufig festgestellt, dass die Lehrer/innen, die gemeinsam mit einem behinderten Kind lernen, ihre eigenen Ängste zu bewältigen, dann selbstsicherer, von innen heraus fröhlicher und zufriedener werden.

2.2 Die Ängste vor dem zweiten Erwachsenen im Klassenzimmer

Lehrer/innen sind in den deutschsprachigen Ländern bisher nahezu ausnahmslos Einzelkämpfer/innen vor ihren Klassen. Teamarbeit, unmittelbare Zusammenarbeit »vor Ort«, sind Lehrer/innen nicht gewohnt. Kaum ein Beruf lässt sich heute noch in solch einer vereinzelten Situation ausführen, wie Lehrer/innen dies tun.

Rechtsanwält/innen und Ärzt/innen müssen sich täglich mit Kolleg/innen fachlich austauschen. Automechaniker und Sekretärinnen und Sekretäre sind auf die Kooperation vor Ort angewiesen. Krankenschwestern/Krankenpfleger und Erzieher/innen arbeiten im Team. Lehrer/innen können es sich immer noch leisten, ihre Zusammenarbeit auf wenige Absprachen bei Konferenzen zu begrenzen.

Wenn die Lehrer/innen eines Kollegiums unterschiedliche Erziehungsauffassungen vertreten, dann werden die Konflikte, die daraus für die Schüler/innen entstehen können, nur selten offen im Kollegium ausgetragen. Die Schüler/innen lernen in der Regel schnell, dass sie bei der einen Lehrerin dieses dürfen und bei dem anderen Lehrer jenes nicht.

Manche Menschen haben vielleicht den Lehrerberuf gewählt, weil sie – mehr oder weniger bewusst – damit auch möglichen Auseinandersetzungen mit anderen Erwachsenen aus dem Weg gehen können, etwa nach dem Motto: »Da mach ich die Klassentür hinter mir zu. Und in der Klasse bin ich König!«

Mit der Entscheidung für die Beteiligung an der Integration eines Kindes mit Behinderung in einer Integrationsklasse ist auch die Entscheidung für die beteiligten Lehrer/innen verbunden, wenigstens einen Teil des Unterrichts gemeinsam mit einer zweiten Pädagogin/einem zweiten Pädagogen im Klassenzimmer zu kooperieren. Häufig habe ich in Vorbereitungsgesprächen den Eindruck gewonnen: Manche Lehrer/innen haben mehr Angst vor dem zweiten Erwachsenen in der Klasse als vor dem behinderten Kind. Auch diese Ängste müssen sehr ernst genommen und dürfen nicht vorschnell vom Tisch gewischt werden.

Die Lehrer/innen müssen die Gelegenheit erhalten, mit diesen oft verständlichen Ängsten bewusst umzugehen und Unterstützung erhalten, damit sie die notwendigen Verhaltensformen erlernen können, die für eine Teamarbeit im Klassenzimmer notwendig sind und die ihnen während ihres Studiums meistens nicht vermittelt wurden. Lehrer/innen werden im Gegenteil auch heute oft zu Einzelkämpfer/innen und nicht zu Teamfähigkeit ausgebildet. Die anfänglichen Anstrengungen, diese Teamfähigkeit zu erlernen, lohnen sich nach kurzer Zeit aber auch für die Lehrer/innen selbst, wenn einige Regeln beachtet werden:

Wenn zwei Pädagog/innen ständig in einer Klasse zusammenarbeiten, dann sollte versucht werden, dass diese beiden sich rechtzeitig vor dem Beginn der Arbeit mit den Kindern gegenseitig kennenlernen und auch miteinander arbeiten wollen. Bei den oft nur als chaotisch zu bezeichnenden Entscheidungsfindungen in Schulverwaltungen geschieht es leider immer wieder, dass Lehrer/innen vor Beginn der Sommerferien noch nicht wissen, mit wem sie nach den Ferien an welcher Schule zusammenarbeiten sollen.

Wenn ein Sonderpädagoge oder eine zweite Grundschul- oder Fachlehrerin nur für einen Teil der Stunden mit im Unterricht ist, dann ist eine gute Absprache noch viel wichtiger als bei einem durchgängigen »Zwei-Pädagogen-Prinzip«.

Als günstig hat sich erwiesen: Möglichst vor Beginn des Schuljahres gemeinsam die notwendigen Entscheidungen zu treffen über die Auswahl der Schulbücher oder die Anordnung der Möbel im Klassenzimmer. Wie der Morgenkreis und der Wochenplan gestaltet werden sollen, all diese langfristig wirksamen Entscheidungen, sollten in Ruhe geklärt werden, bevor die Hektik des Schulalltages beginnt. Werden Fortbildungsveranstaltungen angeboten, z. B. zu speziellen Lese-Lernmethoden, dann sollte unbedingt versucht werden, dass die beiden Lehrer/innen, die mit dieser Methode gemeinsam arbeiten wollen, auch gemeinsam an dieser Fortbildung teilnehmen. Es wird immer noch der Fehler gemacht, dass Schulleiter/innen meinen, es reiche aus, wenn eine Kollegin/ein Kollege an derartigen Fortbildungen teilnimmt. Durch ein solches Verfahren ist aber bereits der Keim für eine möglicherweise sich entwickelnde Konkurrenz im Team gelegt.

Es sollte vermieden werden, dass sich im Bewusstsein der Kinder und ihrer Eltern der Eindruck entwickelt, es gäbe »den Ersten« und »den Zweiten« unter den beiden Lehrerkräften. Günstig sind Absprachen, wenn die eine sich vorwiegend für die Planung des einen inhaltlichen Schwerpunktes zuständig fühlt und der andere für einen anderen Schwerpunkt. Jede der beiden kooperierenden Lehrkräfte sollte in regelmäßigen Abständen auch die Rolle des eher Beobachtenden, Unterstützenden, mit kleinen Gruppen von Kindern Arbeitenden einnehmen. Diese Wechsel können einen eher fachlichen Schwerpunkt haben. Die eine plant mehr im mathematisch-naturkundlichen Bereich, der andere eher im sprachlichen, im sozialkundlichen oder musisch-ästhetischen Bereich. Oder die Wechsel erfolgen wöchentlich bzw. vierzehntägig. Letzteres Vorgehen ist vor allem dann sinnvoll, wenn in Projekten gearbeitet wird.

Am Beginn einer Teamarbeit ist es sinnvoll, sich einmal pro Woche zu einem festen Termin zu verabreden, um in Ruhe Bilanz über die vergangenen Tage ziehen zu können und die neue Woche zu planen. Bei gut eingespielten Teams genügt ein Planungstermin pro Monat und kurze Absprachen in den Pausen. Sehr gute Erfahrungen haben Teams damit gemacht, bereits am Beginn eines Schulhalbjahres die Termine festzulegen, eventuell die Wochentage zu wechseln. Ein Abstand von zwei oder drei Wochen erscheint mir ideal. (Zur Frage, wie Kooperation von Lehrer/innen gelernt werden kann, habe ich einen Leitfaden entwickelt – vgl. Schöler 1997.)

Auch unter Zeitdruck, unter dem Druck, für den Unterricht planen zu müssen und sich mit den Bedürfnissen der Kinder auseinanderzusetzen, sollten sich die Lehrkräfte, die sich darauf einstellen, eine gewisse Zeit überwiegend in einem Klassenraum zusammenzuarbeiten, die Zeit nehmen, um sich »gegenseitig zu beschnuppern«, sich auch persönlich kennenzulernen. Es mag banal klingen, aber ein Lehrerteam machte gute Erfahrungen damit, vor dem Arbeitsgespräch gemeinsam zu kochen oder einmal in der Woche gemeinsam schwimmen zu gehen. »Atmosphärische Störungen« ließen sich dabei in zwangloser Form leichter abbauen.

Gönnen Sie sich die Zeit, um diese zweite Lehrerin/den zweiten Lehrer in Ihrer Klasse auch privat kennenzulernen. Sprechen Sie die Ihnen am günstigsten erscheinende Arbeitsteilung zu Beginn sehr genau ab! Nach einer gewissen Einarbeitungszeit werden Sie es als entlastend erleben, nicht immer alleine für alles verantwortlich sein zu müssen, sondern sich in Arbeitsteilung gegenseitig aufeinander verlassen zu können. Wenn Sie sich zu zweit bei einer Tasse Kaffee oder Tee, einem Glas Wein oder zu einem schönen Spaziergang treffen, um in aller Ruhe miteinander in Kontakt zu kommen, bevor Sie sich mit den Kindern Ihrer Klasse und der Planung des Unterrichts beschäftigen, dann ist dies eine Zeitinvestition, die sich beim gemeinsamen Lehren und Lernen lohnt!

Zur Klärung von unterschiedlichen spontanen Reaktionen auf Fragen und auf das Verhalten der Kinder ist es zu Beginn notwendig, sich regelmäßig abzusprechen, um Missverständnisse erst gar nicht aufkommen zu lassen. Nach einer gewissen Einarbeitungsphase werden Sie die wichtigsten Verhaltensregeln gemeinsam mit den Kindern in der Klasse eindeutig festgelegt haben. Oder sie haben Regelungen gefunden, bei denen für alle Beteiligten klar ist: »Wenn wir bei Frau Fröhlich Unterricht haben, dann beginnen wir den Unterricht in dieser Form. Und bei Herrn Lustig gelten etwas andere Regeln!«

Kinder können erfahrungsgemäß sehr gut damit umgehen, dass in verschiedenen Situationen unterschiedliche Regeln gelten können. Die meisten Kinder sind es auch von ihren Eltern gewöhnt, dass bei ihrem Vater oder bei ihrer Mutter manche unterschiedlichen Regeln eingehalten werden müssen. Und trotzdem ist für vieles eine genaue Absprache notwendig, um den Kindern eine gewisse Verhaltenssicherheit zu geben und vor allem, damit die beteiligten Erwachsenen nicht das Gefühl bekommen, sie würden gegenseitig ausgespielt.

Auch das ist eine neue Erfahrung für Lehrer/innen in Integrationsklassen: Sie müssen die fachliche Anerkennung, die Zuwendung und die Liebe der Kinder mit einem zweiten Erwachsenen in der Klasse teilen, auch den Streit, den Kampf, die beharrliche Auseinandersetzung, welche manche Kinder suchen! Es kann schon wehtun, wenn beim Betreten des Klassenraumes die Mehrheit der Jungen und Mädchen auf die eine Lehrerin zustürmt und sie liebevoll begrüßt, während die oder der andere von den Kindern (scheinbar?) unbeachtet im Klassenraum ist. Es ist auf die Dauer nicht günstig für den gemeinsamen Lernprozess in einer Klasse, wenn die Eltern sich überwiegend an die eine Lehrerin wenden, wenn etwas Wichtiges zu klären ist, während die andere lediglich Hilfsfunktionen übernimmt. Derartige Konflikte sollten möglichst offen besprochen werden. Manchmal ist es sinnvoll, eine außen stehende Kollegin/einen Kollegen zu einem Gespräch hinzu zu bitten. Für manche Teams ist auch die Begleitung durch eine Supervision (zumindest zeitweise) sehr günstig.

Der bewusste Umgang mit dem eigenen Sozialverhalten führt dazu, dass das Sozialverhalten unter den Schüler/innen sowie zwischen Schüler/innen und Lehrer/innen in Integrationsklassen lebendiger und vielfältiger ist als in Regelklassen. Lehrer/innen aus Integrationsklassen sind zwar manchmal zeitlich mehr belastet als einzeln kämpfende Klassen- oder Fachlehrer/innen. Aus Berichten dieser Lehrer/innen wird aber deutlich, dass sie insgesamt zufriedener sind.

Wer gemeinsam mit den Kindern in Formen des offenen Unterrichts zu arbeiten gewohnt ist, wird froh sein, für das miteinander Lernen einen zweiten Ansprechpartner für die Kinder im Klassenraum zu haben; auch für das miteinander Streiten brauchen Kinder Vorbilder, die ihnen friedliche, den anderen Menschen achtende Formen des Findens von gemeinsamen Regeln vorleben. Sehr viele Kinder haben solche Vorbilder zu Hause nicht mehr! Es besteht also eigentlich wenig Grund, vor dem zweiten Erwachsenen im Klassenraum Angst zu haben. Im Gegenteil: Viele Lehrer/innen empfinden es inzwischen als eine große Erleichterung, nicht immer als Einzelkämpfer/in vor der Klasse stehen zu müssen.

Die Rahmenbedingungen für den gemeinsamen Unterricht von behinderten und nicht behinderten Kindern sind an den weiterführenden Schulen deutlich anders als an Grundschulen: Während an der Grundschule zumeist eine Lehrerin/ein Lehrer eine Klasse leitet und die meiste Zeit unterrichtet, wechseln sich an den weiterführenden Schulen mehrere Lehrer/innen ab. Zehn bis zwölf verschiedene Lehrkräfte, zum Teil mit nur einer oder zwei Stunden Fachunterricht in einer Klasse, sind häufig anzutreffen. Dies ist schwierig zu bewältigen – für alle Kinder und auch für die Lehrer/innen.

An manchen dieser weiterführenden Schulen wurde – unabhängig von der Aufgabe, Kinder mit sonderpädagogischem Förderbedarf zu unterrichten – damit begonnen, kleinere Lehrerteams zu bilden, die für eine Klasse gemeinsam verantwortlich sind. Fünf Fachlehrer/innen als »Kernteam«, von denen zwei gemeinsam die Klassenlehrerfunktion übernehmen, dieses Konzept hat sich als sehr günstig erwiesen. In diesen Klassen wird die Anwesenheit einer Schulhelferin/eines Einzelfallhelfers zumeist als eine beständige Sicherheit von allen empfunden. Dies wirkt sich wiederum positiv auf das Sozialverhalten der ganzen Klasse aus.

Viele Lehrer/innen an Regelschulen haben eine Scheu davor, mit der Integration eines behinderten Kindes zu beginnen, weil sie sich für diese Aufgabe nicht ausgebildet fühlen. Dies ist insofern richtig als die bisherige Lehrerausbildung nicht darauf vorbereitet hat. Auch Lehrer/innen, die bisher an Sonderschulen gearbeitet haben oder ein Sonderpädagogikstudium absolvierten, sind auf die gemeinsame Erziehung von behinderten und nicht behinderten Kindern in der Regel nicht vorbereitet.

In allen bisherigen Schulversuchen sowie in den Ländern, die Integration gesetzlich eingeführt haben, hat sich die begleitende Fortbildung als die wirksamste Form der Qualifizierung der Lehrkräfte erwiesen. Lehrer/innen sollten die Gelegenheit erhalten, parallel zum Unterricht in einer Integrationsklasse an Fortbildungsseminaren in Form von Theorie-Praxis-Seminaren teilzunehmen. Dort können sie ihre konkreten Erfahrungen austauschen, sich gegenseitig beraten und unterstützen. Seminarleiter/innen sind dann am ehesten in der Lage, wirkungsvolle Unterstützungen zu geben, wenn sie selbst über eigene Erfahrungen mit integrativem Unterricht verfügen, möglichst regelmäßig in den Integrationsklassen hospitieren und gemeinsam mit den dort unterrichtenden Lehrer/innen nach den optimalen Förderungsmöglichkeiten für die Kinder mit Behinderungen suchen können.

2.3 Die Vorteile des Zwei-Pädagogen-Prinzips bei integrativem Unterricht

An den meisten Orten, an denen mit dem gemeinsamen Unterricht von behinderten und nicht behinderten Kindern begonnen wurde, übernahmen Grundschullehrer/innen diese Aufgabe. Oft kam als zweiter Erwachsener eine Einzelfallhelferin, ein Zivildienstleistender, eine Erzieherin oder Sozialpädagogin hinzu.
- Die Individualität jedes Kindes verlangt es, dass häufig die Gelegenheit gegeben wird, einen Erwachsenen in der Nähe zu wissen, der zuhört, Anregungen und Hinweise gibt, der ermutigt und anspornt und die bisherigen Arbeitsschritte bestätigt. Diese Formen häufiger Zuwendung benötigen vor allem die Einzelkinder, welche in ihrer Familie gewohnt sind, dass Erwachsene für sie Zeit haben.
- Wenn das individuelle Lerntempo und die unterschiedlichen Interessen der Kinder beachtet werden, dann müssen sehr verschiedenartige Unterrichtsmaterialien zur Verfügung gestellt werden. Damit ist eine einzelne Lehrerin/ein einzelner Lehrer oft überfordert.
- Für Lehrer/innen ist es sehr entlastend, wenn sie sich in bestimmten Unterrichtsphasen auf die Beobachtung des Schülerverhaltens konzentrieren können, wenn sie nicht ständig unter dem Druck stehen, einen bestimmten Lernstoff für die ganze Klasse anzubieten und zugleich jederzeit in der Lage zu sein, auf das spontane Verhalten einzelner Schüler/innen zu reagieren.

- Für die verbalen Beurteilungen und die Gespräche mit den Eltern sind differenziertere Beobachtungen des Schülerverhaltens notwendig als bei Ziffernzensierung und überwiegend frontalem Unterricht. Die gestiegenen Erwartungen der Eltern sind von zwei miteinander gut kooperierenden Lehrer/innen besser zu bewältigen. (Die veränderte Aufgabe der Leistungsbewertung in Integrationsklassen wird im fünften Kapitel ausführlich und anhand von Beispielen dargestellt.)

Lehrer/innen, welche ihre Anfangsschwierigkeiten mit dem Zwei-Pädagogen-Prinzip einmal überwunden haben, wollen zumeist nicht mehr einzeln unterrichten müssen.

2.4 Die Fähigkeiten und die Umfeldbedingungen der Kinder beachten!

Jedes Kind mit einer Behinderung benötigt in der Regel besondere Beachtung. Es lassen sich zwar einige wenige verallgemeinerbare Hinweise geben, wesentlicher als behinderungsspezifische Kenntnisse hat sich in der Praxis des integrativen Unterrichts jedoch die Beachtung der gesamten Kind-Umfeld-Bedingungen erwiesen. Ein und dieselbe medizinische Diagnose kann für die pädagogischen Aufgaben in der Schule sehr Verschiedenes bedeuten:

Ein körperbehindertes Mädchen bewegt sich sehr geschickt mit seinem Rollstuhl und nutzt mit seinen sprachlichen Fähigkeiten die Mitschüler/innen oft aus; ein Junge mit derselben medizinischen Diagnose bleibt abwartend in einer Ecke sitzen und geht davon aus, dass die Mitschüler/innen ihn immer ansprechen und nach seinen Bedürfnissen fragen.

Eltern, die einen Jungen mit erheblichen Verhaltensauffälligkeiten als Pflegekind in ihrer Familie aufgenommen haben, erwarten von allen Mitschüler/innen und den Lehrer/innen sehr viel Toleranz und betonen immer wieder: »Ihr müsst Rücksicht nehmen, er ist doch behindert!« Andere Eltern wollen störendes Verhalten ihres Kindes nicht als etwas Auffälliges akzeptieren, sie wehren sich dagegen, für ihr Kind besondere Maßnahmen zu beantragen und betonen immer wieder: »Unser Kind ist nicht behindert!«

Das eine gehörlose Kind lebt in einer Familie mit gehörlosen Eltern und Geschwistern und hat die Gebärdensprache bereits vor Beginn der Schulzeit erlernt, ein anderes gehörloses Kind wurde von klein auf intensiv lautsprachlich gefördert; die Eltern lehnen die Gebärdensprache ab.

Ein Mädchen mit der Diagnose Down-Syndrom hat eine sehr genaue Beobachtungsgabe und ein gutes Gedächtnis. Sie kann seit der vierten Klasse einfache Texte lesen und kurze schriftliche Mitteilungen eigenständig schreiben. Ein Junge mit derselben Diagnose beginnt im Alter von zehn Jahren mit dem Lesen einzelner Wörter. Er verblüfft die Mitschüler/innen, wie gut er die jeweilige Stimmung der Lehrer/innen einschätzen kann. Er ist derjenige, der seine Klassenkamerad/innen an einem Tag vor der schlechten Laune der Lehrerin warnt und an einem Tag um Rücksichtnahme für sie bittet: »Ihr seht doch, dass es ihr heute nicht gut geht!« Für Mathematik interessieren sich diese beiden Kinder nicht. Dies ist die einzige Besonderheit, welche die beiden Kinder mit der Diagnose Down-Syndrom gemeinsam haben. Ansonsten unterscheiden sie sich so deutlich, wie sich auch zwei nicht behinderte Kinder unterscheiden. Auf die Vielfalt von Aufgaben kann theoretisch kaum vorbereitet werden. Zu zweit in einer Klasse finden die Lehrer/innen im Gespräch zumeist eine Lösung. Fortbildungsseminare, in denen Theorie und Praxis integrativen Unterrichts weiterentwickelt werden können, wären die beste Investition in die Zukunft des gemeinsamen Unterrichts. Das Fehlen derartiger Fortbildungen muss als ein großer Mangel benannt werden.

2.5 Muss integrativer Unterricht unbedingt offener Unterricht sein?

Nicht unbedingt – aber möglichst!

Die schlechteste Voraussetzung für integrativen Unterricht ist bei der folgenden Ausgangssituation gegeben:

Alle Kinder müssen immer zur selben Zeit
- dasselbe lernen,
- mit denselben Methoden,
- an denselben Inhalten werden sie zu einheitlich denselben Zielen geführt,
- am Ende eines Lernprozesses nach denselben einheitlichen Kriterien bewertet.
- Unterschiedliche Lernvoraussetzungen werden nicht berücksichtigt.

Auf der anderen Seite wäre es sicherlich übertrieben, von Lehrer/innen, die sich entscheiden, mit der Integration von Kindern mit Behinderungen zu beginnen, zu erwarten, dass sie ihren gesamten Unterricht umstellen. Auch Phasen frontalen Unterrichts oder Einzelarbeit behalten weiter ihre Berechtigung. Wichtig ist ein Lernklima in der Klasse, in dem für alle Kinder klar ist, dass sie mit ihren unterschiedlichen Lernvoraussetzungen respektiert werden. Die Kinder, die langsamer oder an völlig anderen Lernzielen orientiert als die Mehrzahl der Klasse arbeiten, müssen die Sicherheit haben, dass sie in ihren individuellen Lernfortschritten akzeptiert werden.

Ein positives Beispiel

In eine zweite Klasse geht auch Laura, ein Mädchen mit Down-Syndrom. Sie kann nicht lesen und nicht schreiben. Die Lehrer/innen haben aber festgestellt, dass sie Interesse daran hat, Schrift nachzuahmen und Schrift zu erkennen. Immer dann, wenn die anderen Kinder im Zusammenhang mit einem Sachunterricht etwas aufschreiben, dann wird auch Laura aufgefordert, ihr Notizheft vorzunehmen und »mitzuschreiben«. Sie schreibt auch eifrig.

Die Art, wie sie die Zeilen ihres Heftes von links nach rechts ganz systematisch füllt, mit Unter- und Oberlängen, mit unregelmäßigen Abständen zwischen den schwungvollen, mit Bleistift gezogenen Bögen, wird von ihren Mitschüler/innen sowie von ihren Lehrer/innen als ihre Form des Schreibens anerkannt. Mitschüler/innen gehen zu ihr und fragen sie nach der Bedeutung dieses oder jenes von ihr geschriebenen »Wortes« und stellen dabei fest, dass Laura für die Dinge, die sie interessieren, ein erstaunlich gutes Gedächtnis hat und ihren Wortbildern Bedeutungen zuordnet.

Für einen Außenstehenden ist ihr Schreiben vielleicht nur »Krickelkrakel«. Laura kann sogar manchmal auf ihre Art ernsthaft vorlesen, was sie da geschrieben hat und erhält dafür den Beifall der Kinder ihrer Klasse.

Ein negatives Beispiel

Dirk kann am Ende des ersten Halbjahres der ersten Klasse einzelne Laute immer noch nicht eindeutig den Buchstaben zuordnen, so wie seine Mitschüler/innen dies bereits gelernt haben. Die Lehrerin verlangt von ihm, dass er die Buchstaben wenigstens »schön« abschreibt. Er sitzt einzeln im Unterricht und zieht die mit Punkten vorgezeichneten Linien von Buchstaben nach. Oft hat er dazu keine Lust und wird ungeduldig, dann muss er mit der zweiten Lehrerin den Klassenraum verlassen.

Wenn alle Kinder ihre neu gelernten und geschriebenen Buchstaben vorzeigen, dann soll auch Dirk seine nachgemalten Buchstaben zeigen, die er selbst nicht lesen kann und die zumeist so wackelig und undeutlich auf dem Papier stehen, dass allen Kindern eines bewusst wird: »Dirk ist schlechter als alle anderen Kinder in der Klasse.« Nach einem halben Jahr beschließen die Lehrer/innen, dass es wohl doch keinen Sinn hätte, Dirk weiter integrativ zu fördern.

Der Versuch, ein Kind mit eindeutig anderen Lernvoraussetzungen zu annähernd gleichen Leistungen zu veranlassen wie die Mehrheit der Klasse, führt zu ständigen Misserfolgserlebnissen dieses Kindes. Die formal gleichen Anforderungen können für die Kinder zu keiner Erfahrung eines gemeinsamen Lernprozesses führen. Das erste Beispiel war eingefügt in einen gut durchdachten, überwiegend frontalen Unterricht. Die Lehrkräfte verhielten sich allen Kindern gegenüber liebevoll und deren Lernfortschritte anerkennend. Im zweiten Beispiel konnte ein Besucher, von außen zu einer kurzen Hospitation kommend, durchaus den Eindruck gewinnen, es handle sich um differenzierenden Unterricht. Die Kinder saßen an Gruppentischen und bearbeiteten Arbeitsbögen, welche die Lehrer/innen von Tag zu Tag mit großem Zeitaufwand vorbereitet hatten. Das Problem war nur, dass von jedem einzelnen Kind letztlich dasselbe erwartet wurde. Lernschwache und langsame Kinder mussten die Arbeitsbögen, die sie in der Schule nicht fertig bearbeitet hatten, zu Hause fertig stellen. Das wurde von den Kindern als Strafe empfunden.

Die entscheidende innere Voraussetzung, die Lehrer/innen in Integrationsklassen entwickeln müssen, ist die Akzeptanz der Verschiedenheit der Lernziele. Wirkliche Akzeptanz der Verschiedenheit der Lernziele bedeutet für die Lehrer/innen, den gemeinsamen Unterricht, Lernen an einem gemeinsamen Lerngegenstand so zu planen, dass tatsächlich verschiedene Lernziele von den Kindern erreicht werden können. Dann können sich die Lehrer/innen gemeinsam mit dem Kind und seinen Eltern ehrlich über das Erreichen der Lernziele freuen; z. B. wenn das eine Kind gelernt hat, im Zehnerübergang zu addieren, während die anderen Kinder bereits mit Hundertern und Tausendern rechnen. Dann kann aber auch gemeinsam überlegt werden, woran es lag, wenn das Kind die ihm gesetzten Ziele nicht erreicht hat.

Dies fällt vielen Lehrer/innen sehr schwer. Es verunsichert. Im binnendifferenzierten, offenen Unterricht außerhalb von Integrationsklassen bleibt der Anspruch erhalten, dass alle Kinder möglichst zu denselben Zielen hin begleitet werden und dafür die Zuwendung der Lehrerin oder des Lehrers erhalten.

Wie gehen Lehrer/innen damit um, wenn sie nicht wissen, ob ein Kind überhaupt lesen und schreiben lernen wird? Können sie es akzeptieren, wenn ein Kind kaum Mengenvorstellungen entwickelt und bis zum sechsten Schuljahr gerade gelernt hat, bis sechs zu zählen? Unabhängig von der schwierigen Frage, wie diese Leistung bewertet werden soll, unabhängig davon, wie im offenen Unterricht mit dem Problem der Zensuren umgegangen wird: Jede Lehrerin/jeder Lehrer kann nur für sich selbst klären, wie sie zu der Einstellung gelangen, sich mit dem schwer behinderten Kind gemeinsam zu freuen, wenn es gelernt hat, bis sechs zu zählen.

Die Freude und Anerkennung über den Lernprozess jedes Jungen und jedes Mädchens wird auch das schwer behinderte Kind spüren und es wird allen die innere Sicherheit geben, um auch den besonderen Lernfortschritt eines Kindes wie Dirk anzuerkennen. In Phasen der Unsicherheit kann es für die Lehrer/innen beruhigend sein, sich mit den Eltern der Kinder zu unterhalten: Gehen die Kinder gerne zur Schule? Wenn das Kind sprechen kann: Was erzählt es zu Hause? Wenn es nicht sprechen kann: Spüren Mutter oder Vater größere Bereitschaft des Kindes, sich anziehen zu lassen an den Tagen, wo es in die Schule geht als an Wochenenden oder in den Ferien? Solange das Kind durch sein gesamtes Verhalten, durch Mimik und Gestik deutlich macht, dass es gerne zu den anderen Kindern in die Schule geht, sind die Maßnahmen der schulischen Förderung sicherlich nicht falsch gewählt.

Es kann auch hilfreich sein, sich mit den Sonderpädagog/innen zu verständigen, welche Erfahrungen sie damit haben, wie Kinder mit ähnlichen Lernbedürfnissen in der entsprechenden Sonderschule gefördert werden. Wenn der Integrationsprozess von Spezialist/innen begleitet wird, die den Weg des gemeinsamen Lernens unterstützen, dann können Anregungen und Beruhigungen das Ergebnis von Hospitationen oder Fachgesprächen werden.

Andererseits: Wenn die Lehrer/innen damit hadern, dass dieser eine Junge doch nicht »richtig« lernt, wenn sie ihn ständig mit den anderen gleichaltrigen, nicht behinderten Kindern vergleichen und seine Anstrengungen nicht würdigen können, dann wird ein Junge wie Dirk sich über seine Fortschritte kaum freuen können. Manchmal können die Mitschüler/innen die Fortschritte des besonderen Kindes eher anerkennen als die Erwachsenen.

Die innere Einstellung der Lehrer/innen zur großen Verschiedenheit der Kinder in Integrationsklassen ist wesentlicher für die Zufriedenheit und den Erfolg als die konkreten methodischen Formen, in denen der Unterricht stattfindet. In Formen offenen Unterrichts haben alle Kinder die besten Voraussetzungen, um mit unterschiedlichem Lerntempo und unterschiedlichen Interessen ihren eigenen Lernweg zu finden – dies gilt für alle Kinder, ist aber für die Kinder mit Förderbedarf von besonderer Wichtigkeit.

3. Sonderpädagog/innen in Integrationsklassen

Alles – bisher über die Zusammenarbeit und die innere Einstellung von Lehrer/innen in Integrationsklassen – Gesagte gilt für alle beteiligten Pädagog/innen, insbesondere für Lehrer/innen der Regelschulen, für die die Aufgabe der gemeinsamen Erziehung von behinderten Kindern mit nicht behinderten Kindern eine neue Herausforderung darstellt.

Doch auch Sonderpädagog/innen sind auf diese neue Aufgabe des gemeinsamen Unterrichts in der Regel durch ihr Studium und auch durch das Referendariat nicht vorbereitet. Sie haben sich in der Regel bereits bei der Entscheidung für ihren Studienschwerpunkt bewusst mit der Tatsache der Behinderung von Menschen auseinandergesetzt. Es ist jedoch eine fundamental andere pädagogische Aufgabe, in der Isolation einer Sonderschule mit einer kleinen Gruppe gleich oder ähnlich behinderter Kinder zu arbeiten oder mit einem einzelnen behinderten Kind oder einer kleineren Gruppe in der täglichen Auseinandersetzung mit den nicht behinderten Kindern gemeinsam zu lehren und zu lernen.

Es kann auch für die Erwachsenen eine neue und schmerzhafte Erfahrung sein, wie sich die Kinder mit der Tatsache ihrer Behinderung auseinandersetzen. Wie werden die Fragen der Kinder nach den möglichen Ursachen der Behinderung oder nach ihrer Zukunft in dieser Gesellschaft beantwortet?

Bisher wurde in den deutschsprachigen Ländern für Kinder mit sogenannter geistiger Behinderung als »normal« akzeptiert, dass sie auf einen Arbeitsplatz in einer beschützten Werkstatt vorbereitet werden, später in einer mehr oder weniger geschlossenen betreuten Wohnstätte leben und, dass in der Schule der Schwerpunkt auf der Vermittlung von »lebenspraktischen Übungen« liegt. Mit der Tatsache, dass diese Kinder eine Regelschule besuchen, stehen andere Wege in die Zukunft offen – sie sind aber nicht sicher. Die Wege müssen noch gefunden werden.

Für die größte Zahl der Schüler/innen, die in den deutschsprachigen Ländern derzeit Sonderschulen besuchen, für diejenigen, die als »Lernbehinderte« bezeichnet werden, besteht für die Pädagog/innen in den Schulen die große Schwierigkeit, dass diese Kinder und Jugendlichen sich selbst nicht als »behindert« verstehen. Sie haben recht! Sie sind nicht behindert! Sie werden von dem Schulsystem zu »Behinderten« gemacht.

(An dieser Stelle verweise ich nochmals darauf, dass ich die besonderen Schulen für die besonderen Kinder durchgängig als »Sonderschulen« bezeichne. Ich beteilige mich nicht an den Begriffsverwirrungen, die in den Bundesländern der Bundesrepublik Deutschland, in Österreich und in der Schweiz zu unterschiedlichen Zeiten verschiedene andere Umschreibungen benutzt haben: Hilfsschule, Allgemeine Förderschule, Förderzentrum für »Erziehungshilfe« oder Förderzentrum für »Individuelle Lebensbewältigung« oder ähnliche Bezeichnungen, die letztlich dasselbe bedeuten: Es sind keine Regelschulen!)

In nicht selektiven Schulsystemen, z. B. in den skandinavischen Ländern oder in Italien erhalten die Kinder, die in den deutschsprachigen Ländern zu »Lernbehinderten« etikettiert werden, zumeist vorübergehend oder nur in einzelnen Unterrichtsfächern besondere Lernbedingungen und sonderpädagogische Begleitung. Sie werden bezeichnet als Kinder mit Wahrnehmungsschwierigkeiten oder Kinder mit Retardierung, Kinder mit Lese-Rechtschreib-Schwierigkeiten oder mit einer Rechenschwäche. Es wird z. B. in dem entsprechenden Schulgesetz in Italien ausdrücklich davor gewarnt, die Kinder mit großen sozialen Problemen als Kinder mit »Handicap« zu bezeichnen.

Als »Lernbehinderte« werden überwiegend Jungen aus armen Familien und aus Familien nicht deutscher Muttersprache bezeichnet. Häufig können ihre Eltern sich nicht dafür einsetzen, dass sie in einer Regelschule verbleiben und dort die besondere Unterstützung erhalten, die sie benötigen. Sie wissen zumeist, dass ihre Zukunft hochgradig ungewiss ist. Für die Lehrer/innen ist es wichtig, auch die Fähigkeiten dieser Kinder zu erkennen und zu fördern. Den Mitschüler/innen kann die Abweichung vom allgemeinen Lehrplan und veränderte Bedingungen bei Leistungskontrollen mit großem Einfühlungsvermögen und Geduld erklärt werden. Andererseits ist hinreichend bewiesen, dass die Lernfortschritte der Kinder mit Lernschwierigkeiten, die im gemeinsamen Unterricht gefördert werden, deutlich größer sind als an den entsprechenden Sonderschulen (vgl. die Veröffentlichungen von Hans Wocken).

Anders sieht wiederum die Arbeit mit Kindern aus, die körperliche Beeinträchtigungen und Sinnesschädigung haben. Sonderpädagog/innen in der Regelschule bereiten diese Kinder nicht mehr auf eine ferne, zumeist sehr ungewisse Zukunft der Gemeinsamkeit vor, sondern: Sie leben mit diesen Kindern gemeinsam in der Normalität heutiger Schulen, in dieser Gesellschaft. Dies ist mit vielen kleinen und größeren Lernfortschritten und Freuden verbunden – aber oft auch mit sehr schwierigen Situationen. Dies kann für die Erwachsenen bedeuten, die Kinder und Jugendlichen dabei zu begleiten, ihre Enttäuschungen zu verarbeiten. Manchmal ist ein bewusstes Zögern, Zurückhaltung und Abstand notwendig, damit die Heranwachsenden lernen, die Lebenskrisen auf dem Weg in das Erwachsenwerden zu bewältigen und sich dann über die Erfolge auch freuen zu können. Den Kindern und Jugendlichen ist wenig geholfen, wenn der Schonraum der Sonderschule lediglich ersetzt wird durch die »Schonraumnischen« in den Regelschulen.

3.1 Erwartungen der Regelschullehrkräfte an die Sonderpädagog/innen

Die Sonderpädagog/innen im gemeinsamen Unterricht stehen vor der Frage: »Was erwarten die Kolleg/innen in der Regelschule von mir? Wie kann ich als Sonderpädagogin/als Sonderpädagoge die Balance halten: Einerseits will ich nicht als der große »Wunderheiler« gesehen werden, der für alle besonderen Probleme der Kinder eine Lösung weiß. Ich will auch nicht, dass die Klassenlehrer/innen und Fachlehrer/innen vielleicht sogar ihre »Problemkinder« an mich abschieben. Andererseits will ich aber auch nicht nur als Grundschullehrerin oder Fachlehrer eingesetzt werden, und letztlich daran zweifeln, wozu ich überhaupt ein sonderpädagogisches Studium absolviert habe.«

Wann und wie beteiligen sich die Sonderpädagog/innen an der Planung des Unterrichts für die ganze Klasse? Übernehmen sie die Fachplanungen der Regelpädagog/innen und wandeln sie danach auf die Bedürfnisse »ihrer Kinder« um? Übernehmen sie auch den Fachunterricht für die ganze Klasse, z. B. in dem von ihnen studierten Unterrichtsfach? Bereiten sie die Unterrichtsmaterialien für die Kinder mit sonderpädagogischem Förderbedarf vor und überlassen dann das gemeinsame Arbeiten – zumindest zeitweise – den Regelschullehrer/innen, den Schulbegleiter/innen oder den Mitschüler/innen?

Dies sind viele Fragen, die vor Ort von den jeweils konkret miteinander Arbeitenden entschieden werden müssen. Hierfür gibt es keine allgemeinen Regeln und (bisher auch) keine Vorschriften. Von manchen Menschen wird diese Situation als anregend und bereichernd empfunden. Sie sind froh, dass nicht jedes Detail »von oben« reglementiert wird. Andere erleben diese Situation aber auch als verunsichernd.

3.2 Selbsteinschätzungen der Sonderpädagog/innen

Lehrer/innen, Erzieher/innen, welche in den vergangenen Jahren von Sondereinrichtungen in Regelkindergärten oder -schulen gewechselt sind, nennen viele Gründe, weshalb sie diese Entscheidung für sich persönlich nicht rückgängig machen wollen.

Tab. 2: Gründe für einen Wechsel von Sondereinrichtungen in Regelkindergärten oder -schulen	
Was bedeutet es für mich, Pädagog/in in einer Sondergruppe zu sein?	Was bedeutet es für mich, Pädagog/in in einer Integrationsgruppe zu sein?
Entweder bin ich der Animateur der Gruppe oder der Gruppenclown. Aus der kleinen Sondergruppe kommen von den Kindern zu wenige Anregungen.	Ich kann die Fantasien der Kinder aufgreifen und ausbauen. Die nicht behinderten Kinder machen oft gute Vorschläge, wie alle in das gemeinsame Lernen einbezogen werden können.

Tab. 2: Gründe für einen Wechsel von Sondereinrichtungen in Regelkindergärten oder -schulen (Fortsetzung)

Ich gebe sehr viel in die Gruppe hinein und bekomme wenig zurück.	Ich kann meine Fantasie einbringen, die Kinder nehmen sie auf und verändern sie.
Die Entwicklung der Kinder verläuft in kleinen Schritten; auf den Erfolg muss ich oft lange warten. Dabei werde ich manchmal ungeduldig. Wenn ein Kind einen kleinen Erfolg errungen hat, dann sehe ich das leicht als meinen Verdienst und nicht als die Leistung des Kindes an.	Ich beobachte, dass sich die Kinder auch ohne sprachliche Ausdrucksmöglichkeiten verstehen. Das Kind mit Schwierigkeiten findet einen Fürsprecher. Die Kinder machen auf positive Entwicklungen des behinderten Kindes aufmerksam. Ich erfreue mich auch an den Fortschritten der nicht behinderten Kinder.
Ich empfinde den Aufbau einer Gruppe als schwierig. Die Kinder, die alle ähnliche Probleme haben, brauchen lange Zeit, um gruppenfähig zu werden.	Ich bin nicht der Mittelpunkt der Gruppe und habe oft nur eine unterstützende Aufgabe. Die Kinder geben sich gegenseitig Hilfestellungen.
Ich bin nicht spontan genug, wenn ich auf die Kinder zugehe. Nach einigen Jahren Arbeit in der Sondergruppe ist mir nichts Neues mehr eingefallen.	Das Zusammenspiel geschieht im Wechsel. Ich bringe Wünsche ein; die Kinder wünschen sich Spiele und Beschäftigungen, oft auch schwierigere Aufgaben als ich ihnen zugemutet hätte. Meine eigene Spontaneität wächst mit den Ideen, die die Kinder einbringen.
Ich verliere den Blick für die normale Entwicklung des Kindes. Meine Arbeit ist oft stärker an den Defiziten als an den vorhandenen Fähigkeiten orientiert. Wie die nicht behinderten Kinder sich entwickeln, hatte ich fast vergessen.	Ich freue mich, dass die behinderten Kinder durch Nachahmung der nicht behinderten sprechen, sich bewegen lernen und spielen. Manche Probleme der behinderten Kinder erkenne ich auch an den anderen Kindern.
Manchmal behindere ich das Kind in seiner Entwicklung durch mein befangenes Handeln. Es ist auch notwendig, diesen Kindern etwas mehr zuzutrauen.	Oft gehen die Kinder viel unbefangener miteinander um als die Erwachsenen. Ich kann diese Unbefangenheit von den Kindern lernen.
Die Kinder fordern mich selten heraus. Deshalb gibt es wenig Abwechslung im Tagesablauf.	Die Kinder fragen, wie wir den Tag gestalten wollen. Sie fordern mich manchmal heraus, lehnen den von mir angebotenen Plan ab oder verändern ihn.
Wenn die Kinder besondere Therapien brauchen, dann geschieht dies meist in Einzelsituationen. Manchmal habe ich den Eindruck, die Kinder sind in der Sondereinrichtung, um leichter zu den Therapeuten zu kommen. Es ist deshalb sehr schwierig, eine stabile Gruppe aufzubauen.	Ich muss lernen, gut zu beobachten, damit die behinderten Kinder nicht manchmal doch zu kurz kommen. Manchmal habe ich auch Bedenken, ob die Kinder an der Regelschule nicht einerseits überfordert sind, ihnen andererseits aber auch spezielle Angebote fehlen könnten, z. B. Therapien.

Die in der Tabelle zusammengestellten Aussagen wurden von Lehrer/innen sowie von Erzieher/innen gemacht, die vor ihrem Wechsel in eine Integrationsgruppe in Sondergruppen für schwer körperbehinderte Kinder und für geistig behinderte Kinder gearbeitet hatten.

Für Lehrer/innen an Schulen für Lernbehinderte oder in Klassen für Verhaltensauffällige stellt sich die Situation etwas anders dar: Diese Kinder waren zumeist zunächst in einer Regelschule gewesen. Sie sind dort ausgesondert worden, oft nach einer längeren Phase des Schulbesuchs, den sie als nicht angenehm empfunden haben. Der Wechsel an die Sonderschule wird von diesen Kindern zunächst als eine Erleichterung empfunden. Die Pädagog/innen dort bemühen sich, diesen Kindern wieder Selbstvertrauen zu vermitteln und ihnen die Ängste vor dem Versagen zu nehmen. Zunehmend schwieriger wird diese Aufgabe jedoch deshalb, weil die Möglichkeiten der Lehrer/innen nur sehr begrenzt sind, um die häufig sehr ungünstigen Familiensituationen oder die schlechten materiellen Bedingungen dieser Kinder ausgleichen zu können. Diese Sonderschulen werden zunehmend mehr Orte sozialer Auslese.

Für die dort arbeitenden Sonderpädagog/innen stellt sich die Frage, ob sie in der Sondereinrichtung weiter versuchen wollen, diesen Kindern zu helfen oder ob sie in die Regelschulen gehen, um die Lehrer/innen dort zu unterstützen, damit die Auslese dieser Kinder an die Sonderschule nicht notwendig wird.

Hier der Bericht einer Lehrerin, die sich für den zweiten Weg entschieden hat:

3.3 Arbeit in einer Sonderschule – Arbeit als Kooperationslehrerin in einer Grundschule

Nachdem diese Lehrerin elf Jahre lang als Sonderschullehrerin an einer Schule für Lernbehinderte gearbeitet hatte, begann sie mit fünf Stunden wöchentlich als Kooperationslehrerin an einer Grundschule zu arbeiten.

> *»Meiner Erfahrung nach hat sich die Schülerpopulation der Sonderschulen während der letzten Jahre stark verändert. Als ich anfing, gab es Klassen mit zwanzig Kindern. Heute sind es noch zehn bis zwölf, teilweise sogar weniger. Dementsprechend haben der Schweregrad der Beeinträchtigungen und die Vielfalt der Probleme zugenommen. Einerseits sind die Fördermöglichkeiten in der Grundschule in den letzten Jahren verbessert worden, andererseits sinken auch die Schülerzahlen insgesamt, sodass die Sonderschulen und die dort tätigen Lehrer/innen mit der Ballung von individuellen Schwierigkeiten und Störungen der Schüler/innen, die sich aus einer extremeren Auswahl ergaben, gar nicht mehr fertig werden können. Das Lernen an positiven Vorbildern ist in der Sonderschule nicht mehr möglich. Die Lehrer/innen sind für therapeutische Aufgaben aber nicht ausgebildet, und müssen kämpfen, um überhaupt noch eine gemeinsame Unterrichtssituation für ihre Klasse herbeiführen zu können. Differenzierung bis zur Individualisierung widerspricht den sozialen Lernzielen wie z. B. dem Umgang mit Gleichaltrigen und der Lebensbewältigung im Alltag.*

Kinder mit Lernbehinderungen, Verhaltensschwierigkeiten, zusätzlichen Sprachbehinderungen und motorischen Auffälligkeiten können von einer Lehrerin/einem Lehrer auch mit großem pädagogischen Geschick und einer Palette von sonderpädagogischen Maßnahmen weder ausreichend gefördert werden, noch können Gemeinschaftsgefühl und Gemeinschaftsverhalten entwickelt werden. Die Kinder haben ein deutliches Gespür dafür, abgeschoben, ausgesondert, ungleich zu sein und lassen ihre Wut und Hilflosigkeit natürlich die Schule, Lehrer/innen und Mitschüler/innen spüren. Die Unterrichtssituation ist häufig frustrierend. Man sieht den Erfolg nicht, den man sich eigentlich von seinen Planungen erhofft hat und muss seine Leistungsanforderungen und Toleranzgrenzen oft nach unten korrigieren.

Für mich persönlich erscheint die Arbeit an der Sonderschule nicht mehr Erfolg versprechend. Um der Unzufriedenheit und einer gewissen Abstumpfung zu entgehen, entschied ich mich, in die Integrationsarbeit einzusteigen und mich für die Nichtaussonderung behinderter Kinder zu engagieren. Nach einer längeren theoretischen Auseinandersetzung in Arbeitsgruppen konnte ich Erfahrungen in der Einzelintegration zweier behinderter Kinder sammeln.

Aufgrund schulinterner Vereinbarungen arbeite ich fünf Wochenstunden als Kooperationslehrerin in der ersten Klasse einer Grundschule. Diese fünf Stunden sind für mich die große Chance, die »normalen« Kinder kennenzulernen.

Wenn ich die Sonderschulbedingungen damit vergleiche, verfestigt sich meine Einstellung immer mehr, dass Kinder unter- und voneinander viel mehr und andere Dinge lernen, die für ihr Leben wichtig sind, als vom Lehrer oder den Erwachsenen. Die Kinder streiten sich zwar, gehen aber auch aufeinander ein, teilen miteinander, helfen sich, nehmen Rücksicht. Sie lernen mit Konflikten umzugehen und Lösungswege zu finden. Der Unterricht ist nicht so sehr von Verhaltensschwierigkeiten geprägt wie in der Sonderschule für Lernbehinderte. Der Umgang der Kinder untereinander ist nicht nur freundlich und rücksichtsvoll, er ist ganz einfach normal und die behinderten und die nicht behinderten Kinder sind daran beteiligt. Viele kleine Gesten fallen mir auf, die man in der Sonderschule weder bei Lehrer/innen noch Schüler/innen sieht. Das bringt mir Freude und gibt den Mut zur Weiterarbeit.

Bei Sonderschüler/innen wird der Leistungsrückstand zu den Grundschulen mit den Jahren des Schulbesuchs immer größer. Eine vorhandene Lern- und Leistungseinschränkung bei einem Schüler wird sich in der Integrationsklasse nicht grundlegend beheben lassen, aber der Rückstand wird erfahrungsgemäß nie so groß sein, weil ein Teil durch Anreize und Auseinandersetzungen in der Gruppe der Gleichaltrigen aufgefangen werden kann.

In meiner jetzigen Situation als Kooperationslehrerin sind das Umschalten zwischen Grund- und Sonderschulbedingungen, der schnelle Ortswechsel in Pausen und das damit verbundene Gehetze eine starke Belastung. Auch ich als Lehrerin verlasse den Schonraum, muss mich auf viele neue Kinder, Lehrer/innen, Eltern und institutionelle Bedingungen einlassen und damit auseinandersetzen. Hinzu kommt die Unsicherheit über die Formen der Zusammenarbeit und über meine Aufgabenge-

biete. Wichtige Voraussetzungen für eine Zusammenarbeit sind meiner Einschätzung nach:
- *die Freiwilligkeit*
- *die gegenseitige Wertschätzung*
- *die eigene Einsatzbereitschaft (z. B. in Konfliktsituationen, Mehrarbeit)*

Die Aufgaben der Sonderschullehrerin/des Sonderschullehrers bestehen z. B. in Beratung, Hospitation und Mitarbeit im Unterricht, Bereitstellen von Materialien, Beobachten, Erstellen von Förderplänen, Besprechen von Fördermöglichkeiten (mit Lehrern, Kindern, Eltern, Therapeut/innen), Hinzuziehen von Hilfsangeboten anderer Stellen (Zusammenarbeit fördern bzw. ermöglichen; Informationsaustausch anbieten) und anderes.

Die veränderten Unterrichtsbedingungen stellen Regel- und Sonderschullehrer/innen vor vielfältige, neue Aufgaben, die nur in Teamarbeit und durch sinnvolle gemeinsame Aufteilung und Eingrenzung gelöst werden können (z. B. nach eigenen Kompetenzbereichen, Vorlieben sowie Absichten und Zielen der Kooperation).

Dieser noch wenig geregelte und strukturierte Raum der Kooperation schafft viele Unsicherheiten, bietet aber den Vorteil, aus der Vielzahl der Aufgaben eigene Schwerpunkte zu setzen und neue Formen der Zusammenarbeit zu erproben und kennenzulernen.«

4. Eltern setzen die Integration ihres behinderten Kindes durch

4.1 Abhängigkeit vom Wohnort

Der Wohnort einer Familie ist ganz entscheidend dafür, wie schwierig oder wie leicht es ist, die gemeinsame Erziehung eines behinderten Kindes in der Regelschule zu erreichen.

Wohnt die Familie an einem Ort, wo die zuständige Schule bereits Erfahrungen mit dem gemeinsamen Unterricht gesammelt hat? War dies für die Lehrer/innen eine positive Erfahrung, die sie ermutigt, ein Kind mit besonderem Förderbedarf aufzunehmen und nicht abzuweisen? Wird die Schule darin von der Schulverwaltung unterstützt und erhält die notwendigen zusätzlichen Lehrerstunden? Steht es nicht nur auf dem Papier, sondern entspricht es der Überzeugung der Verantwortlichen, dass es auch zu den Aufgaben der allgemeinen Schule gehört, Kinder mit Behinderungen gemeinsam mit nicht behinderten Kindern zu unterrichten?

Beispiel: Im Saarland ist seit 1986 im § 4 des Schulgesetzes festgelegt:

»Der Unterrichts- und Erziehungsauftrag der Schulen der Regelform umfasst grundsätzlich auch die behinderten Schüler«.

Ähnliche gesetzliche Regelungen gelten mit Abwandlungen seit Beginn des 21. Jahrhunderts in fast allen Ländern der Bundesrepublik Deutschland, in fast allen Kantonen der Schweiz und in ganz Österreich. Der grundsätzliche Auftrag von Bildung und Erziehung schließt Kinder mit Behinderungen nicht mehr automatisch von den Regelschulen des Wohnortes aus. Leider entspricht das allgemeine gesellschaftliche Bewusstsein noch nicht diesem Ziel. Solange es noch Sonderschulen gibt, wird die Aussonderung an vielen Orten immer noch praktiziert. Eltern können sich nur mit großer Kraft und Ausdauer dagegen wehren.

Seit der Ratifizierung der UN-Konvention für die Rechte von Menschen mit Behinderung hat der Widerstand von Eltern gegen eine Überweisung auf eine Sonderschule künftig mit Sicherheit eher Erfolg als vor 2008.

Ein Beispiel – Wer wird behindert?

Eine Mutter will ihre Tochter Sandra in der Regelschule des Wohnortes anmelden. Die beiden älteren Geschwister besuchen bereits diese Schule. Während der Vorschulzeit hat Sandra, das jüngste Kind der Familie, einen Kindergarten außerhalb des unmittelbaren Wohngebietes besucht. Das hatte sich vor vier Jahren zufällig so ergeben: Wegen der Berufstätigkeit der Mutter wurde ein Kindergartenplatz benötigt; für Zweijährige war damals kein Platz in der Kindertagesstätte des Wohngebietes frei gewesen. Sandra wurde im Alter von vier Jahren wegen Entwicklungsverzögerungen und einem gelegentlich etwas auffälligen Verhalten einer Integrations-Kindergartengruppe zugeordnet. Ein formelles Verfahren war dafür nicht notwendig gewesen. Die Erzieherinnen hatten alles geregelt; die Mutter war mit der Entwicklung von Sandra im Großen und Ganzen zufrieden. Der Kindergarten war formell einer Schule für geistig Behinderte zugeordnet, befand sich jedoch nicht am selben Ort wie die Schule. Dieser Zusammenhang war der Mutter bisher nicht deutlich gewesen; schien auch nicht wichtig zu sein.

Nun stand die Mutter im Büro der Grundschule des Wohnortes und wollte ihre Tochter anmelden. Kurz und knapp wies die Sekretärin sie ab: »Wegen Sandra sind Sie bei uns falsch! Die ist doch behindert! Behinderte Kinder nehmen wir in unserer Schule nicht auf!«

Sandras Mutter wollte nachfragen, erklären; aber da übergab ihr die Sekretärin schon eine Liste mit den Adressen der nächstgelegenen Sonderschule für Lernbehinderte und der Schule für geistig Behinderte und erklärte ihr, sie müsse Sandra in einer dieser beiden Schularten anmelden. Von dort aus würde dann alles Weitere geregelt! Es war nur dem Zufall zu verdanken, dass Sandras Mutter die Eltern eines Kindes getroffen hat, die für ihr Kind eine Integrationsklasse durchsetzen wollten und dafür ein weiteres Kind mit sonderpädagogischem Förderbedarf gesucht haben. Alleine hätte Sandras Mutter sich in dieser Situation nicht zu helfen gewusst. Sie muss alleine ihre drei Kinder erziehen und zugleich mit der Arbeit als Küchenhilfe für den Familienunterhalt sorgen.

Für jedes Gespräch in der Schule muss sie sich einen Urlaubstag nehmen und gefährdet ihre Arbeitsstelle. Wenn sie nicht die Unterstützung einer Familienhelferin gehabt hätte, dann wäre Sandra mit Sicherheit ohne großes Überprüfungsverfahren in eine Klasse für geistig behinderte Kinder überwiesen worden. Tatsächlich besuchte sie eine Integrationsklasse und ist als Kind mit Lern- und Entwicklungsstörungen eingeschult worden.

4.2 Gesetzliche Regelungen – Verwaltungsvorschriften

Auch wenn »Integration von Kindern mit Behinderungen« für viele Menschen in den deutschsprachigen Ländern kein neues Thema mehr ist, so ist es für die Eltern jedoch bei der Anmeldung ihres Kindes in die Schule nahezu ausnahmslos das erste Mal, dass sie sich damit beschäftigen müssen. Nur wenige Eltern haben Erfahrungen mit der gemeinsamen Erziehung eines behinderten Kindes.

Im Vergleich zu gesetzlichen Regelungen, wie sie z. B. im damaligen West-Berlin noch bis 1990 galten, ist die bisherige Entwicklung mit Sicherheit als ein »relativer Fortschritt« zu bezeichnen.

Im § 10 des Schulgesetzes von West-Berlin galt noch bis 1990: »Schulpflichtige, die bildungsfähig, aber wegen körperlicher, geistiger, seelischer oder sittlicher Besonderheiten auf dem allgemeinen Bildungsweg der Berliner Schule nicht oder nicht hinreichend gefördert werden können, sind zum Besuch einer ihrer Eigenart entsprechenden Sonderschule oder Sonderschuleinrichtung verpflichtet.«

Wenn ein Schulrat entschied: Es entspricht der »Eigenart der Behinderung«, dass ein Kind eine bestimmte Sonderschule besucht, dann waren die Eltern verpflichtet, ihr Kind an dieser Schule »beschulen« zu lassen. Eine solche Verwaltungsentscheidung konnte auf dem juristischen Weg nur angefochten werden, wenn ein Formfehler gemacht worden war (vgl. Lau/Lau 1987).

Diese Schulgesetzformulierung, welche in Deutschland in allen Bundesländern der Bundesrepublik Deutschland und in ähnlicher Form auch in der DDR nach dem Zweiten Weltkrieg in die Schulgesetze aufgenommen worden war, ist auf eine Formulierung des »Reichsschulpflichtgesetzes« von 1938 zurückzuführen. Dort hieß es:

»Für Kinder, die wegen geistiger Schwäche oder wegen körperlicher Mängel dem allgemeinen Bildungsweg der Volksschule nicht oder nicht mit genügendem Erfolge zu folgen vermögen, besteht die Pflicht zum Besuch der für sie geeigneten Sonderschulen oder des für sie geeigneten Sonderunterrichts (Hilfsschulen, Schulen für Krüppel, Blinde, Taubstumme und Ähnliches)« (Reichsgesetzblatt Teil 1, 1938, S. 102).

Die Entscheidung für oder gegen die gemeinsame Erziehung ist bisher in den deutschsprachigen Ländern letztlich nicht den Eltern überlassen, wie z.B. in Norwegen, sondern: In jedem Fall entscheidet die Schulverwaltung nach vorangegangenen, zum Teil recht komplizierten Beratungsverfahren, an denen die Eltern nicht überall beteiligt werden, aber letztlich keine Entscheidungsbefugnis haben. Einschränkungen für ein Elternwahlrecht werden manchmal bereits im Gesetz formuliert.

Im »Gesetz zur Regelung der sonderpädagogischen Förderung in der Schule« des Landes Hessen heißt es im § 1, Absatz 2:

»Den […] sonderpädagogischen Förderbedarf erfüllen die Sonderschulen […] oder die allgemeinbildenden und beruflichen Schulen, an denen eine angemessene personelle, räumliche und sächliche Ausstattung vorhanden ist oder geschaffen werden kann.« Im Saarland lautet der zweite Satz des § 4 im Schulgesetz ähnlich: »Daher sind im Rahmen der vorhandenen schulorganisatorischen, personellen und sächlichen Möglichkeiten geeignete Formen der gemeinsamen Unterrichtung von Behinderten und Nichtbehinderten zu entwickeln.« Dieser sogenannte »Haushaltsvorbehalt« wird häufig genutzt, um den Antrag der Eltern auf gemeinsamen Unterricht abzulehnen. Oder: Die Eltern erhalten einen »Bewilligungsbescheid« mit dem der Antrag auf eine Integrationsmaßnahme formal bewilligt wird, darin werden aber überzogene Rahmenbedingungen als notwendig benannt. Diese Rahmenbedingungen werden von der Schulverwaltung nicht geschaffen. Kurz vor Beginn des neuen Schuljahres erhalten die Eltern dann den Bescheid, dass wegen der fehlenden »schulorganisatorischen, personellen und sächlichen Möglichkeiten« die bereits bewilligte Integrationsmaßnahme leider nicht stattfinden könne. Das Kind wird an die angeblich »seiner Eigenart entsprechende« Sonderschule verwiesen.

Ein Beispiel – ein Kind mit Down-Syndrom braucht die anderen!

Die Eltern hatten für ihren Sohn mit Down-Syndrom die Integration sehr rechtzeitig beantragt. Dieser Junge hat ohne Probleme einen Kindergarten am Wohnort besucht, er könnte zu Fuß alleine in die Grundschule am Wohnort gehen, in die auch seine zwei Jahre ältere Schwester geht. Seine Sprache ist für Außenstehende etwas schwer verständlich. Die Erzieherinnen im Kindergarten und die Eltern haben in wenigen Fortbildungskursen das Kommunikation unterstützende System GuK erlernt (vgl. Wilken 2002). Bis zur Einschulung hat dieser Junge auch gelernt, alleine auf die Toilette zu gehen; nur beim »Po-Abputzen« und beim ordentlichen Schließen seiner Hose braucht er noch etwas Unterstützung. Im Februar vor Beginn des Schuljahres 2008/09 erhalten die Eltern den Bewilligungsbescheid.

Die Eltern freuen sich über den insgesamt positiven Bescheid: »Ihr Sohn besucht im Schuljahr 2008/09 die erste Klasse – Klasse mit gemeinsamem Unterricht – an der Grundschule des Wohngebietes und wird nach dem Rahmenplan der Schule mit dem sonderpädagogischen Förderschwerpunkt ›geistige Entwicklung‹ unterrichtet.«

Auf der zweiten Seite lesen sie dann:

»Für eine erfolgreiche Beschulung im gemeinsamen Unterricht nach dem Rahmenplan der Schule mit dem sonderpädagogischen Förderschwerpunkt ›geistige Entwicklung‹ sind folgende personelle und sächliche Bedingungen notwendig:
- sonderpädagogische Betreuung,
- pädagogische Hilfskraft,
- Einzelfallhelfer, Schulbegleiter, der auch pflegerische Tätigkeiten übernehmen kann,
- ruhiger, reizarmer Lernraum,
- Ruhe-, Rückzugs- und Therapieraum,
- alle Betreuungs- und Lehrpersonen sollten das GuK-System beherrschen,
- spezielle Lern-Software.«

Bei einem Besuch in der Schule muss die Mutter in einem Gespräch mit dem Schulleiter feststellen, dass die Schule über die angeblich notwendigen zusätzlichen Räume nicht verfügt. Nach ihrer Einschätzung wäre dies zwar wünschenswert, aber nicht unbedingt notwendig. Sie verweist darauf, dass für die gelegentliche Hilfe beim Toilettengang ein Schulbegleiter für »pflegerische Tätigkeiten« nicht notwendig sei. Von den Reaktionen des Schulleiters hat sie den Eindruck, dass die Schule sich nicht auf die Integration vorbereitet. Es stehe noch nicht fest, wer diese neue erste Klasse als Klassenlehrerin übernimmt; eine Sonderpädagogin sei auch nicht an der Schule. Die beiden neuen ersten Klassen sollen angeblich jeweils 30 Kinder aufnehmen.

Es verstärkt sich der Eindruck, dass der Bescheid absichtlich so geschrieben wurde, um die Eltern zum »Rückzug« zu motivieren. Sie werden dies nicht tun, sondern legen Widerspruch gegen diesen Bescheid ein.

4.3 Mit Schwierigkeiten muss gerechnet werden

In »Rechtsverordnungen«, »Organisationserlassen«, »Handreichungen für Schulleiter«, »Verwaltungsvorschriften« wird jeweils von Bundesland zu Bundesland etwas unterschiedlich und häufig auch von Schuljahr zu Schuljahr wechselnd festgelegt, wie genau mit dem Antrag von Eltern auf Integration ihres Kindes zu verfahren ist. Bisher haben sich nur wenige Rechtsanwälte in diese schwierige Materie eingearbeitet. Dies wird sich jedoch mit Sicherheit in den kommenden Jahren ändern. (Aktuelle Informationen hierzu sind über die Bundesarbeitsgemeinschaft »Gemeinsam leben – gemeinsam lernen e.V.« zu erhalten.)

Für das konkrete Vorgehen ist es sehr wichtig, dass sich die Eltern rechtzeitig mit anderen Eltern in Verbindung setzen, die am jeweiligen Wohnort bereits Erfahrungen mit einem solchen Antragsverfahren gemacht haben. Wichtiger als die offiziellen Ansprechpartner/innen sind zumeist die »inoffiziellen Kanäle«.

Das kann bedeuten: In einem Schulbezirk wissen: Welche Schule, welcher Schulleiter oder welche Schulrätin ist für die Aufgabe der Integration von Kindern mit Behinderungen aufgeschlossen? Innerhalb eines Kollegiums die Lehrer/innen ansprechen, die eventuell bereits Erfahrungen auf diesem Gebiet haben oder die sich vielleicht deshalb einarbeiten würden, weil sie die Familie kennen. Den behandelnden Arzt oder die Therapeutin, die Fachärztin oder die Kindergärtnerin als Unterstützerin für das eigene Vorgehen gewinnen.

In einigen Bundesländern ist vor Beginn des Unterrichts in einer Integrationsklasse ein formelles Verfahren vorgeschrieben, das sogenannte »Förderausschussverfahren«. Auch die Bundesländer, die die Integration in Form von Schulversuchen praktizieren, führen häufig Aufnahmeverfahren durch, die den formellen Förderausschussverfahren ähnlich sind.

Sehr wichtig ist es, den Antrag auf integrative Beschulung schriftlich zu stellen und schriftliche Bescheide einzufordern. Leider gehört es an vielen Orten zur Praxis der Schulämter, die Eltern mit mündlichen Informationen immer wieder zu vertrösten. Um notfalls mit einem Widerspruchsverfahren oder einer Klage das Elternrecht durchzusetzen ist es zu spät, wenn der endgültige Bescheid erst kurz vor Beginn des neuen Schuljahres zugestellt wird.

4.4 Argumente der Eltern für integrativen Unterricht

Bei den »Förderausschussverfahren« sollen nicht nur die Defizite des Kindes und seine besonderen Bedürfnisse besprochen werden, die sich aus der Behinderung ergeben, sondern das gesamte Umfeld des Kindes muss beachtet werden, z.B.:

Wie ist der Kontakt des Kindes zu den übrigen Kindern seiner bisherigen Gruppe? Welche Vor- oder Nachteile hätte ein Gruppenwechsel?

Was bedeutet der Sonderschul- bzw. Regelschulbesuch dieses Kindes für die nicht behinderten Geschwisterkinder?

Welcher Zeitaufwand ist für das Kind und seine Eltern mit dem Besuch einer entfernten Schule verbunden? Wodurch ist der lange Fahrweg gerechtfertigt? Gibt es an der aufnehmenden Schule bereits Erfahrungen mit der gemeinsamen Erziehung von behinderten und nicht behinderten Kindern? Ist eine Lehrerin bereit, sich einzuarbeiten? Kann für diese Aufgabe eventuell eine Lehrerin/ein Lehrer neu eingestellt oder versetzt werden? Wäre für dieses Kind eine geringere Klassenfrequenz günstig? Wie lässt sich dies organisieren?

In den Bundesländern, in denen die gemeinsame Erziehung von behinderten und nicht behinderten Kindern bereits gesetzlich festgelegt ist, müssten all diese Fragen – gemeinsam mit den Eltern – sehr gründlich und gewissenhaft überprüft werden.

In einigen Bundesländern gibt es auch bereits genau ausgearbeitete Handreichungen, die jedoch oft nur in der Hand der Lehrer/innen sind. Die Eltern stehen den entsprechenden Fragen dann unvorbereitet gegenüber. Die Eltern sollten von sich aus darauf drängen, dass die folgenden Fragen beachtet werden:

Das Kind hat in der Kindergartengruppe gute Kontakte zu einigen nicht behinderten Kindern aufgebaut, mit denen es gemeinsam in die Schule wechseln könnte und mit denen es auch am Nachmittag sowie an den Wochenenden spielen und lernen kann. Vielleicht unterstützen auch die Eltern jener Kinder das Anliegen der Fortführung der gemeinsamen Erziehung. Oder: Eine kleinere Gruppe von Kindern mit sonderpädagogischem Förderbedarf kann gemeinsam an eine weiterführende Schule wechseln.

Die entscheidenden Menschen in der Schulverwaltung müssten gefragt werden: Womit soll den Kindern erklärt werden, warum sie nicht weiter gemeinsam spielen und lernen dürfen? Die Geschwister von behinderten Kindern sind oft in hohem Maße psychisch dadurch belastet, dass sie nicht wissen, wie sie ihren Freundinnen und Freunden gegenüber erklären sollen, was mit ihrem Bruder, ihrer Schwester denn so anders ist, dass er oder sie nicht dieselbe Schule besuchen kann wie alle anderen Kinder der Nachbarschaft. Geschwister von behinderten Kindern laden seltener Klassenkameraden zu sich nach Hause ein; viele fühlen sich verpflichtet, ihren Bruder oder ihre Schwester nicht alleine zu lassen und setzen sich damit selbst unter Druck.

Wenn aber auch das Kind mit einer Behinderung die Gelegenheit hat, in der Schule Freundschaften zu knüpfen, die am Nachmittag fortgeführt werden können, dann ist dies eine große Entlastung für die Geschwister. Sie müssen nicht mehr erklären, was mit dem Bruder oder der Schwester so anders ist, denn die Kinder kennen sich zumindest von einem gemeinsamen Schulweg oder von der Hofpause.

Ein Sonderschulbesuch wird häufig mit der Notwendigkeit spezieller Therapien begründet. Wenn in der Sonderschule tatsächlich alle entsprechenden Planstellen besetzt sind (was häufig nicht der Fall ist), dann ist es für die Eltern ein wichtiges Argument zu wissen, dass eine notwendige Krankengymnastik oder Sprachförderung direkt in der Schule durchgeführt werden kann.

Ein Gespräch mit den Eltern der Kinder jener Schule ergibt vielleicht, dass diese Angebote häufig ausfallen. Wenn dann weiter überlegt wird, dass die täglichen Fahrzeiten für das Kind praktisch verlorene Stunden sind, dann sollte noch einmal gründlich von allen gemeinsam über die Frage nachgedacht werden: Können die notwendigen Therapien nicht auch von einer frei praktizierenden und von der Krankenkasse bezahlten Therapeutin durchgeführt werden? (Auch die in den Sonderschulen angebotenen Therapien werden in der Regel über ärztliche Verordnungen für die einzelnen Kinder von den Krankenkassen finanziert.)

Vielleicht findet sich eine Lösung, dass der zuständige Schulträger oder ein größerer »Freier Träger« am Wohnort des Kindes die notwendigen Therapeut/innen fest anstellt und stundenweise an die Schule abordnet. Für derartige Verfahren gibt es bereits gute Erfahrungen. Man muss dazu immer wieder feststellen: Die Menschen vor Ort müssen es wollen!

4.5 Hürden mit Argumenten überwinden!

Die Möglichkeit, mit der Einrichtung einer Integrationsklasse die Klassenfrequenz senken zu können, wird an manchen Orten sehr pauschal auch als Bumerang gegen die Integration benutzt. Dann sagt vielleicht eine Schulleiterin/ein Schulleiter: »An unserer Schule kommt Integration im nächsten Schuljahr nicht infrage! Wir haben zu wenige Klassenräume und zu viele Anmeldungen.«

Auf die Rückfrage, wie mit diesem Problem wohl umgegangen würde, wenn in einem Neubaugebiet viele Neue zuziehen, dann erhält man Antworten wie:»In einem solchen Fall müssten die Grenzen des Schuleinzugsgebietes geändert werden. Aber: Wegen eines behinderten Kindes ist zehn anderen nicht behinderten Kindern ein längerer Schulweg nicht zuzumuten!« Dieses Argument wird leider oft auch herangezogen, um die Fortsetzung des gemeinsamen Unterrichts nach der Grundschule in einer weiterführenden Schule zu verhindern.

Es geht aber auch anders: An einigen Schulstandorten ist bereits geregelt, dass beim Übergang von der Grundschule in die weiterführenden Schulen zuerst die Plätze für Schüler/innen mit sonderpädagogischem Förderbedarf vergeben werden. Hierfür werden in den Klassen die Frequenzen gesenkt; davon ist dann wiederum abhängig, wie viele Kinder ohne sonderpädagogischen Förderbedarf an dieser Schule in dem Schuljahr aufgenommen werden können.

An der Frage, ob wegen der Einrichtung einer Integrationsklasse auch die Grenzen eines Schuleinzugsgebietes geändert würden, kann ganz deutlich erkannt werden, ob die Aufgabe der gemeinsamen Erziehung von behinderten und nicht behinderten Kindern in einem Ort tatsächlich als eine verpflichtende Aufgabe der Regelschule akzeptiert wird.

Ein weiteres, nur sehr schwer zu überwindendes Dilemma ist die Tatsache, dass auch gutwillige Schulen und engagierte Lehrer/innen die Integration eines Kindes mit einer Behinderung nicht allein mit ihren bisherigen Kräften und in großen Klassen bewältigen können.

Durch das »Förderausschussverfahren« wird unter anderem festgelegt, wie viele zusätzliche Stunden zur Verfügung gestellt werden sollen. Es besteht die Gefahr, dass es bei den notwendigen Beratungen dann weniger um die Bedürfnisse des Kindes und eine veränderte Pädagogik geht, bei der die Verschiedenheit der Kinder berücksichtigt werden kann, sondern, dass es tatsächlich darum geht, zusätzliche Lehrerstunden für die Schule zu sichern oder einen kleinen Schulstandort zu erhalten. Aus der »Förderdiagnostik« für das Kind wird leicht ein »Stunden-Abrechnungs-Denken«, das sich gegen die Interessen des Kindes und seiner Eltern auswirken kann.

Für die Beteiligung von Eltern und ihren Vertrauenspersonen sowie für alle, die sich aus beruflichen Gründen an derartigen Förderausschusssitzungen beteiligen, ist es sehr sinnvoll, sich jeweils vor einer solchen Sitzung in die Lage der »anderen Seite« zu versetzen. Solange die Eltern mit ihrer Beteiligung an einem Förderausschussverfahren keinen Rechtsanspruch auf die Integration ihres Kindes haben, ist die Überlegung berechtigt, was eventuell nicht gesagt oder gefordert werden sollte.

Nach allen bisherigen Erfahrungen ist es am schwierigsten, ein Kind mit einer Behinderung in eine Regelschule hineinzubekommen. Gegen eine ablehnende Entscheidung ist es schwierig, durch Rechtsmittel eine aufschiebende Wirkung zu erhalten! Das Kind muss dann die Sonderschule besuchen, die das zuständige Schulamt bestimmt hat! Ist das Kind jedoch erst einmal in der Regelschule drin, dann haben alle Beteiligten die Gelegenheit, sich gegenseitig kennenzulernen. Dann ist es auch leichter, eine eventuell notwendige zusätzliche personelle Unterstützung oder eine bauliche Maßnahme im Nachhinein durchzusetzen.

Leider geschieht es immer wieder, dass in der Vorbereitungsphase für die Integration eines behinderten Kindes vonseiten der Schule derartig extreme Bedingungen als notwendige Voraussetzungen genannt werden, dass sie letztlich nur als Vorwand dafür verstanden werden können, diese Aufgabe doch nicht zu übernehmen. Es wird dann etwa argumentiert: »Natürlich sind wir bereit, jenes Kind im Rollstuhl aufzunehmen, aber wir haben keinen Fahrstuhl!«

Es wird darauf verwiesen, dass der Fahrstuhl nicht notwendig sei. Die Klasse könne doch während der Grundschulzeit im Erdgeschoß unterrichtet werden. Dann wird auf die fehlende behindertengerechte Toilette verwiesen. Dieses Kind braucht aber eventuell keine besondere Toilette, sondern lediglich einen Haltegriff. In einem extremen Beispiel erklärte sich eine Schule bereit, einen Jungen aufzunehmen, der auf einen Rollstuhl angewiesen ist, allerdings nur unter der Voraussetzung, dass in der Umgebung der Schule alle Bürgersteige abgesenkt werden, weil sonst die Spaziergänge mit der Klasse zu mühsam für die Lehrer/innen wären.

Die optimalen Bedingungen als notwendige Voraussetzung zu fordern, heißt an vielen Orten, einen gemeinsamen Lernprozess erst gar nicht beginnen zu können. Die Eltern der Kinder mit eindeutig feststellbaren und bereits früh erkannten Behinderungen setzen sich bisher am häufigsten für die Integration ihres behinderten Kindes ein. Das sind Kinder mit Down-Syndrom, Kinder mit spastisch bedingten Bewegungseinschränkungen, Kinder mit hochgradigen Hör- und Sehbeeinträchtigungen.

Für diese Eltern ist klar: Ihr Kind braucht eine besondere Unterstützung.

Diese Eltern können sich auf die Einschulung ihres Kindes vorbereiten, bis hin zu der eigentlich absurden Situation, dass Familien in einen Schulbezirk umziehen, in dem es eine Integrationsschule gibt oder sich dort eine »Deckadresse« besorgen. Anders ist die Ausgangssituation für die Eltern, die vor dem Beginn der Schulpflicht ihres Kindes nicht den Eindruck haben, dass mit ihrem Kind irgendetwas so »besonders« ist, dass es in der Schule eine besondere Unterstützung benötigt. Die Kinder, welche erst mit dem Eintritt in die Schule zu »Behinderten« erklärt werden, sind Kinder mit Entwicklungsverzögerungen, Wahrnehmungsschwierigkeiten und verschiedenen Formen von Abweichungen in ihrem Sprachgebrauch oder Kinder, die in ihrem Verhalten auffällig sind. (Etwa 70 Prozent aller Schüler/innen, welche in den deutschsprachigen Ländern Sonderschulen besuchen, sind dieser Gruppe zuzurechnen.) Nach meiner Einschätzung liegt das größte Problem für die Mehrzahl dieser Kinder darin, dass ihre Eltern nur selten in der Lage sind, ihren Kindern sichere Rahmenbedingungen für ihre Entwicklung zu geben. Es sind Kinder aus armen Familien, häufig mit nicht deutschem Sprachgebrauch zu Hause und überwiegend Jungen (vgl. Wocken 2005). Diese Eltern werden nur selten über die langfristigen negativen Folgen eines Sonderschulbesuches informiert.

Ziel aller Bemühungen in den kommenden Jahren muss es deshalb sein: Eine Schule für alle Kinder! Eine gute Schule, in der auch ein Kind mit besonderem Förderbedarf willkommen ist. Eine gesellschaftliche Grundeinstellung entwickeln, in der inklusive Schulen selbstverständlich sind. Schulen unterstützen, in denen akzeptiert wird: Alle sind verschieden.

5. Leistungsbewertung in Integrationsklassen

5.1 Die Fragwürdigkeit von Zensuren

In Italien oder in Dänemark erhalten alle Schüler/innen bis zum Ende der achten Klasse keine Ziffernzensuren, sondern stattdessen einen schriftlichen »Bericht an die Familie«, in dem für jedes einzelne Kind die individuellen Lernfortschritte beschrieben werden.

Bei einem Gespräch mit Schüler/innen einer siebten Klasse in Berlin berichtete ich davon. Diese Jugendlichen waren sich einig: »Dann lernen die Kinder dort auch nichts!« Die Ergebnisse der internationalen Leistungsvergleichsstudien haben bewiesen: Kinder aus den Ländern, in denen die Schulen keine Selektionsfunktion haben, lernen sehr gut.

In deutschen Schulen haben sich die Kinder und deren Eltern daran gewöhnt, spätestens vom zweiten Schuljahr an nach den Zensuren zu fragen, bevor mit dem Lernen begonnen wird. Alle wissenschaftlichen Untersuchungen zur Fragwürdigkeit von Zensurengebung der vergangenen Jahrzehnte haben wenig bewirkt. Die meisten Menschen wissen zwar, dass die »Zwei« in der einen Schule längst nicht dasselbe bedeutet, wie eine »Zwei« in der anderen Schule. Bei einem Lehrerwechsel kann sich die Zensierung in einem Unterrichtsfach sehr schnell ändern. Die guten Schüler/innen werden durch ständig gute Zensuren nicht zum Lernen motiviert, sondern eher gebremst. Schüler/innen, die in einer Klasse regelmäßig die schlechten Zensuren haben, verlieren bald die Lust und die Freude am Lernen.

Die Eltern können sich inhaltlich wenig darunter vorstellen, was es bedeutet, wenn ihr Sohn in der dritten Klasse in Deutsch eine »Drei« hat oder die Tochter im Rechnen eine »Vier«.

Ist der Sohn in Rechtschreibung gut und im Lesen schlecht, und diese beiden Bewertungen wurden dann zu einem »befriedigend« zusammengezogen? Hat die Tochter immer ganz fleißig und sauber die Hausaufgaben gemacht, beteiligt sich aber wenig am mündlichen Unterricht und ist auch unsicher im Einmaleins?

Ziffernzensuren sind ein ungeeignetes Mittel, um das Lernen von Kindern oder Erwachsenen zu begleiten. Trotzdem wird in deutschen Schulen hartnäckig an diesen Zensuren festgehalten. Weshalb? Es wird ein Anschein von äußerlicher Gerechtigkeit gewahrt. Mit diesen Zensuren werden letztlich Klassenwiederholungen oder Aufrücken in eine höhere Klassenstufe begründet. Die Durchschnittszensuren sind wesentlich für die Empfehlungen zum Übergang in die Oberstufe. Sie sind das entscheidende Kriterium für die Vergabe der Schulabschlüsse.

In Integrationsklassen wird im Gegensatz dazu großer Wert gelegt auf differenziert und an den individuellen Lernmöglichkeiten orientierte Rückmeldungen durch die Lehrer/innen und durch die Mitschüler/innen. Vor allem: Durch ein gestärktes Selbstbewusstsein bei den Lernenden selbst können sie im Laufe der Zeit immer besser ihre eigenen Leistungen einschätzen und möglichst unabhängig von Fremden beurteilen.

Ein Kind, das z. B. wegen Wahrnehmungsstörungen oder regelmäßigen epileptischen Anfällen tatsächlich nicht dasselbe Ergebnis vorzeigen kann wie sein Banknachbar in der Schule, darf nicht das Gefühl erhalten, alle Anstrengungen würden ja doch nichts nutzen, weil es sowieso immer die schlechten Zensuren hat. Dieses Kind kann in einer Integrationsklasse lernen, dass es vielleicht mit etwas mehr Zeit als die anderen Kinder seine individuelle Leistungsfähigkeit steigern kann. Es wird seinen eigenen Lernerfolg an seinen Fortschritten messen, wenn es von den Erwachsenen darin bestärkt wird, die persönlichen positiven Veränderungen zu sehen.

Wie sollte ein Kind zensiert werden, das z. B. im Laufe des dritten Schuljahres begonnen hat, die Gebärdensprache zu erlernen? Gleichgültig, ob das gehörlose Kind oder einer der Mitschüler/innen der Klasse dieses für alle neue Kommunikationsmittel erlernt hat – mit einer Zensur lässt sich dieser enorme Lernzuwachs nicht ausdrücken, in zwei oder drei Sätzen aber sehr wohl.

Wie soll mit einer Zensur bewertet werden, wenn ein Kind, das bis zur zweiten Klasse immer von seiner Mutter in die Schule begleitet wurde, mit großen Anstrengungen und viel Konzentration gelernt hat, den Schulweg alleine zu bewältigen?

Offener Unterricht mit binnendifferenzierenden Lernformen kann nur dann langfristig durchgeführt werden, wenn auf Ziffernzensuren verzichtet wird.

Häufig wird angenommen, dass die verbale Beurteilung nur den schwachen Schüler/innen nutze, denn sie bräuchten dann keine Angst mehr vor schlechten Zensuren zu haben. Von den meisten Menschen wird übersehen, dass das herkömmliche Ziffernzensurensystem auch den guten Schüler/innen schadet. Die meisten guten Schüler/innen werden von den Lehrer/innen in ihrem Lernfortschritt gebremst. Sie werden nicht genügend angespornt. Oder sie geraten in die Gefahr, als die »Streberinnen und Streber« sozial isoliert zu werden. Diese Bewertung durch Mitschüler/innen ist nicht verwunderlich, wenn diese erleben, dass sie selbst – trotz eigener Anstrengungen – die guten Zensuren bei dem Vergleich mit der sozialen Gruppe der Klasse oder der Jahrgangsgruppe nicht erreichen. Sinnvoller ist es, alle Schüler/innen an ihren individuellen Lernfortschritten und an den ihnen gesetzten Lernzielen zu bewerten.

Beispiele

In einer ersten Klasse gibt es fast immer einzelne Schüler/innen, die am Beginn der ersten Klasse bereits lesen können. Wenn die Lehrerin/der Lehrer nicht gezwungen ist, diesen Schüler/innen Zensuren zu geben, sondern mit verbalen Beurteilungen bewerten kann, dann können zusätzliche Aufgaben gegeben werden, die diese Kinder in besonderem Maße anspornen. Am Ende einer Woche kann dann beispielsweise eine

Schülerin bereits eine kleine Geschichte mit guter Betonung vor der ganzen Klasse vorlesen und damit den anderen, die gerade gelernt haben, einzelne Silben zu lesen, ein Ansporn sein: »So gut werden wir auch bald lesen können!« Oder: Eine kleine Gruppe von Schüler/innen bereitet ein Theaterstück vor, während die anderen Rechtschreibung üben. Nach einiger Zeit selbstständiger Vorbereitung führen die »Schauspieler« das Ergebnis ihrer Arbeit mit guter Betonung und verteilten Rollen der Klasse vor.

Oder ein Beispiel aus dem Rechtschreibunterricht: Die Lehrerin hat für die Wochenplanarbeit in einem vierten Schuljahr Rechtschreibübungen vorbereitet. Das Ergebnis der Übungen soll am Ende der Woche überprüft werden. Sie sagt den Kindern vorher, dass diese Übungen vier verschiedene Schwierigkeitsstufen haben. Sie kennzeichnet, welches die einfachen, welches die schwierigen Texte sind. Sie gibt auch Empfehlungen, welches Kind nach ihrer Einschätzung sich welchen Text vornehmen sollte, um am Ende der Woche wirklich einen sichtbaren Lernerfolg zu haben. Sie überlässt aber die Auswahl der Texte den Kindern selbst.

Oder: Im Deutschunterricht einer sechsten Klasse am Gymnasium lernen alle Schüler/innen das Gedicht »John Maynard« von Theodor Fontane kennen. Die meisten lernen die zehn Strophen des Gedichtes auswendig und tragen es vor der Klasse vor. Zwei Schülerinnen und ein Schüler haben den Text gelernt und dazu einen rhythmischen Song komponiert. Zur Begleitmusik, die sie von einem CD-Player abspielen, singen sie das gesamte Gedicht auswendig und legen großen Wert darauf, dass bei der Videoaufzeichnung der Vortrag perfekt ist. Eine Schülerin der Klasse, der das Lesen und Auswendiglernen schwerer fällt, hat eine Strophe auswendig gelernt und trägt diese eine Strophe selbstbewusst und mit guter Betonung vor. Sie gilt als Schülerin mit geistiger Behinderung, wegen der Diagnose Down-Syndrom. Ihre große Leistung wird von den Mitschüler/innen ehrlich anerkannt. Genauso wird von der Klasse die Leistung der drei anderen Mitschüler mit sonderpädagogischem Förderbedarf gewürdigt: Diese beiden Jungen mit Down-Syndrom und das eine Mädchen mit großen Lernschwierigkeiten haben mit der Sonderpädagogin einen kurzen Rap-Song vorbereitet. Sie zeigen der ganzen Klasse, dass sie in der Zeit, in der die anderen sich mit dem Gedicht beschäftigten, die englischen Bezeichnungen für die Zahlen »one, two, three« und Wörter »red, green, blue« gelernt haben. Sie tragen hierzu einen kurzen Song vor und zeigen die Bildkarten zu den Wörtern an der richtigen Textstelle.

Welch großes Leistungsspektrum – mit Ziffernzensuren von 1 bis 6 vergleichend nicht zu bewerten. (Ein Beispiel, wie hierbei die Zeugnisse formuliert werden können, ist im Abschnitt 5.5.2 zu finden.)

5.2 Selbsteinschätzungen lernen

Von der ersten Klasse an können Kinder lernen, sich und die anderen im Gespräch richtig einzuschätzen. Am Ende der Woche wird im Stuhlkreis gemeinsam darüber nachgedacht:

Was haben wir in dieser Woche gelernt? Was sollten wir gemeinsam noch mehr üben? Welche Aufgaben sind noch nicht fertig gestellt? Die Kinder zeigen sich gegenseitig ihre Arbeiten, schätzen selbst ein, ob sie ihr Bestes gegeben haben, oder wo sie oberflächlich und ungenau gearbeitet haben. Sie lernen, unterschiedliche Maßstäbe zu akzeptieren. Was für das eine Kind eine Leistung ist, für die es sich sehr angestrengt hat, kann für das andere Kind eine Kleinigkeit sein, die wirklich keine besondere Würdigung verdient.

Wenn mit Kindern vom ersten Schuljahr an so gearbeitet wird, dann kann man feststellen, dass die Kinder nahezu ausnahmslos sich mehr vornehmen, als die Lehrer/innen ihnen zuteilen würden. Wenn ein Kind einmal eine »schlechte Phase« hat, dann wird es ihm aber auch gestattet, die leichteren Übungen zu nehmen. Wenn es wiederholt Aufgaben wählt, die eigentlich nicht seiner Leistungsfähigkeit entsprechen, dann kann dies auch ein Signal sein, dass es wichtig wäre, mit dem Kind einmal über die möglichen Ursachen seines Ausweichens zu sprechen. Die Kinder lernen, sich auf unterschiedliche Bewertungsmaßstäbe einzustellen: »Ich bewerte diese Arbeit so, würdest du das auch so sehen?«; »Bei Frau Müller ist immer ganz wichtig, dass … aber Herr Meier ist der Meinung, wir sollten mehr darauf achten, dass …«.

Nur in einer solchen Atmosphäre der gegenseitigen offenen Einschätzungen und der solidarischen Kritik kann ein Lernklima entstehen, in dem die Unterschiedlichkeit der Lernvoraussetzungen von Kindern in der Gemeinschaft akzeptiert wird.

Wenn dagegen Ziffernzensuren lediglich durch verbale Umschreibungen von Zensuren ersetzt werden, hat sich nichts geändert. Worte können dann oft verletzender sein als Ziffern.

Die Kinder werden untereinander in Konkurrenz treten. Sie werden versuchen, die Lehrerin/den Lehrer auszutricksen, indem sie voneinander abschreiben, um zu verschleiern, dass sie etwas noch nicht verstanden haben, und sie werden die eigene Leistung herausgestellt sehen wollen, um sich von den Mitschüler/innen abzuheben, statt ihnen zu helfen.

Integration kann sich nur entwickeln in einem Lernklima des Vertrauens. Es ist schlecht, wenn die Mutter am Nachmittag zu Hause die Fehler ihres Kindes verbessert. Dann kann die Lehrerin nicht erkennen, was das Kind noch nicht verstanden hat. Lernen bedeutet immer auch, Fehler zu machen. An meinen Fehlern kann ich am besten lernen, was ich noch nicht verstanden habe. Wer als Erwachsener etwas Neues lernt, z. B. eine neue Fremdsprache, das Autofahren oder den Umgang mit dem Computer, der erwartet von einer guten Lehrerin/einem guten Lehrer, dass er in seinen Fortschritten bestätigt wird. Wer etwas noch nicht verstanden hat, muss ermutigt werden, immer wieder zu fragen. Beim Lernen ist es sehr wichtig, zu den eigenen Fehlern zu stehen und sie nicht aus Angst vor schlechten Zensuren zu verstecken.

In Integrationsklassen und bei der Einzelintegration ist es wichtig, dass die Leistungen der Kinder mit sonderpädagogischem Förderbedarf an ihren eigenen Lernfortschritten gemessen und bewertet werden. Ein »Lerntagebuch«, in dem die konkreten, individuellen Lernziele und Lernfortschritte regelmäßig festgehalten werden, kann für alle Beteiligten eine große Hilfe sein.

5.3 »Nachteilsausgleich« bei zielgleichem Unterricht

Schüler/innen mit körperlichen Beeinträchtigungen oder Sinnesschädigung, die »zielgleich« unterrichtet werden, haben einen Anspruch auf den sogenannten »Nachteilsausgleich«. Dies ist in den Ausführungsverordnungen der Bundesländer geregelt. Je nach individueller Situation kann dieser Nachteilsausgleich in Anspruch genommen werden. Darüber wird im Feststellungsverfahren vom Förderausschuss entschieden, manchmal ist es auch der Entscheidung der Klassenlehrerkonferenz überlassen oder letztlich entscheidet das Schulamt, unter welchen veränderten Rahmenbedingungen eine einzelne Schülerin/ein einzelner Schüler Klassenarbeiten, Klausuren oder auch mündliche Prüfungsleistungen erbringen muss. Der Nachteilsausgleich bezieht sich auf die Form, den Umfang oder die Zeitdauer der Leistungsfeststellung. Das kann so aussehen, dass die Schülerin/der Schüler zum Bewältigen von Aufgaben mehr Zeit erhält, mündliche Leistungen auch schriftlich erbracht werden können oder zusätzliche technische Hilfsmittel bereitgestellt werden. Zum Nachteilsausgleich kann auch die personelle Unterstützung durch Lehrkräfte oder sonstiges pädagogisches Personal während der Leistungserbringung gehören.

Manchmal ist es sicherlich eine große Herausforderung für die Lehrer/innen eine Form der Aufgabenstellung zu finden, mit der deutlich werden kann, dass die Schülerin/der Schüler mit den zur Verfügung stehenden Fähigkeiten dieselben Lernziele erreicht hat wie die Mitschüler/innen ohne körperliche Beeinträchtigungen.

Beispiele

- Ein Schüler kann wegen einer Spastik in den Händen im Geometrieunterricht nicht mit Zirkel und Lineal ein Dreieck konstruieren. Er erhält stattdessen die Aufgabe, die Konstruktionsbeschreibung einem Schulhelfer zu diktieren.
- Eine Schülerin erhält wegen ihrer Hörschädigung die Vorgaben für die Klassenarbeit schriftlich und darf die Arbeit in einem Nebenraum schreiben.
- Eine hochgradig sehgeschädigte Schülerin erhält alle Materialien vergrößert. Da sie zum Erfassen eines Textes mehr Zeit benötigt, erhält sie auch eine Zeitverlängerung.
- Ein Schüler, der in Mathematik gut ist, jedoch noch große Schwierigkeiten beim Erfassen von Texten hat, erhält die schriftlichen Arbeitsanweisungen vorgelesen, bevor er mit der selbstständigen Bearbeitung der mathematischen Aufgabenstellungen beginnt.

In der Praxis hat es sich erwiesen, dass einige Schüler/innen den »Nachteilsausgleich« nicht wünschen. Manche befürchten, deshalb bei den Mitschüler/innen in den Verdacht zu geraten, sie würden ungerechtfertigte Vorteile erhalten. Zumeist findet sich nach einer offenen Aussprache mit der ganzen Klasse eine Lösung, die von allen Beteiligten akzeptiert wird.

Wenn die Klassenarbeit in einem Nebenraum, eventuell auch mit Zeitverlängerung geschrieben wird, hat es sich als vorteilhaft erwiesen, regelmäßig auch einigen Mitschüler/innen dieselben Bedingungen anzubieten. In jedem Fall muss darauf geachtet werden, dass zusätzliche Hinweise und Hilfestellungen, die alle im Unterrichtsraum der Klasse erhalten, auch an die Einzelnen im Nebenraum gegeben werden. Andererseits darf nicht der Eindruck erweckt werden, in der kleinen Gruppe würden zusätzliche inhaltliche Hilfestellungen gegeben, die die Mitschüler/innen nicht erhalten.

Schüler/innen im gemeinsamen Unterricht, die nach den Rahmenlehrplänen der Regelschule unterrichtet werden, erhalten dieselben Zeugnisse und Schulabschlüsse wie die Kinder ohne sonderpädagogischen Förderbedarf. Hinweise auf den Nachteilsausgleich sollen auf den Zeugnissen nicht vermerkt werden.

5.4 Leistungsbewertung bei zieldifferentem Unterricht

Kinder mit sonderpädagogischem Förderbedarf im Bereich »Lernen« erhalten bei integrativem Unterricht dieselben Zeugnisse wie ihre Mitschüler/innen der Regelschule. Dass sie nach dem Rahmenlehrplan der Schule mit dem sonderpädagogischen Förderschwerpunkt »Lernen« unterrichtet wurden, wird auf dem Zeugnis mit einer Fußnote vermerkt, manchmal auch differenziert nach Unterrichtsfächern.

In den Klassen, in denen alle Schüler/innen Ziffernzensuren für Klassenarbeiten und auf den Zeugnissen erhalten, ist es nach meinen Erfahrungen besonders schwierig für diejenigen, die als »Lernbehinderte« bezeichnet werden, mit dieser Form der Bewertung umzugehen. Dies ist schwierig für die Betroffenen selbst, für ihre Eltern, die Mitschüler/innen und für die Lehrer/innen.

Die vom Regellehrplan abweichende Bewertungsgrundlage ist den Regelschullehrer/innen zumeist nicht genügend bekannt. Hier kann es hilfreich sein, wenn eine Sonderpädagogin/ein Sonderpädagoge mit Erfahrungen in der Bewertung an der Sonderschule hinzugezogen werden kann. Aber können die Leistungen einer einzelnen Schülerin/eines einzelnen Schülers aus einer Integrationsklasse verglichen werden mit den Leistungen einer Schülerin/eines Schülers einer vierten, sechsten oder achten Klasse der Schule für Lernbehinderte? Manchmal werden bei integrativem Unterricht Inhalte vermittelt, welche im Rahmenplan der Sonderschule für Lernbehinderte nicht vorgesehen sind (z. B. eine Fremdsprache oder naturwissenschaftlicher Unterricht). Eine gute Zensur wird in der Wahrnehmung der Kinder und Jugendlichen abgewertet durch den »Sternchen«-Hinweis auf die Fußnote, welche aussagt, dass die Bewertung orientiert an dem Lehrplan der Schule für Lernbehinderte erfolgte. Andererseits ist es auch keine Lösung, den einzelnen Schüler/innen, welche zieldifferent unterrichtet werden, gar keine Zensuren und nur verbale Beurteilungen zu geben, wenn alle anderen in derselben Klasse Ziffernzensuren erhalten.

Der Umgang mit Ziffernzensuren bei integrativem Unterricht ist ein Dilemma, mit dem die beteiligten Lehrer/innen sehr individuell und flexibel umgehen müssen. Für alle Beteiligten wirklich befriedigende Auswege aus diesem Dilemma sind mir nicht bekannt. Es bleibt nur die Empfehlung: Diese prinzipielle Schwierigkeit auch gegenüber den Schüler/innen und deren Eltern einzugestehen.

Eine Möglichkeit wurde mir von einer Schule in Niedersachsen berichtet: Dort haben Lehrer/innen gemeinsam mit den Eltern der Schule erreicht, dass die verbale Beurteilung für alle Kinder der Integrationsklasse als Schulversuch bewilligt wurde. Die Lehrer/innen berichteten mir: »Das war die beste Zeit! Viele Lehrer/innen führen die verbale Beurteilung auch nach Beendigung des Schulversuches zusätzlich zu den jetzt wieder vorgeschriebenen Ziffernzensuren weiter.«

5.5 Verbale Beurteilungen für alle Schüler/innen

Für den gemeinsamen Unterricht von Schüler/innen sehr unterschiedlicher Fähigkeiten ist es förderlich, wenn alle verbal beurteilt werden, orientiert an ihren individuellen Lernfortschritten. Dies ist in einigen Ländern (z. B. in den skandinavischen Ländern) und in Deutschland in wenigen Modellschulen möglich.

In einigen Bundesländern wurde durch Verwaltungsvorschriften geregelt, dass die Eltern mehrheitlich darüber entscheiden, ob ihre Kinder über das zweite Schuljahr hinaus mit Ziffernzensuren oder mit verbalen Beurteilungen bewertet werden sollen. Für die Eltern ist dies eine schwierige Entscheidung: Sie sollen über eine Form der Leistungsbewertung entscheiden, die sie selbst in der Regel nicht kennen.

Lehrer/innen, die von der Richtigkeit einer Beurteilung in verbaler Form überzeugt sind, sollten sich viel Zeit nehmen, um den Eltern sehr konkret an der Situation der einzelnen Kinder zu erklären, was sich ändern wird, wenn statt der bisherigen verbalen Beurteilung im ersten oder zweiten Schuljahr von der nächsten Klasse an mit Ziffernzensuren bewertet werden soll.

Dabei ist es wichtig, nicht nur an die schwierige Lage des Kindes mit den großen Lernschwierigkeiten oder des Kindes mit einer schweren Körperbehinderung zu erinnern. Manche Eltern denken: »Meinem Kind schaden die Zensuren nicht, mein Kind ist ja nicht behindert!« Vor allem den »guten« Eltern, d. h. den Eltern der »guten« Schüler/innen, sollte an möglichst anschaulichen Beispielen die Veränderung auf die Art des Unterrichtens erklärt werden, wenn die Lehrer/innen beginnen müssen, alle Kinder nach einheitlichen, scheinbar »objektiven« Maßstäben zu zensieren. Diese Eltern meinen oft, ihre »guten« Söhne und Töchter bräuchten den Ansporn durch Zensuren.

Sie unterschätzen dabei ihre eigenen Kinder. Die meisten können durchaus ohne den äußeren Zwang lernen, meist sogar mehr als unter Druck. Wenn dann allerdings die Zensuren erst einmal eingeführt sind, dann entwickeln besonders die guten Schüler/innen als erste die Strategie: »Ich tue nur noch dann etwas, wenn es dafür Zensuren gibt!« Seine Fortsetzung hat diese Haltung der Kinder zu Hause, wenn der Anspruch gestellt wird: »Für eine gute Zensur will ich bezahlt werden!«

Die Diskussionen um die Fortsetzung der verbalen Beurteilungen können im Verlauf des ersten oder zweiten Schuljahres unter den Eltern sowie zwischen Eltern und

Lehrer/innen sehr hitzig werden. Sinnvoll ist es, klar Stellung zu beziehen und deutlich zu machen, dass offener Unterricht, Binnendifferenzierung und die Integration von Kindern mit Behinderungen wirklich konsequent nur dann praktiziert werden können, wenn es keine Ziffernzensuren gibt. Gleichzeitig ist es die Aufgabe der »Professionellen«, alles zu versuchen, um die Eltern mit Argumenten zu überzeugen. Es ist wenig genutzt, wenn die Eltern sich lediglich überrumpelt fühlen und bei jeder Arbeit Wege suchen, um herauszufinden, was diese verbale Beurteilung nun in »Zensurenform« bedeuten würde.

In den weiterführenden Schulen – Gymnasien, Realschulen, Hauptschulen und Gesamtschulen – müssen in den Integrationsklassen neue Formen der Leistungsbewertung gefunden werden.

Mit dem Verfahren, für alle Schüler/innen zusätzlich zu den Ziffernzensuren verbale Beurteilungen zu schreiben, haben Lehrer/innen gute Erfahrungen gemacht, auch wenn dies mit Mehrarbeit verbunden ist. Diese verbalen Beurteilungen werden den Kindern und Jugendlichen am günstigsten in Form eines persönlichen Briefes einige Tage vor dem offiziellen Zeugnistermin gegeben und ausführlich besprochen. Sehr günstig ist es, wenn auch mit den Eltern ein Besprechungstermin vereinbart werden kann. Am Zeugnistag hat dann das Ziffernzeugnis eine völlig andere Bedeutung.

5.5.1 Die Schwierigkeiten, »gute« verbale Beurteilungen zu schreiben

Lehrer/innen haben in den deutschsprachigen Ländern weder in ihrem Studium noch im Referendariat gelernt, verbale Beurteilungen zu schreiben. Sie haben hierzu in der Regel aus ihrer eigenen Schulzeit keine Erfahrungen. Auch in der erziehungswissenschaftlichen und fachdidaktischen Literatur ist zu diesem Thema wenig zu finden.

Eine große Ausnahme bietet die Laborschule Bielefeld. Der Gründer dieser Schule – Hartmut von Hentig – und die ehemalige Schulleiterin – Heide Bambach – haben zu dem Thema Leistungsbewertung ohne Zensuren anregungsreiche Veröffentlichungen vorgelegt (vgl. Bambach 1994; Becker/von Hentig 1983). Bei Karl-Heinz Arnold und Eiko Jürgens sind sehr gute grundsätzliche Überlegungen zum Thema verbale Beurteilungen von Schülerleistungen und viele praktische Beispiele zu finden. Beide Autoren beziehen sich bei ihren Veröffentlichungen leider nicht auf die Aufgabenstellung der Leistungsbeurteilung in Integrationsklassen bei zieldifferentem Unterricht. Ihre Hinweise zur Qualität von verbalen Beurteilungen lassen sich jedoch gut übertragen auf die Aufgabenstellung, für einzelne Schüler/innen mit sonderpädagogischem Förderbedarf und abweichenden Lernzielen Beurteilungen für Zeugnisse zu schreiben.

5.5.2 Inhaltsbereiche von Textzeugnissen

Textzeugnisse sollten immer die Unterrichtsinhalte und die Lernanforderungen benennen. Mit konkretem Bezug zu den Lerninhalten wird benannt, was die Schüler/innen wissen und was sie können. Bei Schüler/innen mit schweren Beeinträchtigungen kann es sinnvoll sein, auch zu beschreiben, was die einzelne Schülerin/der Schüler mit Hilfen zeigen kann oder auch durch sein Verhalten (Mimik, Gestik) signalisiert, was sie oder er verstanden hat.

In der Regel sind diese Angaben fachbezogen, für alle Schüler/innen der Klasse gleich, mit Abweichungen entsprechend dem individuellen Förderplan für einzelne Kinder mit sonderpädagogischem Förderbedarf oder für diejenigen, welche zusätzliche Aufgabenstellungen bearbeitet haben. Ergänzt werden diese sachbezogenen Aussagen durch Formulierungen zum individuellen Lernerfolg und zur individuellen Lernentwicklung. Sinnvoll ist es, hierbei Hinweise auf die nächsten Ziele, die »Zone der nächsten Entwicklung« zu geben. Arnold und Jürgens empfehlen hierzu das »Tabellarische Textzeugnis« oder »Rasterzeugnis«. Die Aussagen zur individuellen Lernentwicklung werden entweder in der Sprachform gewählt, dass sie als ein »Bericht an die Familie« über das Kind berichten oder: Die Lehrer/innen wenden sich in Briefform direkt an die Schülerin/den Schüler. Welche dieser beiden Sprachformen gewählt wird, sollte nach meiner Einschätzung der einzelnen Lehrerin/dem einzelnen Lehrer überlassen werden; es handelt sich um eine Frage des persönlichen Stils.

Beispiele für »Rasterzeugnisse«

Im Folgenden werden »Rasterzeugnisse« für zwei Schülerinnen und zwei Schüler einer sechsten Klasse am Gymnasium vorgestellt.

Tab. 3: **Schülerin A**	
Die Unterrichtsinhalte und Lernanforderungen	**Dein Lernverhalten und deine Leistungen**
Das Gedicht »John Maynard« wurde besprochen; der Vortrag mit Betonung geübt.	Du hast das Gedicht sehr sicher und ohne Stocken vor der Klasse vorgetragen, hast dich auch als eine der Ersten dazu entschieden. Die Betonung könntest du noch etwas üben.
Zu den Pflichtaufgaben gehörte: Das Kennen der Reimformen von Gedichten; Erkennen und Unterscheiden von Stabreim und Kreuzreim.	Aus der Gedichtsammlung hast du mehrere Beispiele für Stabreim und Kreuzreim richtig zugeordnet.
Zu den Wahlaufgaben gehörte: Informationen beschaffen zum Leben und Werk von Theodor Fontane.	Das Leben von Theodor Fontane hat dich anscheinend nicht interessiert. Dem Vortrag deines Mitschülers hierzu hast du nicht sehr aufmerksam zugehört.

Tab. 4: **Schüler B**	
Die Unterrichtsinhalte und Lernanforderungen	**Dein Lernverhalten und deine Leistungen**
Das Gedicht »John Maynard« wurde besprochen; der Vortrag mit Betonung geübt.	Du hast gemeinsam mit zwei Mitschülerinnen das Gedicht zu einem »Rap« verarbeitet und textsicher, rhythmisch mitreißend vor der Klasse vorgetragen. Bei der Videoaufzeichnung hast du großen Wert auf perfekten Vortrag gelegt. Das war eine großartige Leistung!
Zu den Pflichtaufgaben gehörte: Das Kennen der Reimformen von Gedichten; Erkennen und Unterscheiden von Stabreim und Kreuzreim.	Stabreim und Kreuzreim zu unterscheiden, macht dir keine Mühe. Es interessiert dich auch, eigene Beispiele hierfür zu dichten.
Zu den Wahlaufgaben gehörte: Informationen beschaffen zum Leben und Werk von Theodor Fontane.	Das Leben von Theodor Fontane hat dich anscheinend nicht besonders interessiert. Dem Vortrag deines Mitschülers hast du aber aufmerksam zugehört.

Tab. 5: **Schülerin C**	
Die Unterrichtsinhalte und Lernanforderungen	**Dein Lernverhalten und deine Leistungen**
Das Gedicht »John Maynard« wurde besprochen; der Vortrag mit Betonung geübt.	Du hast die erste Strophe vor der Klasse sicher und ohne zu stocken frei vorgetragen. Das war eine großartige Leistung!
Zu den Pflichtaufgaben gehörte: Das Kennen der Reimformen von Gedichten; Erkennen und Unterscheiden von Stabreim und Kreuzreim.	Du kannst Stabreime erkennen. Es macht dir Spaß, deinen Mitschüler/innen beim Lesen von Gedichten zuzuhören und dann zu entscheiden, ob es ein Gedicht mit Stabreim ist oder nicht.
Zu den Wahlaufgaben gehörte: Informationen beschaffen zum Leben und Werk von Theodor Fontane.	Dem Vortrag deines Mitschülers über das Leben von Fontane hast du aufmerksam zugehört.

Tab. 6: **Schüler D**	
Die Unterrichtsinhalte und Lernanforderungen	Dein Lernverhalten und deine Leistungen
Mit der ganzen Klasse wurde das Gedicht »John Maynard« besprochen. In dieser Zeit wurden englische Bezeichnungen für Zahlen und Farben geübt.	Du hast bei einem kleinen »Rap-Song« die englischen Bezeichnungen für die Farben rot, grün und blau und die Zahlen 1, 2, 3 erkannt und kannst die englischen Bezeichnungen richtig aussprechen. Dein Vortrag – gemeinsam mit R. und A. – vor der Klasse war eine großartige Leistung!
Zu den Wahlaufgaben gehörte: Informationen beschaffen zum Leben und Werk von Theodor Fontane.	Den verschiedenen Vorträgen des Gedichtes »John Maynard« hast du sehr aufmerksam zugehört. Vielleicht wagst du es auch, eine Strophe des Gedichtes zu lernen und der Klasse vorzutragen?

Die beiden ersten Beispiele A und B beschreiben die Leistungen von »Regelschülern«. Wie wären sie mit Zensuren bewertet worden? Hätten beide ein »Sehr gut« erhalten? Wäre bei einem von beiden nur die Zensur »Gut« vergeben worden? Was hätte diese unterschiedliche Bewertung bewirkt? Hadert der eine mit seinem Schicksal oder dem Lehrer? Fällt es nicht leichter, diese inhaltliche Bewertung zu akzeptieren und als Ansporn zu nehmen für Anstrengungen im nachfolgenden Unterricht?

Die beiden Beispiele C und D beziehen sich auf »Schüler mit sonderpädagogischem Förderbedarf im Bereich geistige Entwicklung«. Für sie selbst und vor allem auch für die Eltern ist es wichtig, möglichst konkret eine Rückmeldung von der Lehrerin/dem Lehrer für die erbrachte Lernleistung zu erhalten. Diese Kinder berichten zumeist wenig zu Hause, was sie in der Schule getan haben. Es hat auch keinen Sinn, ihre Leistungen mit denen der Mitschüler/innen zu vergleichen. Sie müssen an ihren individuellen Lernzielen orientiert bewertet werden und gleichzeitig sollte möglichst oft der inhaltliche Bezug zu dem, was im Unterricht vermittelt wurde, aus der Bewertung ablesbar sein. Hinweise zur nächst möglichen Entwicklung können ein Ansporn sein. Diese Formulierungen können dann bei einer der nächsten Bewertungen eventuell wieder aufgegriffen werden.

5.6 Ziffernzeugnisse auch für Schüler/innen mit schwerer Behinderung

Es wurde bereits ausführlich dargestellt, dass es am sinnvollsten wäre, wenn alle Schüler/innen verbale Beurteilungen und keine Ziffernzensuren erhalten würden, die sich an der sozialen Gruppe der Klasse orientieren. In Deutschland scheint dies immer noch Utopie zu sein, obwohl bekannt ist, dass die Länder, welche bis zum achten oder neunten Schuljahr auf Ziffernzensuren verzichten, deutlich bessere Lernleistungen erreichen als deutsche Schüler/innen.

Wenn Lehrer/innen sich entscheiden, zusätzlich zu den Ziffernzensuren ihren Schüler/innen verbale Beurteilungen zu schreiben, dann bedeutet dies einerseits Mehrarbeit, andererseits verbessert dies das Lernklima und den Kontakt zwischen den Schüler/innen und deren Eltern und den Lehrer/innen.

Wenn allerdings Schüler/innen mit sonderpädagogischem Förderbedarf in einer Klasse unterrichtet werden, in der die Mitschüler/innen Ziffernzensuren und Ziffernzeugnisse erhalten, dann wollen sie dies in der Regel auch. Wenn sie Geschwister haben, dann kennen sie auch die große Bedeutung von Ziffernzensuren. Die Oma/der Opa knüpft seine Belohnung für das Zeugnis an die Zahl der guten Zensuren. Eine Mutter berichtete mir, dass in einer Ferienanlage, in der die Familie Urlaub machte, bei »Animationen« die Kinder nach den Zensuren im Musik- oder Sportunterricht gefragt wurden.

Die Enttäuschung, in einer solchen Klasse keine Zensuren zu bekommen, ist sicherlich verständlich. Deshalb meine Empfehlung: Zusätzlich zu den für Schüler/innen mit sogenannter geistiger Behinderung vorgeschriebenen Zeugnissen mit verbaler Beurteilung erhalten diese Kinder auch Zeugnisse mit Ziffernzensuren. Es werden dieselben Formulare genutzt. Durch einen Vermerk auf dem Zeugnis kann deutlich gemacht werden, dass sich die Bewertung an den individuellen Lernzielen für diese Schülerin/diesen Schüler orientiert.

6. Beginn einer Integrationsklasse

6.1 Eine gute Schule für alle nicht behinderten Kinder ist auch eine gute Schule für Kinder mit Behinderungen

Lehrer/innen, die sich bisher bemüht haben, Kinder mit Lernschwierigkeiten nicht vor den anderen Kindern in der Klasse bloßzustellen, sondern gerade diesen Kindern ihre Lernfortschritte bewusst zu machen, haben bisher in der Regel nicht ausgesondert. Diese Lehrerkräfte verfügen damit über die wichtigste innere Voraussetzung für die Integration von Kindern mit Behinderungen.

Für Erwachsene sollte es selbstverständlich sein, selbst immer wieder Neues lernen zu wollen, ehrlich und offen zuzuhören, zu beobachten, ohne immer sofort eingreifen zu müssen. Diese Erwachsenen erleben es als eine Bereicherung für ihr eigenes Leben, wenn sie gemeinsam mit allen Kindern oder Jugendlichen einer Lerngruppe die Gelegenheit haben, auch die Kinder in der Klasse zu verstehen, die eindeutig anders lernen als die Mehrheit aller anderen Kinder.

Eine gute, eine offene Schule für alle Kinder mit offenem Unterricht braucht nur einige wenige zusätzliche Bedingungen, die geschaffen werden müssen, um eine integrative/inklusive Schule werden zu können. Für die Lehrer/innen, die zum ersten Mal eine Integrationsklasse übernehmen, sind wenige besondere Überlegungen in der Phase der Vorbereitung notwendig, damit der gemeinsame Schulbeginn ein guter Anfang für eine erfolgreiche gemeinsame Wegstrecke werden kann.

Die meisten Vorüberlegungen, die im Folgenden für die Vorbereitung auf das Unterrichten in einer Integrationsklasse dargestellt werden, sind für jede Klasse sinnvoll. In einer Grundschule oder in einer weiterführenden Schule, in der behinderte und nicht behinderte Kinder gemeinsam lernen, müssen diese Überlegungen sehr sorgfältig vorgenommen werden. Wenn die Planungszeit kurz ist, die beteiligten Lehrer/innen sich sogar erst am Beginn des neuen Schuljahres kennenlernen, ist die Arbeit vom Beginn an erschwert. Gut wäre es dann, wenn die Gelegenheit gesucht wird, sich sehr bewusst auf die Kooperation einzustellen. Die Gefahr ist sonst groß, dass die Gemeinsamkeit scheitert (vgl. hierzu Schöler 1997).

In der bisherigen Schulrealität galt es als »normal«, dass einige Kinder im Verlauf des ersten oder zweiten Schuljahres die Gemeinsamkeit aller anderen Kinder verlassen mussten, andere sind erst gar nicht eingeschult worden. In den weiterführenden Schulen, in Gymnasien und Realschulen galt es bisher als »normal«, nach einem Probehalbjahr einige Schüler/innen zurückzuschulen. In Hauptschulen, Realschulen oder Gesamtschulen wurden »Rückläuferklassen« eingerichtet. Das Verlassen der Gemeinsamkeit, d. h. Zurückstellungen, Sitzenbleiben, Nichtbestehen des Probehalbjahres oder Überweisungsverfahren an eine Sonderschule galten als Scheitern der einzelnen Schülerin/des einzelnen Schülers.

Die Institution Schule und die Lehrer/innen begriffen diese Trennungen nur selten als ihr eigenes Scheitern. In finnischen, kanadischen oder italienischen Schulen gilt der Grundsatz: Kein Kind zurücklassen, kein Kind beschämen! Eine inklusive Schule mit gutem Unterricht für alle Kinder und Jugendlichen setzt sich selbst die Aufgabe, die Gemeinsamkeit über einen langen Zeitablauf aufrechtzuerhalten.

6.2 Wie beginnen?

Vier Ebenen der Vorbereitung sollten gedanklich unterschieden werden. In der Praxis werden sich diese Ebenen nicht säuberlich voneinander trennen lassen, sie vermischen und überlagern sich zeitlich. Gut ist es, wenn frühzeitig geklärt werden kann, wer jeweils für welche Aufgaben schwerpunktmäßig die Verantwortung übernimmt: Die Schulleitung, die Sonderpädagogin, der künftige Klassenlehrer, die Eltern oder Mitarbeiter/innen von Fachdiensten.

Diese Ebenen oder besser Spiralen der Vorbereitung auf eine Integrationsklasse sind:
- Mit der Schulverwaltung die Rahmenbedingungen einer Integrationsklasse sichern.
- Das Kennenlernen der Kinder mit besonderen Lernbedürfnissen, möglichst auch der anderen Kinder der neuen Lerngruppe.
- Die Bereitstellung der Unterrichtsmaterialien, die Gestaltung des Klassenraumes und der Lernumgebung.
- Das Kennenlernen und Einarbeiten mit der zweiten Kollegin, dem zweiten Kollegen im Klassenraum, eventuell auch mit pädagogischen Unterrichtshilfen oder Therapeut/innen.

Nach allen bisherigen Erfahrungen ist dort, wo die gemeinsame Erziehung von behinderten und nicht behinderten Kindern noch keine Tradition hat, die schwierigste Phase die der Vorbereitung und Sicherung der Rahmenbedingungen. Sollten sogar die zuständige Schulrätin/der Schulrat die Einrichtung einer Integrationsklasse nicht befürworten, obwohl dies häufig nicht offen gesagt wird, dann müssen Eltern, Schulleiter/in sowie die Lehrer/innen viel Energie verwenden, um die Einrichtung einer Integrationsklasse trotzdem durchzusetzen. Über die möglichen Strategien soll hier nichts weiter ausgesagt werden (vgl. Kapitel 4).

6.3 Rahmenbedingungen klären!

Zwei zentrale Fragen werden vor Beginn des Schuljahres entschieden:

Auf welche Klassenfrequenz wird die Zahl der Kinder in der Integrationsklasse festgelegt? Und: Für wie viele Unterrichtsstunden steht eine zweite Pädagogin/ein zweiter Pädagoge zur Verfügung? – und mit welcher Qualifikation?

Hierzu gibt es in den deutschen Bundesländern, in den Kantonen der Schweiz und in Österreich unterschiedliche Regelungen. Diese wichtige Basis für eine zuverlässige und langfristige Planung ist leider zumeist nicht durch Gesetze geregelt, sondern wird Jahr für Jahr neu durch Ausführungsvorschriften durch die jeweilige Schulverwaltung festgelegt.

6.3.1 Klassenfrequenzen

Am sinnvollsten ist es, wenn alle Kinder die Schule ihres Wohnortes besuchen können. Dies ist in den ersten Klassen der Grundschule weitaus wichtiger als in der Sekundarstufe. Hieraus ergibt sich, dass nur sehr selten mehr als zwei oder drei Kinder mit eindeutig besonderem Förderbedarf in eine Klasse gehen, also:

- 20 bis maximal 23 nicht behinderte Kinder + ein behindertes Kind
oder
- 18 bis maximal 20 nicht behinderte Kinder + zwei behinderte Kinder
oder
- 15 nicht behinderte Kinder + drei behinderte Kinder

In der Sekundarstufe kann es durchaus auch akzeptabel sein, eine kleine Gruppe von vier oder gar fünf Kindern mit besonderem Förderbedarf in einer Klasse gemeinsam mit nicht behinderten Kindern zu unterrichten, wenn dadurch eine größere Anzahl von Lehrerstunden für die ganze Klasse zur Verfügung steht und wenn die Gruppe so zusammengesetzt ist, dass dies für die Jugendlichen selbst und für ihre Eltern sinnvoll ist. Wichtig ist die Beachtung der Wohnortnähe, insbesondere für die Jugendlichen mit Behinderung. Da die Jugendlichen ihre Freizeitkontakte nicht mehr durch die Erwachsenen verplanen lassen, sich ihre Freund/innen selbst suchen, kann es den Jugendlichen mit besonderen Kommunikationsformen die Kontakte zu den anderen in der Klasse erleichtern, wenn sie sich mit »ihrer Besonderheit« nicht so alleine fühlen. Dies birgt allerdings auch die Gefahr, dass die Gruppe der »Besonderen« von der Gruppe der »Normalen« isoliert wird. Bei diesen Entscheidungen ist viel Fingerspitzengefühl notwendig.

6.3.2 Zusätzliche Lehrerstunden

Die entsprechenden formalen Regelungen sind von Ort zu Ort sehr unterschiedlich; sie müssen in der Regel im Einzelnen vor Ort ausgehandelt werden. Dabei sei noch einmal auf die große Gefahr verwiesen: An die Stelle einer Förderdiagnostik, bei der es um die Fähigkeiten des Kindes mit einer Behinderung geht, kann sehr leicht eine »Stunden-Abrechnungs-Diagnostik« treten, bei der dann doch wieder die Defizite im Mittelpunkt der Darstellungen über das Kind treten, um damit mehr Lehrerstunden bewilligt zu bekommen. Die jeweils geltenden formalen Regelungen und die Einstellungen der Verantwortlichen in der Schulverwaltung gegenüber der gemeinsamen Erziehung behinderter und nicht behinderter Kinder sind ausschlaggebend dafür, ob überwiegend pädagogisch argumentiert werden kann oder ob die formalen Verwaltungsregelungen im Vordergrund stehen.

Verallgemeinernd kann zur Frage der zusätzlichen Stundenzuteilung gesagt werden: Für Kinder mit Lern-, Sprach- und Verhaltensschwierigkeiten erscheint es sinnvoll, bei der Einrichtung von Integrationsklassen vier bis fünf Lehrerstunden zusätzlich pro Woche zu bewilligen. Für hochgradig sehgeschädigte, hörgeschädigte und schwer körperbehinderte Kinder sowie für Kinder, die als geistig behindert bezeichnet werden, sollten etwa acht bis zehn Stunden bewilligt werden, wenn keine zusätzlichen Behinderungen hinzukommen. Diese Stundenzumessungen sind z. B. in den deutschsprachigen Schulen von Südtirol selbstverständlich; in der Bundesrepublik Deutschland gibt es Bundesländer, die erheblich weniger Stunden offiziell zur Verfügung stellen. An manchen Orten haben die zuständigen Schulrät/innen oder die Schulleiter/innen einen »Stundenpool« zur Verfügung, aus dem sie eine Integrationsklasse zusätzlich mit Lehrerstunden ausstatten können. Wenn schwer und mehrfach behinderte Kinder, Kinder mit erheblichem Pflegebedarf oder erheblichen Verhaltensauffälligkeiten in der Klasse sind, die eine ständige Anwesenheit eines Erwachsenen notwendig machen, dann muss dies nicht unbedingt für die gesamte Zeit eine zweite Lehrerin/ein zweiter Lehrer sein. Manchmal ist aber auch die zumindest zeitweise Anwesenheit von drei Erwachsenen notwendig, z. B. wenn das Kind beim Toilettengang begleitet werden muss oder Unterstützung beim Essen benötigt. Diese behinderungsbedingte individuelle Unterstützung ist im selben Ausmaß in der Regel auch an Sonderschulen notwendig. Dies wird in Integrationsklassen in der Bundesrepublik Deutschland – unabhängig von dem Einkommen der Eltern – über die Sozialämter finanziert. Diese sind dazu aufgrund eines Urteils des Bundesverwaltungsgerichtes verpflichtet (vgl. BVerwG Az. 5 C 34/06 und 35/06).

An dieser Stelle wird häufig nach der Finanzierung dieser zusätzlichen Rahmenbedingungen für integrative Erziehung gefragt. Es ist richtig: Der angemessene Unterricht für Kinder mit besonderem Förderbedarf kostet mehr als für Kinder, die eine spezielle Unterstützung nicht benötigen. Diese Mehrkosten sind jedoch bei der Beschulung in Sonderschulen nicht geringer. In mehreren Vergleichsberechnungen konnte nachgewiesen werden: Der gemeinsame Unterricht von behinderten und nicht behinderten Kindern in den Regelschulen ist nicht teurer als die gegenwärtige Sonderbeschulung (vgl. Preuss-Lausitz 1998).

Selbst dort, wo Stundenanteile durch Organisationserlasse oder Verwaltungsvorschriften festgelegt sind, sollte vor Ort, in der einzelnen Schule oder Gemeinde versucht werden, individuelle Lösungen zu finden. Am günstigsten ist dies zu erreichen, wenn ein Kollegium einer Schule die Einrichtung einer Integrationsklasse als eine gemeinsame Aufgabe ansieht. In einer solchen Schule ist von allen Beteiligten erkannt worden, dass die Qualität des Unterrichts für alle Schüler/innen gesteigert wird, wenn ein inklusives Denken die Grundlage aller Planungen ist. In den angelsächsischen Ländern, in Kanada oder in den skandinavischen Ländern wurden mit dem »Index für Inklusion« sehr gute Erfahrungen gemacht (deutschsprachig vgl. Boban/Hinz 2008). Wichtig sind Rahmenbedingungen, die den unmittelbar beteiligten Lehrer/innen vor allem am Anfang des Integrationsprozesses die Sicherheit geben, dass sie die zusätzlichen Aufgaben, die sich aus der Behinderung des Kindes ergeben, bewältigen können und, dass die anderen Kinder in ihren Lernbedürfnissen nicht vernachlässigt werden. Gleichzeitig dürfen die Lehrer/innen auf Dauer nicht den Eindruck haben, ihr Engagement für die Sache und für die Integration der behinderten Kinder würde als »kostensparender Faktor« ausgenutzt. Die Mehrbelastung darf nicht so erheblich sein, dass sie auf Dauer nicht tragbar und auch nicht zumutbar ist. Am Anfang eines Integrationsprozesses muss durchaus mit zeitlichem Mehraufwand gerechnet werden, vor allem dann, wenn die beteiligten Pädagog/innen zum ersten Mal zusammenarbeiten. Nach einer gewissen Einarbeitungszeit lohnt sich nach meinen Erfahrungen dieser Mehraufwand durch Arbeitsteilungen bei der Vorbereitung und Auswertung des Unterrichts. Die gemeinsame Anwesenheit während des Unterrichts macht sich als psychische Entlastung bemerkbar, wenn die Kooperation der Erwachsenen gelingt.

6.4 Beachten der Individualität

Wenn die künftigen Klassenlehrer/innen oder Fachlehrer/innen an der Förderausschusssitzung beteiligt waren, dann haben sie über das Kind mit den besonderen pädagogischen Bedürfnissen bereits wichtige Informationen erhalten. Häufig wurde dieses Verfahren aber bereits etwa ein halbes Jahr vor Beginn der Einschulung oder des Übergangs auf die Sekundarstufe abgeschlossen. Es ist sehr günstig, wenn kurz vor den Sommerferien die Zeit zur Verfügung steht, das Kind noch einmal zu besuchen, am günstigsten in seiner Kindergartengruppe, in der vor dem Übergang besuchten Schule oder in einer Situation, in der es mit anderen, ihm vertrauten Kindern, Jugendlichen und Erwachsenen lernt oder spielt.

6.4.1 Kennenlernen der besonderen Kinder

Durch genaues Beobachten und durch Gespräche mit der Erzieherin/dem Erzieher, den bisherigen Lehrer/innen oder der Mutter, dem Vater oder den anderen Kindern sollte ermittelt werden:
- Welches sind die besonderen Vorlieben dieses Kindes?
- Gibt es vertraute Gegenstände, Geräusche, Musik, kleine Rituale, die für das Kind wichtig sind, die ihm Sicherheit geben?

Beispiele

- Die gehörlose Jana liebt Schnecken über alles. Wie sehr hat sie sich gefreut, dass am ersten Schultag in ihrer Klasse ein großes Poster mit einer Schnecke hängt! Auf dem Fensterbrett des Klassenraumes stehen viele Gläser mit leeren Schneckengehäusen, die ihre neue Klassenlehrerin »zufällig« im Urlaub gefunden hatte. Diese Schneckensammlung wurde im Laufe der Grundschuljahre von allen Mitschüler/innen zu einer bemerkenswerten Ausstellung erweitert.
- Thomas hat ganz große Schwierigkeiten, sich mit anderen Kindern zu vertragen. Eigentlich möchte er sich immer verstecken. Manchmal explodiert er und möchte nur »draufschlagen«. Aber er liebt seine Katze über alles. Von seiner Katze Susi kann er lange Geschichten erzählen. Seine Klassenlehrerin hat die Bibliothekarin der örtlichen Stadtbücherei gebeten, für den Schulanfang eine Kiste mit Katzen-Bilderbüchern zusammenzustellen, die während der ersten vier Wochen des Schuljahres als »Dauerausleihe« in der Kuschelecke des Klassenraumes blieben. Beim ersten Elternabend bat die Lehrerin die anderen Eltern, Katzenfotos in jeglicher Form zu sammeln. Eines der ersten Projekte dieser Klasse war die Erarbeitung einer kleinen Ausstellung auf dem Flur der Schule zum Thema »Katzen«.
- Marco muss während des Vormittags einmal gewindelt werden. Er mag das eigentlich nicht. Im Kindergarten haben sich die Erzieherinnen angewöhnt, während des Windelns ein bestimmtes Liedchen zu summen. Die Lehrerin lernt auch dieses Lied. Marco hat nichts dagegen, wenn die anderen, ihm vertrauten Kinder, beim Windeln dabei sind. Die Lehrerin nimmt sich vor, in der Schule genau zu beobachten, welche Mitschüler/innen es auch gut finden, beim täglichen Windeln von Marco in den Wickelraum mitzukommen.
- Amelie, ein Mädchen mit Down-Syndrom, hat in der Grundschulzeit eine besondere Vorliebe für Gedichte entwickelt. Der Deutschlehrer des Gymnasiums, das sie von der fünften Klasse an besucht, plant seinen Unterricht so, dass regelmäßig Gedichte besprochen, analysiert, vertont und auswendig gelernt werden. Amelie übernimmt jeweils ein oder zwei Strophen zum Auswendiglernen und entwickelt eine große Sicherheit, die richtigen Versformen zu erkennen.

6.4.2 An den Fähigkeiten müssen wir uns orientieren – nicht an den Defiziten!

Während der Vorbereitungszeit auf eine neue Integrationsklasse ist es wichtig, genau hinzuschauen: Was kann das Kind? Was kann es noch nicht? Wofür braucht dieser Jugendliche welche Hilfe? Wie viel Zeit braucht das Kind?

Wir haben bestimmte Vorstellungen und Erfahrungen über die »Normalentwicklung« eines Kindes. Kinder sollten bestimmte Dinge selbstständig tun können, wenn sie in die Schule kommen, z. B. die Schuhe beim Sportunterricht alleine an- und ausziehen, die Jacke anziehen. (Wenn nur der verflixte Reißverschluss nicht immer klemmen würde!) Die meisten Kinder gehen mehr oder weniger geschickt mit Buntstiften, Schere und Klebstoff um. Sie lernen, den Schulweg alleine zu bewältigen und können alleine essen. So selbstverständlich ist das alles für manche Kinder nicht. Dann ist es wichtig nachzufragen, welche Entwicklungen dieses Kind bisher gemacht hat. Was hat es im letzten halben Jahr gelernt? Welche Entwicklungsfortschritte werden in der nächsten Zukunft erwartet? – Doch es muss auch bei manchen Kindern oder Jugendlichen damit gerechnet werden, dass eine Bewegungseinschränkung sich verstärkt, dass dieses Kind nur eine begrenzte Lebenserwartung hat.

Beispiele

- Marco kann seine Schuhe schon ganz alleine ausziehen und ist darauf auch sehr stolz. Man muss ihm nur etwas Zeit lassen und vielleicht den richtigen Zeitpunkt abpassen, um ihm ein klein wenig zu helfen. Er wird sonst sehr zornig über sein Ungeschick. Alleine anziehen? Das wird er wegen seiner Spastik in den Armen und in den Beinen wohl noch lange nicht können, aber: Er kann ein wenig helfen, dass es leichter ist, ihm die Schuhe oder die Jacke anzuziehen. Er hat es auch sehr gerne, wenn ihm seine Schwester hilft. Die Lehrerin nimmt sich vor, das An- und Ausziehen mit allen Kindern zu üben und nach Möglichkeit zu erreichen, dass diese Aufgabe die Mitschüler/innen gemeinsam mit Marco übernehmen. Sie muss nur noch mit der Mutter reden, dass sie eine neue Jacke möglichst mit einem ganz großen, stabilen Reißverschluss kauft, und dass die Turnschuhe einen Klettverschluss und keine Schnürsenkel haben!
- Mit Schere, Klebstoff oder Buntstiften wird Nadja in absehbarer Zeit nicht umgehen können. Für Nadja wird es ein wichtiges Lernziel sein, dass sie eine »Malbirne«, d.h. einen dicken, birnenförmiger Farb-Fettstift, halten und damit einige gezielte Bewegungen ausführen kann. Auf ihre Art möchte sie auch zeichnen. Vielleicht gelingt es, für sie eine spezielle Tastatur für einen Computer zu entwickeln, damit sie damit schreiben lernen kann. Dies ist aber mit Beginn der Schulzeit noch nicht notwendig. Sie muss sich erst an die Gemeinsamkeit mit den anderen Kindern gewöhnen.

Bei derartigen Überlegungen wird einer erfahrenen Lehrerin bewusst, dass viele der »besonderen« Probleme des Kindes mit Behinderung so besonders nicht sind. Auch unter den nicht behinderten Kindern gibt es immer einige, die sich noch nicht alleine an- und ausziehen können, wenn sie in die Schule kommen. Durch das Vorbild der anderen Kinder und mit ein wenig Unterstützung lernen sie es jedoch meistens schnell. Es wird also darauf ankommen, die großen und kleinen Lernfortschritte der nicht behinderten Kinder im ersten Schulhalbjahr genauso zu würdigen, wie die Fortschritte der Kinder mit Behinderungen. Die Erwachsenen werden oft dadurch überrascht, dass die Kinder ganz große Entwicklungssprünge machen. Gleichzeitig muss man bei schwer behinderten Kindern auch damit rechnen, dass die Entwicklung lange Zeit auf der Stelle stehen bleibt oder sogar rückläufig ist. Gemeinsam mit dem behinderten Kind und seinen Eltern können die Lehrer/innen lernen, wie wesentlich die tatsächliche Beachtung der Individualität des Kindes ist.

6.4.3 Der Weg in die Schule – erste Schritte zur Autonomie

Die Loslösung von der Mutter ist für manche Kinder zu Beginn des ersten Schuljahres noch ein Problem. Für Kinder mit Behinderungen ist dies oft nicht zu bewältigen, weil sie auf Hilfe und Unterstützung ihrer Mütter angewiesen sind. Manchmal können sich aber auch die Mütter in ihrer großen Besorgnis nicht von ihrem Kind trennen. Durch die Vermittlung der Lehrerin kann dabei mehreren Beteiligten geholfen werden: Die Mütter der nicht behinderten Kinder können eventuell für das behinderte Kind eine Aufgabe übernehmen. Dies erleichtert es manchmal dem eigenen Kind, selbstständig seinen Weg zu gehen. Das nicht behinderte Kind weiß seine Mutter in der Nähe; sie ist aber mit etwas anderem beschäftigt. Die Mutter des behinderten Kindes würde es noch nicht wagen, ihren Sohn oder ihre Tochter alleine auf den Schulweg zu schicken. Einer anderen Mutter vertraut sie ihr Kind jedoch an.

Ein Beispiel

- Torsten lernt gerade, mit seinem Elektro-Rollstuhl zu fahren. Bis zum Beginn des Unterrichts in der weiterführenden Schule wird er den Schulweg noch nicht alleine bewältigen können. Die Lehrerin nimmt sich vor, mit den anderen Eltern der Klasse zu sprechen, dass die Schulwegbegleitung gelegentlich von den Mitschüler/innen übernommen wird. Der Mutter von Thomas macht es zwar nichts aus, ihren Sohn jeden Tag zur Schule zu begleiten und wieder abzuholen. Aber für die notwendige Entwicklung der Selbstständigkeit von Thomas ist dies keine günstige Voraussetzung. Schnell stellt sich dann heraus, dass Torsten wegen seiner guten Computerkenntnisse gerne begleitet wird. Eine Gruppe von Jungen fachsimpelt mit ihm auf dem Schulweg und trifft sich regelmäßig nach dem Unterricht bei ihm in der Wohnung.

Derartige Regelungen sind scheinbar unbedeutende Kleinigkeiten. Für die unmittelbar Betroffenen ist es aber elementar wichtig, dass möglichst von Anfang an der Weg in die Schule und wieder nach Hause ein Weg in die Selbstständigkeit und zugleich ein Weg in Sicherheit ist – auch für das Kind mit einer Behinderung.

Wenn diese Schulwegfrage nicht zur Zufriedenheit aller Beteiligten geregelt werden kann, dann ist es leicht möglich, dass überwiegend deshalb die Eltern sich dazu entschließen, mit ihrem Kind doch in die Sonderschule zu wechseln. Von dort aus steht den Kindern mit Behinderungen zumeist ein Spezialtransport zur Verfügung.

Allerdings bleibt dann die Frage für eine lange Zeit ungeklärt, wie die Kinder lernen sollen, alleine Wege in ihrer Wohnumgebung zurückzulegen oder gar öffentliche Verkehrsmittel zu benutzen.

6.5 Klassenzusammensetzung

Bei der Vorbereitung einer Integrationsklasse sind die Überlegungen zur Zusammensetzung der Klassengemeinschaft sehr wichtig. In kleineren Ortschaften, in denen es nur eine Klasse geben wird, kann das Kind mit der Behinderung hoffentlich die Grundschule seines Wohnortes besuchen und muss nicht in einen Nachbarort gefahren werden, um dort mit nicht behinderten Kindern unterrichtet zu werden.

In größeren Schulen mit mehreren Parallelklassen sollten Schulleitung und das Kollegium gemeinsam mit den Eltern der behinderten Kinder sehr gut die Vor- und Nachteile unterschiedlicher Klassenzusammensetzung besprechen. Eine allgemeingültige Regel lässt sich für die folgenden Fragen nicht aufstellen:

- Sollte möglichst jede der Parallelklassen von ein oder zwei Kindern mit besonderem Förderbedarf besucht werden oder ist es günstiger, drei oder vier Kinder in einer Klasse zu unterrichten und damit neben der »Integrationsklasse« die »normalen Klassen« an einer Schule zu haben?
- Wenn Kinder mit derselben Behinderung an einer Schule (oder in dicht nebeneinander liegenden Schulen) angemeldet werden, ist es dann sinnvoll, z. B. die beiden geistig behinderten oder die hörbehinderten Kinder in einer Klasse zu unterrichten oder sollten sie zwei Parallelklassen besuchen?
- Sollten Kinder mit sehr verschiedenen Behinderungen in eine Klasse gehen?
- Sollten nicht behinderte Geschwisterkinder in dieselbe Klasse oder in eine Parallelklasse gehen?
- Ist es sinnvoll, in eine Integrationsklasse auch Gruppen von Kindern aufzunehmen, die Sprach- oder Verhaltensprobleme haben?

Die Schule, in der eine Integrationsklasse eingerichtet werden soll, wird auch einige Kinder aufnehmen, die noch nicht die deutsche Sprache verstehen und sprechen können. Sie wohnen in einem Aussiedlerheim. Außerdem ist ein Kinderheim in der Nähe der Schule, von dem regelmäßig zwei bis drei Kinder eingeschult werden, die zumeist erhebliche Verhaltensprobleme haben.

Am sinnvollsten werden all solche Fragen mit Sicherheit in einer Schule geregelt, für die es bisher auch normal war, dass eine Art »Schuleingangskonferenz« in kollegialer Form über die Zusammensetzung der jeweils neuen Klassen unter pädagogischen Gesichtspunkten gemeinsam entscheidet.

An manchen Schulen werden daran die Erzieher/innen der nahe gelegenen Kindergärten, die Schulpsychologin, bei weiterführenden Schulen auch die Lehrer/innen der abgebenden Grundschule und auch Vertreter/innen der Elternschaft beteiligt. An anderen Schulen ist die Zusammensetzung der neuen ersten Klassen aber leider noch ein wohl gehütetes Geheimnis, in das sich die Schulleiterin/der Schulleiter oder sein/e Stellvertreter/in weder von den Lehrer/innen noch von den Eltern hineinreden lässt. Bei der Zusammensetzung von Integrationsklassen werden manchmal derart gravierende Fehler gemacht, dass man eigentlich darüber nicht mehr diskutieren sollte.

Hierzu nur kurz: Wenn in einer Schule der Wunsch von Eltern nach Einrichtung einer Integrationsklasse dazu genutzt wird, alle »Problemkinder« dieses Schuleinzugsbereiches in dieser einen Klasse zu sammeln, um damit die übrigen Klassen zu entlasten, dann muss nach den hierfür schulpolitisch Verantwortlichen gefragt werden. Das Engagement der Lehrer/innen, die sich zur Leitung einer solchen Klasse bereit erklärt haben, wird dabei schamlos ausgenutzt. Es gibt leider etliche Fälle in der bisherigen Entwicklung von schulischer Integration, wo Schulleiter/innen oder Schulrät/innen auf diese Art beweisen wollten, dass die Integration von Kindern mit Behinderungen nicht möglich sei.

Im Folgenden soll jedoch davon ausgegangen werden, dass an einer Schule mit pädagogischen Argumenten und in einer offenen Gesprächssituation nach einer für alle Beteiligten möglichst optimalen Lösung gesucht wird.

6.5.1 Eine oder mehrere Integrationsklassen?

Am günstigsten ist auf jeden Fall die Situation, dass eine Klasse nicht mehr als zwei, höchstens drei Kinder mit einem besonderen Förderbedarf hat und, dass diese Klasse neben den Parallelklassen keine besonders herausgehobene Stellung einnimmt. Unter den Lehrer/innen eines Kollegiums könnte sonst leicht eine Konkurrenzsituation entstehen. Günstig sind offene Türen, gemeinsame Unterrichtsplanung der Lehrer/innen, die in den Parallelklassen unterrichten, die Möglichkeit, Projekttage gemeinsam durchzuführen, Unterrichtsmaterialien auszutauschen, auch spontan von einem Klassenraum zum anderen wechseln zu können. Vielleicht gibt es im Kollegium Einzelne, die gegenüber der Aufgabe des Unterrichtens in einer Integrationsklasse noch zurückhaltend sind und die am Anfang mit wenigen Stunden als zusätzliche »Stützlehrerin« in einer solchen Klasse arbeiten, um die eigene Scheu zu überwinden. Wichtig ist, dass die Lehrer/innen genügend Zeit haben, sich auf die neue Aufgabe vorzubereiten. Günstig ist es, wenn vier oder fünf Lehrer/innen gemeinsam für zwei Integrationsklassen mit drei bis sechs behinderten und etwa 40 nicht behinderten Kindern die Verantwortung übernehmen können.

6.5.2 Zwei Kinder mit derselben Behinderung in einer Klasse?

Im Allgemeinen sind die Behinderungen, die eine spezielle sonderpädagogische Förderung notwendig machen, so selten, dass nur in Ausnahmefällen an einer Schule im selben Schuljahr mehr als ein Kind sein wird, das z. B. blind oder hochgradig sehgeschädigt, gehörlos oder hochgradig hörbehindert ist.

Bei mehr als einem Kind mit demselben sonderpädagogischen Förderbedarf in einer Klasse besteht auch die Gefahr, dass diese Kinder nicht mehr in ihrer Individualität wahrgenommen werden, sondern es sind dann »die Behinderten«. Es wird dann vielleicht nicht genügend beachtet, dass dieses Mädchen und jener Junge außer ihrer Behinderung kaum gemeinsame Interessen haben. Vielleicht wird bei dem einen Mädchen zu Hause nur türkisch gesprochen, es erhält wenige Anregungen für seine intellektuelle Entwicklung, interessiert sich aber leidenschaftlich für Mädchenfußball und spielt auch mit großer Freude in einer Mannschaft. Der Junge kommt aus einem behütenden, deutschsprachigen Elternhaus, erlernt ein Musikinstrument und interessiert sich nicht für Fußball. Sollen diese beiden Kinder, nur weil sie dieselbe medizinische Diagnose haben, in eine Klasse gehen?

Wenn andererseits diese Kinder und auch ihre Familien sich kennen, die notwendigen zusätzlichen Termine für besondere Therapien abgesprochen werden können, dann kann es von großem Vorteil sein, wenn zwei Kinder mit derselben Behinderung in eine Klasse gehen. Dann sind Eltern eventuell sogar bereit, für eines der Kinder einen längeren Schulweg in Kauf zu nehmen.

Derartige Fragen müssen in jedem Fall einvernehmlich mit den Eltern der betroffenen Kinder vereinbart werden und dürfen nicht über ihre Köpfe hinweg mit Argumenten der schulorganisatorischen Vereinfachung allein vonseiten der Schulverwaltung entschieden werden. Andererseits gibt es für diese Kinder oft nicht genügend sonderpädagogisch ausgebildete Lehrer/innen. Eine mögliche Lösung könnte sein: Eine ausgebildete Sonderpädagogin erklärt sich bereit, ihre Stunden für die beiden Kinder auf zwei Parallelklassen aufzuteilen. Die beiden Klassenlehrer/innen der Parallelklassen lernen gemeinsam mit den Mitschüler/innen die notwendigen Kommunikationstechniken. Im günstigsten Fall können die Regelpädagog/innen eine Zusatzausbildung absolvieren.

6.5.3 Kinder mit verschiedenen Behinderungen in einer Klasse?

Eine solche Entscheidung sollte dann nicht getroffen werden, wenn es sich um Behinderungen handelt, die für das einzelne Kind jeweils besondere Planungen und eine spezielle sonderpädagogische Kompetenz notwendig machen.

Beispiele

In einer Schule werden für die erste Klasse im selben Schuljahr die gehörlose Jana und der schwer spastisch behinderte Marco angemeldet. Jana hatte zuvor einen Integrationskindergarten in der Nähe der Schule besucht. Marco war nach drei Jahren Sonderkindergarten für die Einschulung einer Gruppe von sechs schwer behinderten Kindern innerhalb der Sonderschule für Körperbehinderte zugewiesen worden. Die Eltern befürchteten, dass sich Marco ohne die Vorbilder von nicht behinderten oder leicht behinderten Kindern nicht weiter entwickeln kann. Sie entschieden sich, auch für ihn eine Integrationsklasse am Wohnort zu beantragen.

Diese beiden Kinder sollten auf jeden Fall in zwei verschiedenen Klassen unterrichtet werden. Jana hat sich im Laufe der Kindergarten- und Vorschulzeit zu einem »ganz normalen« Kind entwickelt, das »nur« nicht hören kann. Sie wird in der ersten Klasse die besondere Förderung durch eine sonderpädagogisch ausgebildete Lehrerin benötigen, die ihr weiterhilft, Begriffe zu entwickeln und sich die Schriftsprache anzueignen. Parallel zum Erwerb der Schriftsprache wird ihr die Kommunikation mit Gebärden angeboten. Von ihren besonderen Fähigkeiten ausgehend, sollte der Unterricht für alle Kinder geplant werden; z. B. kann Jana sehr geschickt zeichnen, und so, wie sie nach bildlich vorgegebenen Anleitungen bastelt, wird sie anderen Kindern auch häufig helfen können.

Die Lehrer/innen wären völlig überfordert, wollten sie zugleich die besonderen Bedürfnisse von Marco berücksichtigen, der einen Stift zum Malen nicht halten kann, aber eventuell mit einem Computer zeichnen und schreiben lernen wird. Marco kann nicht laufen, lernt aber gerade sehr geschickt, alleine seinen Rollstuhl zu lenken. Die Mitschüler/innen werden ihm auch dabei behilflich sein. Wenn mit der ganzen Klasse im Morgenkreis jeweils besprochen wird, welche Kinder wem helfen, dann wird dies problemlos möglich sein, wenn sich die Kinder der einen Klasse auf Jana und die Kinder der anderen Klasse auf Marco einstellen. Die Mitschüler/innen wären aber überfordert, wenn sie die besonderen Fähigkeiten und Schwierigkeiten beider Kinder zugleich berücksichtigen sollten.

Gute Erfahrungen wurden mit folgender Regelung gemacht: In eine Klasse, in die ein Kind mit einer eindeutigen und schweren Behinderung integriert werden soll, werden auch ein oder zwei Kinder mit allgemeinen Lernschwierigkeiten, mit Entwicklungsverzögerung, Verhaltensauffälligkeit oder mit einer Sprachbehinderung aufgenommen. Für diese Kinder werden dann von der Schulverwaltung auch zusätzliche Lehrerstunden zur Verfügung gestellt. Die geringere Klassenfrequenz der Integrationsklasse kommt diesen Kindern zugute. Von allen Maßnahmen der Binnendifferenzierung profitieren diese Kinder, ohne dass die Lehrer/innen oder die Mitschüler/innen übermäßig zusätzlich belastet werden.

Sehr oft konnte die Erfahrung gemacht werden, dass in besonderem Maße die Kinder mit erheblichen Verhaltensauffälligkeiten eine stabile Persönlichkeit entwickeln, wenn sie gegenüber dem Kind mit einer schweren Behinderung eine fürsorgliche Rolle übernehmen. Im oben ausgeführten Beispiel von Jana und Marco wäre z. B. die folgende Entscheidung sinnvoll:

Die gehörlose Jana wird in eine Klasse eingeschult, in die auch ein Mädchen mit einer erheblichen Artikulationsstörung und drei Mädchen gehen werden, die nur wenig Deutsch können. Diese fünf Mädchen kennen sich bereits aus der Vorschulzeit. Sie bilden eine kleine »Clique«, die sich gegenseitig beschützt, aber zugleich auch nicht allzu stark von den anderen Kindern abgrenzt. Die Sonderpädagogin, die Jana und die meisten ihrer Mitschüler/innen schon aus der Vorschulzeit kennt, wird ihre besondere Ausbildung und die große Erfahrung vorrangig für die spezielle Förderung von Jana nutzen. Zugleich profitieren von den speziellen Übungen zur Begriffsbildung und zum Schriftspracherwerb auch die Kinder mit nicht deutscher Muttersprache und das Mädchen mit den großen sprachlichen Schwierigkeiten. Für dieses Kind wird eine Sprachtherapie weitergeführt werden, die am Nachmittag von einer frei praktizierenden Logopädin angeboten wird, und die sich bereit erklärt hat, mit den Lehrer/innen die notwendigen Übungen abzusprechen.

Marco wird die Parallelklasse besuchen. In diese Klasse sollen auch ein Junge mit erheblichen Verhaltensauffälligkeiten, der im Heim lebt, und ein weiterer Junge mit erheblichen Entwicklungsverzögerungen aufgenommen werden. Ein Sonderpädagoge mit der Qualifikation für Lern- und Verhaltensstörungen soll für diese Aufgabe neu eingestellt werden. Der zuständige Schulrat bemüht sich, unter den »Neueinzustellenden« jemanden zu finden, der bereit ist, sich für diese Aufgabe einzuarbeiten.

In der Anfangsphase der Entwicklung von Integrationsklassen sind häufig Klassen so zusammengestellt worden, dass zehn bis zwölf nicht behinderte Kinder in einer Klasse mit vier oder fünf behinderten Kindern gemeinsam gelernt haben.

Diese Schulen hatten als Versuchsschulen dann für die behinderten Kinder einen größeren Schuleinzugsbereich als die nicht behinderten Kinder. Behinderte Kinder mussten lange Wege in Kauf nehmen, um an einer anderen Schule als der ihres Wohnortes integriert zu werden. So entwickelten sich »Sonderschulen für Integration«, die zu Beginn wohl auch notwendig waren, um nachzuweisen, dass die gemeinsame Erziehung von behinderten und nicht behinderten Kindern möglich ist (vgl. Projektgruppe Integrationsversuch: Das Flämingmodell 1988). Diese Schule hat sich in den vergangenen 30 Jahren zu einem Vorzeigemodell dafür entwickelt, wie selbstverständlich für alle beteiligten Kinder, Eltern und Lehrkräfte das Klassenleben so gestaltet werden kann, dass man sich jeden Tag darauf freut, mit den anderen gemeinsam lernen zu dürfen (vgl. den Kinofilm »Klassenleben 2007« von Hubertus Siegert).

Die schulische Integration wird erleichtert durch gemeinsame Schulwege, zufällige Begegnungen auf dem Spielplatz oder beim Einkaufen, gegenseitige Besuche am Nachmittag, an den Wochenenden oder in den Ferien. Bei Wohnortnähe kann dies von den Kindern weitgehend ohne organisatorische Unterstützung der Erwachsenen bewältigt werden.

6.5.4 Nicht behinderte Geschwisterkinder in dieselbe Klasse?

Diese Frage kann selbstverständlich nur in enger Absprache mit den Eltern geklärt werden. Die Eltern selbst sind sich aber oft sehr unsicher und erwarten die Beratung durch die pädagogischen Fachkräfte. Nicht selten wird ein nicht behinderter Zwillingsbruder oder eine Zwillingsschwester im selben Schuljahr wie das behinderte Kind eingeschult oder ein behindertes Kind wurde wegen seiner besonderen Probleme, die in der frühkindlichen Entwicklung häufig mit langen Krankenhausaufenthalten verbunden waren, um ein oder zwei Jahre zurückgestellt. Wenn zwei Kinder einer Familie dieselbe Klasse besuchen, hat dies für die Mütter und die Väter viele Vorteile:

- Beide Kinder haben denselben Stundenplan. Der Organisationsaufwand, um die Kinder pünktlich in die Schule zu bringen, eventuell auch abzuholen, ist erheblich geringer als wenn zwei Stundenpläne koordiniert werden müssen.
- Hausaufgaben, Informationen aus der Schule, Elternabende oder Klassenfahrten müssen jeweils nur einmal abgesprochen werden. Besonders alleinerziehende Mütter oder Väter werden es aus Termingründen vorziehen müssen, beide Kinder in eine Klasse einzuschulen.

Andererseits: Die nicht behinderten Geschwisterkinder kommen bei einer solchen Entscheidung häufig nicht genügend zu ihrem Recht. Zumindest die Gefahren einer solchen Entscheidung müssen gesehen und den ungünstigen Auswirkungen für das nicht behinderte Geschwisterkind entgegengearbeitet werden:

Die nicht behinderte Schwester oder der Bruder fühlen sich oft in besonderem Maße für das behinderte Geschwisterkind verantwortlich oder werden auch verantwortlich gemacht. Sie haben deshalb nicht immer die Gelegenheit, ihre eigenen Interessen zu vertreten.

Die Mitschüler/innen nehmen nicht ihre eigene Beziehung zu dem behinderten Kind auf, sondern verständigen sich mithilfe der Vermittlung des nicht behinderten Geschwisterkindes. Oft werden sie auch von den Lehrer/innen in die Verantwortung genommen.

Wenn es organisatorisch zu leisten ist, dann ist es in den meisten Fällen günstiger, wenn behinderte und nicht behinderte Geschwisterkinder in zwei Parallelklassen gehen können.

Wenn die beiden Kinder doch in eine Klasse gehen, dann sollten die Erwachsenen gut darauf achten, dass beide Kinder trotz der Behinderung des einen Kindes ihre Streitigkeiten ähnlich austragen können wie nicht behinderte Geschwister und ihre Verantwortlichkeiten jeweils für sich übernehmen.

Nicht behinderte Schwestern tendieren zur Überversorgung, nicht behinderte Brüder dagegen zur übertriebenen Abgrenzung gegenüber dem behinderten Geschwisterkind.

6.5.5 Gruppen von »Problemkindern« in Integrationsklassen?

Auf das bereis geschilderte negative Beispiel einer Integrationsklasse, die mit den »Problemkindern« der Schule überlastet wird und wodurch zugleich die Parallelklassen entlastet werden sollen, wird nicht weiter eingegangen. In bestimmten Situationen kann es aber durchaus sinnvoll sein, wenn eine kleine Gruppe von Kindern, die z. B. einen zusätzlichen Sprachunterricht benötigen, in einer Integrationsklasse zusammengefasst ist. Im binnendifferenzierenden, offenen Unterricht, den zwei Lehrer/innen gemeinsam für die ganze Klasse planen, kann es dann eine sinnvolle Ergänzung sein, wenn als dritter Erwachsener für bestimmte Stunden die Sprachlehrerin hinzukommt.

Beispiel: In einer Schule gibt es in einem Jahrgang eine Gruppe von fünf Kindern, die mit ihrer Familie als »Umsiedler« aus der ehemaligen Sowjetunion und aus Polen nach Deutschland gekommen sind. Für den zusätzlichen Sprachunterricht müssen diese Kinder nicht die Klasse verlassen, sondern die Anwesenheit der Sprachlehrerin wird in die Wochenplanarbeit der gesamten Klasse eingeplant.

Oder: Der Sprachlehrer, der die Kinder nicht deutscher Muttersprache unterrichtet, kommt zusätzlich während der Stunden in den Unterricht, in denen das sprachbehinderte Kind seine besondere Förderung teils außerhalb der Klasse und zum Teil auch in einer Gruppe gemeinsam mit den Kindern erhält, die keine Sprachauffälligkeiten zeigen.

Wenn ein einzelnes Kind regelmäßig aus dem Unterricht der ganzen Gruppe herausgenommen wird, um eine besondere Förderung zu erhalten, dann kann dies gegen die eigentlichen Ziele integrativen Unterrichts wirken. Die Sonderschule wird lediglich durch die »Sonderbank« ersetzt. Das einzelne Kind fühlt sich immer wieder ausgeschlossen. Andererseits: Dort, wo Gruppenbildungen für alle Kinder etwas Selbstverständliches sind, wo häufig die Kinder entscheiden, dass sie in einer Ecke oder außerhalb des Klassenraumes an selbst gewählten oder gestellten Aufgaben arbeiten, dort ist auch die spezielle Förderung, die wegen der Behinderung eines Kindes notwendig ist, nichts Außergewöhnliches, und wird von dem betroffenen Kind nicht als aussondernde Maßnahme empfunden.

6.6 Gestaltung des Klassenraumes, Bereitstellung der Unterrichtsmaterialien

Während der Zeit, in der so viele Überlegungen angestellt werden, um das Kind mit Behinderung kennenzulernen und um die Entscheidungen für die Zusammensetzung der Lerngruppe zu treffen, muss zumeist auch entschieden werden, welche Fibel und welches Rechenbuch die Erstklässler bekommen sollen, mit welchem Computerprogramm im kommenden Schuljahr der Mathematikunterricht durchgeführt wird und wie im neuen Schuljahr die Klassenräume verteilt werden.

Es sollte selbstverständlich sein, dass ein Kind, das auf einen Rollstuhl angewiesen ist, auch in einem Klassenraum unterrichtet wird, der im Erdgeschoss liegt oder mit einem Fahrstuhl gut erreichbar ist, oder dass die eventuell vorhandenen wenigen Stufen durch eine kleine Rampe überwunden werden. Sehr günstig ist es, wenn unmittelbar neben dem Klassenraum (eventuell durch eine Verbindungstür erreichbar) ein zweiter Raum zur Verfügung steht, in den sich kleine Lerngruppen zurückziehen können. Hier können besondere Lernmaterialien gelagert werden oder es steht eine Küchenzeile zur Verfügung, an der gemeinsam gekocht werden kann.

Für ein hörgeschädigtes Kind kann hoffentlich rechtzeitig geklärt werden, dass ein Teppichboden die Nebengeräusche weitgehend dämpft. Spezielle Ausstattungen für Kinder mit einer Körperbehinderung oder einer Sinnesbehinderung sollen an dieser Stelle nicht diskutiert werden (vgl. Kapitel 7, 8 und 9 in diesem Buch). Soweit Baumaßnahmen notwendig sind, haben die Lehrer/innen meist nur wenig Einfluss. Sie können in der Gemeinde nur immer wieder die Vertreter im Bauamt drängen und auf die Vorteile für alle Bewohner des Ortes verweisen, wenn barrierefrei gebaut wird.

- Für Entscheidungen über Lernmaterialien ist zu empfehlen, nicht zuerst von den besonderen Bedürfnissen des Kindes mit Behinderung auszugehen. Sondern: Die Lernmaterialien, die überzeugend und ansprechend für alle Kinder sind, sollten die Grundlage für die Unterrichtsplanungen sein. Der Klassenraum sollte so gestaltet sein, wie die Lehrerin dies auch für eine Klasse ohne behinderte Kinder entschieden hätte.
- Allerdings sollte eine Besonderheit bedacht werden: Wenn irgend möglich, sollten derartige Festlegungen von den in der Klasse unterrichtenden Pädagog/innen gemeinsam entschieden werden. Die Sonderpädagogin kann ihre Erfahrungen mit speziellen Unterrichtsmaterialien einbringen. Gemeinsam kann dann überlegt werden, in welchen Anteilen diese auch sinnvoll von allen anderen Kindern der Klasse genutzt werden. Bei der Klärung derartiger konkreter Fragen können sich die beteiligten Erwachsenen gut gegenseitig kennenlernen. Nicht die abstrakten Diskussionen über allgemeine Erziehungsprinzipien lassen erkennen, ob mehrere Erwachsene die Aufgabe des gemeinsamen Unterrichtens miteinander bewältigen können. Sinnvoll sind zumeist Fragen zu klären wie:
- Mit welcher Fibel, welchem Mathematikbuch soll gelernt werden, oder verzichten wir weitgehend auf Bücher und erstellen gemeinsam mit den Kindern die Lernmaterialien?
- Welche Sitzordnung soll in der Klasse gelten?
- Wie werden die Elternabende gestaltet?
- Welche Form der Leistungsbewertung wird gewählt?

Würden derartige Fragen allein von der Klassenlehrerin/dem Klassenlehrer entschieden und der zweite Erwachsene im Klassenraum müsste sich diesen Entscheidungen nur anpassen, dann wäre dies von Anfang an eine ungünstige Voraussetzung für integrativen Unterricht.

6.7 Kooperation der Erwachsenen als notwendige Voraussetzung für integrativen Unterricht

Das wesentliche Merkmal integrativen Unterrichts in der Wahrnehmung der Kinder und ihrer Eltern ist nach allen bisherigen Erfahrungen die Tatsache, dass nicht eine Lehrerin/ein Lehrer alleine in der Klasse unterrichtet. Oft wissen die Kinder gar nicht, wer in ihrer Klasse das behinderte Kind ist. Oder: Ein außen stehender Besucher erhält bei der Frage nach dem behinderten Kind Antworten wie: »Monika ist gar nicht behindert, die kann nur nicht laufen!«

Die Art und Weise, wie die Erwachsenen im Klassenraum mit ihren eigenen Verschiedenheiten umgehen, wie sie sich gegenseitig respektieren und untereinander Formen hierarchischen Denkens und Handelns bewusst abzubauen bemüht sind, diese Umgangsformen der Erwachsenen untereinander bestimmen im Wesentlichen die Art und den Grad der befriedigenden Gemeinsamkeit des Lernens aller Kinder.

Wenn die Erwachsenen im Klassenraum durch die Art ihres Zusammenlebens den Kindern ein positives Vorbild dafür sind, wie sie mit ihren eigenen Verschiedenheiten umgehen, dann geben sie damit zugleich den Kindern die innere Sicherheit, dass auch ihre unterschiedlichen Fähigkeiten und ihr jeweiliger Entwicklungsstand respektiert werden. Auch für die beteiligten Erwachsenen gilt es, sich gegenseitig in der Verschiedenheit zu respektieren.

7. Kinder mit Hörschädigung im gemeinsamen Unterricht

Im Folgenden soll davon ausgegangen werden, dass die Entscheidung bereits gefallen ist: Ein Kind mit einer Hörschädigung soll im kommenden Schuljahr gemeinsam mit den anderen Schulanfänger/innen oder nach der Grundschulzeit in der weiterführenden Sekundarschule an seinem Wohnort lernen dürfen. Dies war der Wunsch der Eltern. In den Vorbereitungssitzungen sind die allgemeinen Voraussetzungen für die Einrichtung einer Integrationsklasse so geregelt worden, dass alle Beteiligten mit den Rahmenbedingungen zufrieden sein können.

Zunächst wird in diesem Text noch nicht unterschieden, ob es sich um ein Kind mit einer mittleren oder einer hochgradigen Schwerhörigkeit handelt oder ob die Hörschädigung so umfassend ist, dass das Kind Sprache über das Gehör überhaupt nicht wahrnehmen kann. Für die Lehrerin/den Lehrer ist am Beginn eines pädagogischen Prozesses viel wichtiger, genau zu klären, was das Kind kann. Bei Kindern mit einer Hörschädigung ist wesentlich zu wissen: Wann ist die Schädigung eingetreten? Hatte das Kind zuvor Sprache bereits erworben?

Für die pädagogische Planung des Unterrichts mit einem hörgeschädigten Kind gilt: Nach den Fähigkeiten des Kindes fragen und seine besonderen Interessen erkennen! Ein Großteil der hier aufgelisteten Fragen ist höchstwahrscheinlich bereits im Zusammenhang mit der Förderausschusssitzung geklärt worden. Was speziell für Kinder mit einer Hörschädigung ermittelt werden sollte, ist hier zusammengestellt. Bei der Vorbereitung der Integrationsklasse sollten diese Fragen an die Eltern, die Erzieherin der Kindergartengruppe oder die Grundschullehrer/innen – wenn es um die Weiterführung der Integration in der Sekundarstufe geht – mit der Zielsetzung gestellt werden: *Wie muss der Unterricht gestaltet werden, damit er die besonderen Bedürfnisse des Kindes mit einer Hörschädigung berücksichtigt? Wie werden sich die Lehrer/innen verhalten müssen, um auch dem hörgeschädigten Kind gerecht zu werden?*

Für die Gestaltung des Unterrichts gilt ganz allgemein: Wer schlecht hört, muss mehr sehen! Die Fragen sollten nicht so formuliert werden, dass sie knapp mit JA oder NEIN, mit ENTWEDER/ODER beantwortet werden können. Man muss sich Zeit nehmen, um die Details der Entwicklung des Kindes zu erfahren und um als Lehrerin/Lehrer ein Gespür dafür zu bekommen, wie es den Eltern bisher mit der speziellen Förderung ihres Kindes ergangen ist, welche Erfahrungen sie im Umgang mit Spezialist/innen bisher gemacht haben.

Für Mütter und Väter stellt der Schulanfang immer eine gewaltige Veränderung in ihrem Zusammenleben mit dem Kind dar. Sie vertrauen ihr Kind einer Lehrerin/einem Lehrer an und bangen darum, dass es dem Kind dort in der Schule gut gehen möge. Bei einem Kind, das mit einem besonderen Förderbedarf in der Regelschule aufgenommen wird, sind die Unsicherheiten und Ängste der Eltern verständlicherweise noch größer als bei den nicht behinderten Kindern. Wie ungeheuer wichtig ist es dann, eine Atmosphäre zwischen Eltern und den Lehrer/innen zu schaffen, die den Müttern und Vätern die Sicherheit vermittelt, dass sie offen über alle bisherigen Entwicklungen sprechen können, dass sie nichts verheimlichen müssen, dass keine Aussage über Probleme irgendwann gegen das Kind ausgelegt werden könnte.

Lehrer/innen sollten es sich zur Gewohnheit machen, bei neu auftretenden Problemen in der Schule immer zunächst die Eltern des Kindes zu fragen, wie sie in ähnlichen Situationen handeln würden. Die Eltern sind oft in Selbsthilfegruppen organisiert. Sie kennen die spezielle Fachliteratur, sie wissen, wen man noch fragen könnte. Manchmal kann es auch für die Lehrerin/den Lehrer sehr nützlich sein, das Kind zu einer Hörgeräteanpassung zu begleiten und sich dabei mit der Akustikerin/dem Akustiker zu unterhalten. Auch viele Ärzt/innen sind bereit, den Lehrer/innen Auskunft über die bisherigen Entwicklungen und über die Beachtung der Stärken und der Schwächen des Kindes zu geben. Oft ist es notwendig, den Lehrer/innen die Angst davor zu nehmen, sie könnten mit dem behinderten Kind etwas falsch machen. Die Eltern sollten als die besten Expert/innen ihres Kindes sehr ernst genommen werden!

7.1 Fragen zur Alltagssituation des Kindes mit einer Hörschädigung

Wie verständigt sich das Kind in seiner vertrauten Umgebung? Was versteht es? In welchen Situationen nimmt das Kind von sich aus Blickkontakt auf, in welchen Situationen muss man es aufmerksam machen, wenn man ihm etwas sagen möchte? Wie tun dies die Eltern oder Geschwister? Auf die Schulter klopfen oder einen leichten Gegenstand zum Kind hinwerfen? Liest das Kind von den Lippen ab? Welche Unterschiede sind festzustellen bei der Verständigung mit verschiedenen Menschen? Wie verhält sich das Kind in neuen Situationen, gegenüber Menschen, die es selbst nicht so gut versteht, weil es deren Sprache und deren Mimik noch nicht kennt?

Wie orientiert sich die Schülerin/der Schüler mit einer Hörschädigung am Verhalten anderer Kinder oder Erwachsener? Erst dann über die Straße gehen, nachdem durch Blickkontakte mit anderen sicher ist, dass dies ungefährlich ist? Oder: Wenn das Kind beobachtet, dass die anderen Kinder zur Erzieherin hinlaufen, geht es dann hinterher, weil es bereits gelernt hat, dass die Erzieherin von der ganzen Gruppe der Kinder etwas erwartet? Oder erwartet das Kind, extra aufgefordert und geholt zu werden?

Mit Sicherheit ist es auch wichtig, die Hörkurve des Kindes zu kennen, um als Unterrichtender einschätzen zu können, was das Kind mit oder ohne Hörgeräte verstehen kann. Welche Lautstärke, welche Tonfrequenz ist für das Kind noch verständlich? Diese Informationen allein sagen jedoch für den Unterricht relativ wenig aus; entscheidend ist, welche Kommunikation und sozialen Verhaltensweisen das Kind bereits erlernt hat.

Ein Beispiel

Im Sportunterricht sollen die Kinder von einem Reifen zum anderen hüpfen, wenn der Lehrer in die Hände klatscht. Einige Kinder sind unaufmerksam, springen entweder zu früh oder zu spät. Das gehörlose Mädchen springt fast immer richtig. Der Lehrer unterbricht die Übung und schimpft mit den Unaufmerksamen: »Könnt ihr denn nicht aufpassen? Oder seid ihr alle schwerhörig?« Die Schüler lachen und antworten: »Wir sind nicht schwerhörig, nur Anja! Aber die passt dafür besser auf als wir!« Anja hatte im Laufe der Zeit ein sehr großes Geschick entwickelt, an welchen Mitschüler/innen sie sich für ihr eigenes Verhalten orientiert, wenn sie sicher sein wollte, etwas richtig zu machen.

7.1.1 Wie kann das Kind verstanden werden?

Wie spricht das Kind? Ist die Sprache des Kindes für Außenstehende verständlich? Gibt es bestimmte Situationen, in denen es dem Kind leichter fällt, sich mit Sprache verständlich zu machen? Wenn das Kind nicht spricht oder nur über sehr wenige Worte verfügt, wie macht es von sich aus darauf aufmerksam, wenn es etwas Spezielles haben möchte? Holt es sich Hilfe oder wartet es darauf, gefragt zu werden? Wie benutzt das Kind seine Mimik und Gestik, um auf seine Bedürfnisse aufmerksam zu machen oder um etwas mitzuteilen? Benutzt es kleine Zeichnungen, Symbole, die Anfänge von Schrift? Die günstigste Vorbereitung für Lehrer/innen, um sich auf die besondere Kommunikationsform des hörgeschädigten Kindes einzustellen, ist dann gegeben, wenn bei einem Hausbesuch, z. B. bei einem gemeinsamen Abendbrot erlebt werden kann, wie das Kind mit den nahen Familienangehörigen kommuniziert.

Zu Beginn des ersten Schuljahres ist für alle Kinder das Lesen- und Schreibenlernen wichtig. Für Kinder mit einer Hörschädigung ist das Erlernen dieser Kulturtechnik von ganz besonderer Bedeutung. Durch das Aufschreiben eines einzigen Wortes kann die Aufmerksamkeit des Gesprächspartners in eine bestimmte Richtung gelenkt werden. Dadurch werden viele Missverständnisse vermieden. Das Lesen einzelner Wörter gibt Hinweise, zu welchem Thema gerade gesprochen wird. Es erleichtert das Verständnis des gesamten Zusammenhanges.

Manche Kinder mit einer Hörschädigung sind bereits in ihrer Vorschulzeit systematisch mit Schrift vertraut gemacht worden. Sie können z. B. die Namenskärtchen der anderen Kinder ihrer Kindergartengruppe ganz eindeutig den Bildern der Kinder zuordnen. Oder: Wenn die Erzieherin ihnen zunächst nur das Symbol für »Pause« oder »Sport« oder »Zeichnen« gezeigt hat und dies später mit den Wortkärtchen verbunden wurde, dann verstehen sie nach kurzer Zeit auch die Bedeutung der geschriebenen Worte außerhalb des konkreten Zusammenhanges. Derartige Voraussetzungen sind besonders günstig beim Beginn der integrativen schulischen Förderung eines hörgeschädigten Kindes. Sie sollen jedoch nicht als notwendige Vorbedingungen verstanden werden.

In offenen Formen des Unterrichts können die Lehrer/innen den Kindern viele Entscheidungsspielräume überlassen, wenn sie gewisse Regeln verabreden, z. B. sich abmelden, wenn einzelne Kinder oder kleine Grüppchen in einen Nebenraum gehen. Von Anfang an sollten alle Mitschüler/innen darauf achten, dass sie zu dem hörgeschädigten Kind beim Sprechen Blickkontakt haben. Erfahrungsgemäß gewöhnen sich die Kinder im Gruppenunterricht schnell daran; bei Frontalunterricht ist dies erschwert. Viele Lehrer/innen vergessen zwischendurch ihre eigenen guten Vorsätze. Sie könnten sich von den Schüler/innen darauf aufmerksam machen lassen, wenn sie mit dem Rücken zur Klasse sprechen.

Wenn von Beginn an Bild-Symbol-Kärtchen und Schrift für die Strukturierung der alltäglichen Handlungen genutzt werden, dann hilft dies allen Kindern, besonders dem Kind mit der Hörschädigung zu größerer Selbstständigkeit und innerer Sicherheit.

Ein Beispiel

In einer Schule arbeiten drei erste Klassen in einem Teil des Schulgebäudes eng zusammen. Die Klassentüren sind meist offen, der Flur wird zum Lernen gemeinsam genutzt. Im Materialraum sind für alle drei Klassen die Bastelmaterialien, Tuschkästen, Scheren, Zeichenblätter gelagert. Alle Kinder können damit gut umgehen. Für die hochgradig hörgeschädigte Jana, die noch nicht sprechen kann, haben die Lehrer/innen die folgenden Regelungen getroffen: Jede Klassentür und die beiden Nebenräume sind mit einem Symbol gekennzeichnet und mit den Namen der dort Unterrichtenden. Wenn Jana in einen anderen Raum gehen möchte, meldet sie sich ab, indem sie einer der Lehrer/innen das entsprechende Kärtchen zeigt oder dies auf ihren Platz in ihrem Klassenraum legt. Jana hat diese Regelung sehr schnell verstanden. Sie bewegt sich völlig frei in einem relativ großen Teil des Schulgebäudes, ohne dass die Erwachsenen sie ständig suchen müssen. (Rufen hat bei ihr keinen Sinn; das hört sie nicht.)

Wenn die Lehrer/innen alle Kinder auffordern, bestimmte Dinge aus dem Materialraum zu holen, dann erhält Jana die entsprechenden Schriftstreifen: »Hole die Schere!«, »Hole Wasser und Pinsel!«, »Hole den Tuschkasten!« – die Regale wiederum sind mit denselben Wortstreifen gekennzeichnet. Auf Janas persönliche Gegenstände ist das Wortkärtchen mit derselben Schrift wie am Regal und wie auf den Aufforderungskärtchen geklebt. Dies gibt Jana viel innere Sicherheit und erspart Missverständnisse oder unnötige Abhängigkeit von anderen Kindern oder Erwachsenen.

Manchmal verfügen die Kinder bereits vor der Einschulung über einen gewissen Bestand an geschriebenen Worten oder Symbolen, die sie im Alltag zu ihrer Orientierung benutzen. Als besondere Fähigkeit wird dies selten beachtet. Beispiel: Das Kind nimmt beim Einkaufen zielsicher bestimmte Milch- oder Apfelsaftpackungen aus dem Regal. Woran erkennt es das Richtige, wenn keine Bilder darauf sind? Die Lehrer/innen sollten mit den Eltern verabreden, sich gegenseitig im Erkennen und Verstärken solcher Fähigkeiten des Kindes zu ergänzen und zu unterstützen.

7.1.2 Welche Erfahrungen hat das Kind im Zusammenleben mit anderen Kindern?

Verfügt das Kind über ein Regelwissen in sozialen Zusammenhängen? Hält es sich an die Regeln, die auch für die anderen Kinder der Gruppe gelten (z. B. im Kindergarten) oder beansprucht es für sich eine Sonderstellung? Welche Vorbilder sucht sich das hörgeschädigte Kind? Wie geht es damit um, ein Mädchen bzw. ein Junge mit einer Hörschädigung zu sein? Die Mehrzahl der Kinder mit Behinderungen sind Jungen. Dies gilt auch für Kinder mit Hörschädigungen. Zum Zeitpunkt der Einschulung spielt es zwar für viele Jungen und Mädchen noch keine wesentliche Rolle, als »richtiger Junge« oder als »richtiges Mädchen« von den anderen Kindern anerkannt zu werden. Trotzdem sollte der Einfluss des geschlechtsspezifischen Verhaltens von den Erwachsenen beachtet werden, damit nicht falsche Schlussfolgerungen gezogen werden, woraus sich leicht Verhaltensschwierigkeiten entwickeln können.

So konnte eindeutig beobachtet werden, dass es Mädchen leichter fällt, sich mit ihrer Hörschädigung in eine Schulklasse einzufügen. Dies hat mit Sicherheit viel mit der traditionellen Mädchenrolle zu tun. Die »typischen Mädchenspiele« erleichtern es den Mädchen, in der Wohnung oder im Klassenraum miteinander zu spielen. Bei diesen Spielen ist es zumeist möglich, sich auch dann eindeutig zu verständigen, wenn nur wenige Worte zur Verfügung stehen. So z. B. bei dem beliebten Spielen mit Puppen oder bei Hüpfspielen und anderen Geschicklichkeitsspielen. Die nicht behinderten Mädchen sind in der Regel eher bereit als die nicht behinderten Jungen, sich auf die sozialen Bedürfnisse eines anderen Kindes einzustellen. Die Erwachsenen sind oft froh, wenn sie beobachten können, dass der Junge trotz seiner Hörschädigung so gut mit einer Gruppe von Mädchen spielt. Andererseits kann es auch sein, dass der Junge selbst sich wünscht, einen besseren Kontakt zu den gleichaltrigen Kameraden zu finden, dies aber alleine nicht schafft.

7.1.3 Welche besonderen Interessen und Vorlieben hat das Kind?

Für alle Kinder ist das Lernen leichter, wenn sie es mit den eigenen besonderen Interessen verbinden können. Ein Mädchen, das Pferde liebt, beginnt die Bildunterschriften auf einem Pferdekalender zu lesen. Ein Junge, der sich ganz besonders für Elektrizität interessiert, beginnt bei diesem Thema genau zu zeichnen. Wenn ein Kind mit einer hochgradigen Hörschädigung in der Klasse ist, dann sollte man ihm möglichst oft die Gelegenheit geben, anhand von Bildern oder Zeichnungen, unterstützt durch die anregenden Fragen der Erwachsenen, von seinen außerschulischen Interessen zu berichten. Dies ist kein ungerechtfertigter Vorteil, sondern eine Möglichkeit, die Nachteile in der Schule ein wenig auszugleichen, die das Kind aufgrund seiner Hörschädigung bei so vielen anderen Gelegenheiten hat. In den Vorbereitungsgesprächen sollten die Eltern ganz ausdrücklich um Unterstützung gebeten werden. Wenn die Lehrer/innen rechtzeitig über die speziellen Vorlieben der Kinder informiert sind, vor allem auch bei wechselnden Interessen, dann kann dies für die Auswahl von Texten oder Unterrichtsmaterialien, bei schulischem Lernen genutzt werden.

7.2 Musik, Spiel und Sport für hörgeschädigte Kinder

Viele normal hörende Menschen können es sich nicht vorstellen, dass Musik, Tanz, Spiel und Sport für Hörgeschädigte von großer Bedeutung sein können. In der Schule eignet sich der Musik- und der Sportunterricht ganz ausgezeichnet, um auch Kinder mit hochgradiger Hörschädigung in gemeinsame Aktivitäten einzubeziehen. Beim Musizieren übernehmen hörgeschädigte Kinder gerne Schlagzeuginstrumente. Sie können oft erstaunlich gut den Rhythmus eines Liedes erkennen und selbst spielen. Bei Singspielen beobachten sie ihre Mitschüler/innen und fügen sich in den Rhythmus und die Bewegungen der Gruppe ein. Bei manchen komplizierten Abfolgen von volkstanzähnlichen Bewegungsspielen kann es sinnvoll sein, die Bewegungsmuster nicht nur mündlich anzusagen, sondern auch hier Bildsymbole oder große Schriftkarten zu zeigen.

Wenn im Sportunterricht am Beginn einer Stunde der Klasse erklärt wird, welche Übungen von welchen Gruppen geturnt werden sollen, dann erleichtert es allen Kindern, insbesondere dem hörgeschädigten Kind, die Orientierung, wenn für die immer wiederkehrenden Übungen Bildsymbole eingeführt werden. Ähnlich, wie es die Kinder im offenen Unterricht gewohnt sind, dass die wiederkehrenden Aktivitäten wie »Stuhlkreis« oder »Freiarbeit« mit Symbolkärtchen als jeweiliger Tagesstundenplan an einer Wandtafel für alle sichtbar sind, so könnte dies wegen des hörgeschädigten Kindes auch in der Turnhalle eingeführt werden. Manche hörgeschädigten Kinder lernen außerhalb der Schule ein Instrument zu spielen, manche sind in einem Sportverein. Diese Kinder sollten auf jeden Fall in der Schule die Gelegenheit erhalten, ihre besonderen Fähigkeiten den Mitschüler/innen bei passender Gelegenheit vorzuführen.

7.3 Welche Therapien erhält das Kind?

Welche Rolle spielen Therapien in den Zukunftsvorstellungen der Eltern? Wird ein großer Teil der Freizeit des Kindes dafür benötigt, dass das Kind an speziellen Therapien teilnimmt? Wird erwartet, dass ein Teil der Therapien in den Unterricht einbezogen wird, insbesondere die Sprachförderung?

Therapie und Pädagogik sind manchmal schwer gegeneinander abzugrenzen. Manche Eltern erwarten viel von einer speziellen Therapie, lassen ihrem Kind wenig Freizeit und verhindern damit Nachmittagskontakte zu den nicht behinderten Mitschüler/innen. Die Lehrer/innen der Regelschule sind überfordert, wenn sie über Sinn oder Unsinn spezieller Therapien urteilen sollen. Eventuell ist es ihnen möglich, das Kind bei einer Therapiesitzung einmal zu begleiten oder an einem Informationsabend teilzunehmen. Zumindest sollten die Lehrer/innen die Eltern darauf aufmerksam machen, wenn sie den Eindruck haben, dass das Kind durch Therapien überfordert ist. In Einzelfällen kann vielleicht eine Lösung gefunden werden, dass Therapien in den Schulalltag einbezogen werden. Manchmal kann es auch sinnvoll sein, wenn das Kind später zum Unterricht kommt oder früher geht, um einen notwendigen Therapietermin wahrnehmen zu können. Wenn entschieden wird, dass das Kind in den »Leistungsfächern« den Unterricht auf keinen Fall versäumen soll, dann ergibt sich daraus eventuell, dass es leider an dem Unterricht nicht teilnehmen kann, wo es seine Erfolgserlebnisse hätte. In jedem Fall muss sehr sorgfältig abgewogen werden, dass die tatsächliche oder angebliche medizinische Notwendigkeit oder die Hoffnung auf Erleichterungen in der Zukunft nicht unnötig das Leben des Kindes in der Gegenwart erschweren. Zu viel »Besonderes« kann dazu führen, dass das Kind in der Regelschule eine Sonderstellung erhält. Sehr gute Erfahrungen mit der Bewältigung dieser Aufgabe wurden an den Schulen gemacht, in denen es innerhalb der Ganztagsschule Phasen gibt, in denen alle Kinder aus einem Angebot verschiedener Kurse auswählen können: Einige Kinder und Jugendliche nehmen in dieser Zeit an Sportangeboten der örtlichen Sportvereine teil, andere erlernen ein Musikinstrument bei Musiklehrer/innen, die von der Musikschule kommen, und einige nehmen in diesen Zeiten an den notwendigen Therapien teil, die von frei praktizierenden Therapeut/innen durchgeführt und von den Krankenkassen finanziert werden. Wenn es für alle Kinder dieser Schule normal ist, zu bestimmten Zeiten sehr Verschiedenes zu tun, dann grenzt dies auch die Kinder mit einem Therapiebedarf nicht aus.

Welchen Anteil der notwendigen Übungen können die Mutter, der Vater, Geschwister, die Großmutter übernehmen? Oder ist es sinnvoller, zusätzliche unterstützende Maßnahmen, z. B. eine Einzelfallhilfe oder eine Familienhelferin für den Nachmittag zu finden, wenn am Wohnort nur Halbtagsunterricht angeboten wird? Es kann in manchen Familiensituationen falsch sein, der Mutter die Aufgabe der Hausaufgabenbetreuung zu entziehen; sie braucht eventuell nur eine regelmäßige Beratung. Andere Eltern sind beim Erlernen der Schriftsprache überfordert, vor allem, wenn es sich um Eltern handelt, die selbst eine andere Muttersprache sprechen. In jedem Fall müssen die Eltern in das Erlernen der Gebärdensprache einbezogen werden.

Gibt es am Wohnort des hörgeschädigten Kindes ein zweites, ähnlich behindertes Kind? Gruppenbildungen für das schulische Lernen sollten sehr gut überlegt und nur dann angestrebt werden, wenn zu erwarten ist, dass diese beiden Kinder sich auch in ihrer je individuellen Persönlichkeitsstruktur gut ergänzen. Ist dies nicht zu erwarten, dann sollten freiwillige Nachmittagskontakte oder gemeinsame, themenorientierte Nachmittags- oder Ferienaktivitäten angestrebt werden. Im Judokurs oder beim Volkstanz, beim Schwimmen oder in einer Schlagzeuggruppe treffen sich dann einige Kinder, die ein gemeinsames Interesse haben und die zugleich auch von gleichartiger Schädigung betroffen sind. Dies ist dann jedoch keine Zwangsgemeinschaft. Bei der Neugründung und organisatorischen Umsetzung solcher Freizeitgruppen kann die Schule, insbesondere die Beratungslehrerin/der Beratungslehrer für hörgeschädigte Kinder, die notwendige Unterstützung bieten.

7.4 Personelle Voraussetzungen in der Schule

Gibt es in der aufnehmenden Schule Lehrer/innen, die bereits Erfahrungen haben mit gemeinsamem Unterricht, speziell für hörgeschädigte Kinder? Günstige Voraussetzungen sind immer dann gegeben, wenn die Lehrkräfte bereits eigene positive Erfahrungen gemacht haben:
- mit der Kooperation im Klassenraum
- mit der Förderung eines behinderten Kindes, welches besondere pädagogische Planungen benötigte
- mit der schulischen Förderung eines hochgradig hörgeschädigten/gehörlosen Kindes

Welche Möglichkeiten gibt es, damit eine Lehrerin/ein Lehrer sich in diese neue Aufgabe einarbeiten kann (Hospitationen, Beratung, begleitende Fortbildung)? Wenn eine Neueinstellung als notwendig eingeschätzt wird, dann sollte die zuständige Schulaufsicht darüber frühzeitig informiert werden.

Die ständige Anwesenheit einer Sonderpädagogin/eines Sonderpädagogen ist nicht notwendig für hörgeschädigte Kinder, die mit einem Hörgerät gut versorgt sind, die eine gute Frühförderung erhalten haben und den Kontakt mit normal hörenden Gleichaltrigen gewöhnt sind. Sinnvoll ist es, wenn eine regelmäßige zuverlässige Beratung gewährleistet ist. Wenn nur wenige Wochenstunden hierfür bewilligt wurden (vier oder weniger), sollte überlegt werden, ob zum Teil eine Telefonsprechstunde vereinbart werden kann. Die stundenweise Anwesenheit einer besonders qualifizierten Person für den Unterricht der ganzen Klasse kann für einzelne Projekte gut genutzt werden. Nach meinen Erfahrungen ist es sinnvoll, diese Stunden an einem Tag zu nutzen. Verteilt man die Stunden auf mehrere Tage in der Woche, wird unnötig Fahrzeit für die Lehrer/innen benötigt und es besteht die Tendenz, in Einzelstunden ohne genügende Absprachen das Kind mit der Hörschädigung aus der Klasse zu nehmen.

7.5 Die Gestaltung des Klassenraumes

Für den Unterricht mit einem hörgeschädigten Kind in der Klasse ist es dringend erforderlich, dass der Raum möglichst schallarm gestaltet wird. Jede Gelegenheit, Nebengeräusche und Echos zu vermeiden, sollte genutzt werden. Es darf nicht vergessen werden, dass die Hörgeräte des Kindes sämtliche Nebengeräusche verstärken und das Kind dadurch zusätzlich belastet wird. Das Kind muss aus der Fülle von Geräuschen die Sprache mit einer viel größeren Konzentration herausfiltern, als dies die anderen Kinder tun. Ein Teppichboden im Klassenraum ist für ein Kind, das auf Hörgeräte angewiesen ist, ein absolutes Muss. Wird dem Kind diese Erleichterung verweigert, dann wird an der falschen Stelle auf Kosten des hörgeschädigten Kindes gespart. Außerdem sollte beachtet werden, dass ein angenehmeres akustisches Raumklima sich auf die anderen Kinder und auf die Lehrer/innen günstig auswirkt. Manchmal sieht das

Schulamt sich nicht in der Lage, die notwendigen Geldmittel zur Verfügung zu stellen, um den Klassenraum mit einem neuen Teppichboden ausstatten zu lassen. Die Lehrer/innen und die Eltern sollten dann gemeinsam überlegen, welche »außergewöhnlichen Wege« gefunden werden können. Vielleicht gibt ein Möbelhaus oder ein Teppichgeschäft eine Spende? Bereits ein Teppich, der nur einen Teil des Bodens bedeckt, bringt Erleichterungen. Als allermindeste Maßnahme, sollten die Beine aller Stühle im Klassenraum von unten mit Filzgleitern versehen werden, wenn Fußboden und Stühle so beschaffen sind, dass jedes Stühlerücken für das Kind, das auf ein Hörgerät angewiesen ist, wie Gewitterdonner in die Ohren schlägt.

Wenn irgend möglich, sollte sich die Schule vor der Entscheidung, welcher Klassenraum für die Integrationsklasse mit dem hörgeschädigten Kind ausgewählt wird, von einem Akustiker beraten lassen. Die Echowirkungen, die von einer großen Fensterfläche und einer gegenüberliegenden glatten Wand ausgehen, können eventuell durch schallschluckende Steckbretter, durch Vorhänge oder Jalousien verringert werden. Eine glatte Klassenzimmerdecke kann mit schallschluckenden Deckenplatten abgehängt werden. Etwas improvisierend kann man denselben Erfolg auch erreichen, indem man Tücher unter die Raumdecke hängt. Diese müssen aus Sicherheitsgründen so imprägniert werden, dass sie nicht Feuer fangen können.

Der Klassenraum, in dem ein Kind mit einer hochgradigen Hörschädigung unterrichtet wird, sollte auf jeden Fall gut ausgeleuchtet sein. Vor allem die Wandtafel darf nicht blenden. Dies wird häufig nicht genügend beachtet. Alle anderen Kinder können sich an dem Gehörten zusätzlich orientieren, wenn sie an der Tafel etwas nicht einwandfrei lesen können. Das hörgeschädigte Kind ist auf die Informationen an der Tafel angewiesen.

Am günstigsten ist es, wenn die Lehrer/innen sich angewöhnen, so oft wie möglich auf einem Tageslichtprojektor zu schreiben. Ein leistungsfähiger Projektor und eine einwandfreie Projektionsfläche sollten zur Ausstattung eines Klassenraumes gehören, wenn ein Kind mit einer Hörschädigung in der Klasse ist. Im Übrigen ist dies für alle Kinder und für die Unterrichtenden günstiger, wenn diejenigen, die etwas aufschreiben wollen, ihren Rücken nicht zur Mehrheit der Klasse drehen müssen, sondern im Blickkontakt bleiben.

Der Sitzplatz des Kindes mit der Hörschädigung sollte so gewählt werden, dass das Kind zu den Lehrer/innen sowie auch zu den meisten Mitschüler/innen einen guten Blick auf das Gesicht des jeweils Sprechenden hat. Dies bedeutet, dass das hörgeschädigte Kind selbst mit dem Rücken zum Fenster sitzt und in die gut beleuchteten Gesichter der Mitschüler/innen blicken kann. Manchmal kann es sinnvoll sein, wenn das hörgeschädigte Kind auf einem Drehstuhl sitzt, um schnell und leicht den Blickkontakt zu der gerade sprechenden Person im Raum herstellen zu können.

7.6 Der Umgang mit den technischen Hilfsmitteln, insbesondere dem Hörgerät des Kindes

Die Lehrer/innen eines hörgeschädigten Kindes sind keine Hörgeräteakustiker. Sie werden mit den Eltern darüber sprechen, wie das Kind mit seinen Hörgeräten umgeht. Manche Kinder haben sich mit aller Selbstverständlichkeit daran gewöhnt, können alleine und zuverlässig kontrollieren, ob die Batterien noch genügend aufgeladen sind und schämen sich auch nicht damit. Andere Kinder wehren sich gegen die Hörgeräte, ignorieren es, wenn sie wegen eines Wackelkontaktes oder leerer Batterien nichts oder sehr wenig hören können und haben immer wieder ihr Hörgerät irgendwo »vergessen«.

Wenn das Hörgerätetragen ein grundsätzliches Problem des Kindes ist, dann wäre es mit Sicherheit sinnvoller, die Ursachen dafür ganz genau zu erforschen, als dass die Lehrerin/der Lehrer in einen Machtkampf mit dem Kind einbezogen wird, dessen Ursachen in der Regel nicht in der Schule liegen.

Anders ist es jedoch, wenn das Kind die Hörgeräte im Prinzip akzeptiert und regelmäßig trägt. Dann sollten die Lehrer/innen sowie die Mitschüler/innen, die regelmäßig mit dem Kind zu tun haben, sich die Funktionsweise eines Hörgerätes genau erklären lassen, z. B. durch einen Hörgeräteakustiker. Mit einem Demonstrations-Tonband könnten sie sich auch einmal anhören, *wie* das hörgeschädigte Kind hört.

Viele Menschen denken, mit dem Hörgerät sei die Hörschädigung ausgeglichen. Dies ist jedoch nicht der Fall. Hörgeräte können manchmal sehr belastend sein, weil sie alle Nebengeräusche verstärken. Es kann für das Kind sinnvoll sein, gelegentlich »diese Dinger« abzuschalten. Die Lehrer/innen sollten dies akzeptieren und dann, wenn allgemeine Aufmerksamkeit wieder notwendig ist, das Kind darauf aufmerksam machen, das Hörgerät wieder einzuschalten.

Bei jüngeren Kindern können die Lehrer/innen das hörgeschädigte Kind dadurch unterstützen, dass sie mindestens einmal am Tag selbst den Test machen und mit dem Gerät hören. Reservebatterien sollten in der Schule immer hinterlegt sein. (Manchmal ist es nur das Batteriefach, das nicht richtig geschlossen ist, und das Kind selbst achtet noch nicht genügend darauf.)

Mit Beginn der Schulzeit wird zumeist zum ersten Mal die Frage nach einer Sendeanlage gestellt. Dies ist ein drahtloser Sender, den zumeist die Lehrer/innen tragen. Die Stimme wird ohne alle Nebengeräusche in der Klasse direkt auf die Hörgeräte des Kindes in gleichmäßiger Lautstärke übertragen. Das Kind kann sich dadurch auf die Stimme des Unterrichtenden konzentrieren, wird aber auch leicht von den Gesprächen der Mitschüler/innen abgeschnitten. Sinnvoll ist eine solche Anlage zumeist erst dann, wenn im Unterricht eindeutige Phasen mit Lehrer- oder Schülervorträgen den überwiegend binnendifferenzierten, selbsttätigen Unterricht ablösen. Beim Fremdsprachenunterricht und in den oberen Klassen, wenn sichergestellt werden soll, dass eine Schülerin/ein Schüler mit einer Hörschädigung auch bei wichtigen Diskussionen in der Klasse nicht ausgeschlossen wird, sollte man auf jeden Fall den Einsatz einer solchen Sprach-Sender-Anlage überprüfen. Derartige Anlagen werden von mehreren

Firmen angeboten. Für ein hörgeschädigtes Kind, das integrativ in der Regelschule gefördert wird, muss ein solches Gerät von den Krankenkassen bezahlt werden. Die Anpassung und die genaue Abschätzung, wann das Kind gerne und sinnvoll damit umgehen kann, sollte im Einzelfall zwischen den Eltern, dem Hörgeräteakustiker und den Lehrer/innen gemeinsam mit dem Kind geklärt werden.

7.7 Die anderen und das hörgeschädigte Kind in der Klasse

7.7.1 Das Verhalten der Lehrer/innen

Es sollte zur festen Gewohnheit werden, für die ganze Klasse etwas nur dann zu sagen, wenn das Kind mit der Hörschädigung das Gesicht des Unterrichtenden auch wirklich sehen kann. Gerade bei Formen des offenen Unterrichts, wenn Lehrer/innen nicht ständig oder überwiegend vor der Klasse stehen, kann dies leicht vergessen werden. Sehr sinnvoll ist es, die Mitschüler/innen darum zu bitten, dass sie die Erwachsenen notfalls immer wieder daran erinnern. Trotz der guten Absichten fällt es manchen Erwachsenen tatsächlich schwer, immer daran zu denken, beim Vorlesen das Buch so zu halten, dass der freie Blick des Kindes zum Gesicht des Sprechenden möglich ist.

Klare Gliederungen und Strukturierungen des Unterrichts sind – gerade bei Formen des offenen Unterrichts – für alle Kinder sinnvoll, für Kinder mit einer Hörschädigung aber besonders wichtig. Die Symbole für Stuhlkreis, Gruppenarbeit, Einzelarbeit oder Pause, für die verschiedenen Arbeitsschwerpunkte sollten genutzt werden, um dem Kind die Orientierung zu erleichtern.

Bei der Leistungskontrolle muss sich der Lehrer im Klaren darüber sein, ob das Kind die Aufgabenstellung akustisch richtig verstanden hat. Häufig ist es ohne Mehraufwand möglich, dem Kind eine Aufgabenstellung schriftlich zu geben, wenn für die anderen Kinder eine mündliche Arbeitsanweisung ausreicht. Manchmal ist es sinnvoll, dem hörgeschädigten Kind vor Beginn der Aufgabenstellung für die ganze Klasse zu sagen, dass es anschließend die Aufgabe einzeln erklärt bekommt. Das Kind braucht sich dann nicht unnötig zu konzentrieren, kann zwischendurch ein wenig »abschalten« und hat die Sicherheit, dass die Lehrerin/der Lehrer sich anschließend die notwendige Zeit für die Einzelerklärung nimmt. In anderen Situationen sollte dem Kind deutlich gemacht werden, dass es wie alle anderen Kinder besonders aufpassen muss, weil im Anschluss keine Gelegenheit ist, dass ihm etwas extra erklärt wird.

Wenn die Kinder sicher Lesen und Schreiben gelernt haben, ist es eine ganz große Hilfe für hörgeschädigte Kinder, wenn sie nicht nur möglichst oft von den Lehrerin einen Text erhalten, mit dem sie etwas nacharbeiten, sondern wenn sie sich gelegentlich auf ein Unterrichtsthema vorbereiten können. Bei der integrativen Betreuung eines hörgeschädigten Kindes in der Klasse muss immer wieder bedacht werden, dass man diesen Kindern ihre Behinderung nicht ansieht. Man kann leicht vergessen, dass sich diese Kinder mehr konzentrieren müssen, als alle anderen Kinder, dass sie mehr leisten als die meisten Mitschüler/innen, um zu denselben Ergebnissen zu kommen.

Viele dieser Kinder haben keine Lust, manchmal nicht den Mut, immer wieder auf ihre eigene Situation aufmerksam zu machen. Viele Jungen mit einer Hörschädigung reagieren dann mit Formen von Verhaltensauffälligkeiten und fordern auf diese Art die Aufmerksamkeit der Erwachsenen. Mädchen tendieren eher dazu, sich zurückzuziehen. Sie machen nicht im selben Maße wie die Jungen auf sich aufmerksam; manchmal erwarten sie, dass die anderen auf sie zukommen und tendieren dazu, nachträglich Vorwürfe zu machen und den Lehrer/innen damit ein schlechtes Gewissen zu bereiten.

Missverständnissen der Art, dass Unsicherheiten schwelen, ob das hörgeschädigte Kind über- oder unterfordert, zu viel oder zu wenig beachtet wird, kann man am besten begegnen, wenn die beiden in der Klasse unterrichtenden Erwachsenen sich hierzu regelmäßig aussprechen, wenn die Eltern über ihre Einschätzung gefragt werden und wenn gelegentlich ein außen stehender Berater hinzugezogen wird, der den Unterricht beobachtet. Günstig ist, wenn ein erfahrener Hörgeschädigten-Pädagoge die Situation dieses einen Kindes in jener Klasse mit der Situation anderer Kinder in anderen Klassen vergleichen kann. Gleichzeitig gilt auch: Die Lebenssituationen aller Kinder (mit einer Hörschädigung) sind unterschiedlich: Alle sind verschieden! Für die Bewertung der Leistungen des einzelnen Kindes sollte man kein Kind mit dem anderen vergleichen, sondern der Lernfortschritt des einzelnen Kindes erkennen und würdigen.

Niemals sollte versäumt werden, sich genügend Zeit für Gespräche mit der ganzen Klasse zu nehmen. Besondere Regelungen, die von den Erwachsenen für das Kind mit der Hörschädigung beschlossen wurden, müssen mit allen anderen Kindern der Klasse so besprochen werden, dass dies als gerechtfertigter Ausgleich der behinderungsbedingten Nachteile verstanden wird. Es schadet dem hörgeschädigten Kind, wenn die Mitschüler/innen den Eindruck haben, ein Kind würde ungerechtfertigt bevorzugt. Kinder haben ein sehr feines Gespür dafür, was gerecht und was ungerecht ist. Bevor die Erwachsenen den nicht behinderten Kindern moralische Vorhaltungen machen, dass sie sich dem behinderten Kind gegenüber nicht richtig verhalten hätten, sollten sie sehr offen und genau nachfragen, was nach Einschätzung der Kinder von den Erwachsenen nicht richtig entschieden wurde.

Bei der gemeinsamen Erziehung von behinderten und nicht behinderten Kindern, vor allem der Verständigung mit Kindern, die in ihren Kommunikationsmöglichkeiten erheblich eingeschränkt sind, können die Erwachsenen von den Kindern viel lernen.

7.7.2 Das Verhalten der Mitschüler/innen

Einige Verhaltensregeln sind nicht selbstverständlich von den anderen Kindern der Klasse zu erwarten. Die Lehrer/innen müssen Hinweise und Unterstützung geben. Sehr sinnvoll ist es, wenn den Mitschüler/innen vermittelt wird, was das hörgeschädigte Kind hört und was nicht, wie sich die Geräusche oder die Sprache im Klassenraum oder im Freien mit einem Hörgerät anhören. Technisch ist es möglich, eine Tonaufnahme zu erstellen, die diesen akustischen Eindruck ermöglicht. Die Mitschüler/innen sollten immer wieder darauf aufmerksam gemacht werden, dass sie mit darauf achten, zu dem hörgeschädigten Kind Blickkontakt zu halten. Beispiel: Wer etwas sagen möchte, achtet darauf, ob auch Anja zu dem anderen Kind hinsieht. Wenn nicht, dann fordert das Kind eine Nachbarin von Anja auf: »Stups sie doch mal an, damit sie mich auch hören kann!«

Bei Gruppenarbeiten zu Sachthemen ist es für alle Kinder günstig, wenn einfache Kinderlexika zur Verfügung stehen. Begriffe, die noch nicht zum Wortschatz des Kindes mit der Hörschädigung gehören, können von den Mitschüler/innen nachgelesen und dann mit eigenen Worten erklärt werden; oder das hörgeschädigte Kind kann selbst nachlesen.

Kinder denken oft genauso wenig wie Erwachsene daran, wie verletzend es sein kann, wenn jemand den Eindruck hat: »Die anderen lachen über mich!« oder: »Die anderen reden hinter meinem Rücken und nutzen es aus, dass ich nicht alles verstehe«. Ob dieser Eindruck berechtigt ist oder nicht: Sobald die Eltern, die Mitschüler/innen oder die Lehrer/innen Anzeichen dafür erkennen, dass sich das hörgeschädigte Kind wegen solcher Befürchtungen zurückzieht, sollte darüber mit der ganzen Gruppe offen gesprochen werden. Manchmal ist es sinnvoll, zuvor mit dem hörgeschädigten Kind alleine zu sprechen, um ihm mehr Sicherheit zu geben. Manchmal kann es aber auch sinnvoll sein, ein solches Gespräch ohne das Kind mit der Hörschädigung zu beginnen. Auf jeden Fall muss auch mit allen gemeinsam gesprochen werden.

Vielen Menschen fällt es schwer, Gespräche zu beginnen, in denen es um die sozialen Probleme der Kinder mit einer Hörschädigung geht. In einer offenen Atmosphäre, in der über die persönlichen Schwierigkeiten aller Kinder (und auch der Erwachsenen) ohne verletzende Absichten gesprochen werden kann, ist es auch für das Kind mit der offensichtlichen Behinderung leichter, sich über seine Probleme zu äußern. Die Erwachsenen sollten bedenken, dass die Kinder untereinander manche Probleme alleine besser lösen können, als wenn sich Erwachsene einmischen. Manchmal ist es aber auch notwendig, dem sprachlich weniger gewandten Kind eine Gelegenheit zu geben, in Ruhe die richtigen Worte finden zu können.

7.7.3 Zur besonderen Methodik und Didaktik beim Unterricht mit hörgeschädigten Kindern

Hörgeschädigte Kinder benötigen keine »besondere« Methodik und Didaktik. Wie alle anderen Kinder auch, können hörgeschädigte Kinder am besten lernen, wenn:

- der Unterricht handlungsorientiert gestaltet wird.
- unter den Kindern in kleinen Gruppen oder zu zweit viel sprachlich kommuniziert wird.

- wenn allen Kindern vieles klar und deutlich vorgesprochen wird, die Kinder zum Mitsprechen und Nachsprechen aufgefordert werden.
- Partnerspiele, Kreis- und Gruppenspiele so gestaltet sind, dass viel gesungen, getanzt, geklatscht wird.

Der Unterricht muss einerseits so viel an Binnendifferenzierung enthalten, dass jedes Kind auf seinem Lernniveau und mit seinem Lerntempo neue Lernziele erarbeiten kann und andererseits muss dieser Unterricht so viele Gemeinsamkeiten enthalten, dass die Kinder sich gegenseitig ermuntern und anregen, Vorbild, Herausforderer und Beschützer sein können.

Lernen in konkreten Handlungszusammenhängen ist für alle Kinder am Schulanfang wichtig. Für hörgeschädigte Kinder ist diese Form des Unterrichts von besonderem Vorteil. Am Beginn ihrer Schulzeit verfügen viele dieser Kinder über einen geringeren Wortschatz als die Mehrzahl der nicht behinderten Kinder. Besonders bei abstrakten Begriffen haben sie große Schwierigkeiten. Wenn das Kind noch wenig oder sehr undeutlich spricht, dann sollte nach Möglichkeit eine Hörgeschädigtenpädagogin/ein Hörgeschädigtenpädagoge mit der notwendigen Qualifikation zur Vermittlung der Lautsprache im Unterricht mit anwesend sein und immer dann, wenn es vom gesamten Unterrichtsablauf sinnvoll ist, in besonderen Übungen mit dem einzelnen Kind arbeiten. Dies sollte außerhalb des Klassenraumes jedoch nur dann geschehen, wenn es in der Klasse üblich ist, dass einzelne Kinder oder kleinere Gruppen mit oder ohne Erwachsene für eine gewisse Zeit den Klassenraum zum Lernen verlassen. Wenn das Kind das »Herausnehmen aus der Klasse« als Bestrafung erlebt, dann wird es nicht besonders motiviert sein, sich an zusätzlichen Übungen zu beteiligen. Was nutzen dem Kind die außerhalb des Klassenraumes erworbenen Wörter, wenn es danach in der Klasse nicht mitreden kann, weil es Ereignisse, die für die anderen Kinder in der Zwischenzeit wichtig waren, nicht miterlebt hat?

Folgendes ist bei Befragungen von Kindern eindeutig festgestellt worden: Die hörgeschädigten Kinder sind selbst davon überzeugt, dass ihnen dieser Stützunterricht außerhalb der Klasse nützlich sein könnte. Weil sie aber das Gefühl haben, in der Klasse etwas zu versäumen, mögen sie diesen Zusatzunterricht nicht und lernen dabei auch im Allgemeinen sehr wenig. Völlig anders ist das Empfinden dann, wenn der Einzel- oder Kleingruppenunterricht mit dem hörgeschädigten Kind nicht »etwas Besonderes für die Besonderen« ist, sondern wenn es normal ist: Alle sind verschieden und machen oft Verschiedenes im Unterricht.

Viele hörgeschädigte Kinder arbeiten zügiger, konzentrierter, schneller als die nicht behinderten Kinder. Sie lassen sich oft weniger ablenken. Viele Kinder schalten bewusst ihre Hörgeräte ab, um in Ruhe lesen oder arbeiten zu können. Es ist wichtig, dass man den Kindern die eventuell durch dieses Verhalten eingesparte Zeit zu ihrer Verfügung lässt. Sie müssen zwischendurch immer wieder die Gelegenheit erhalten, abzuschalten, denn während der Unterrichtsphasen, in denen sie zuhören, müssen sie sich auch mehr konzentrieren als die anderen Kinder.

7.7.4 Pausenzeichen – Feueralarm

Eine scheinbare Kleinigkeit, die für das hörgeschädigte Kind jedoch von großer Wichtigkeit sein kann, ist die Frage, ob in der Schule das Pausenzeichen so gestaltet werden kann, dass es auch für das hörgeschädigte Kind hörbar ist oder, dass zusätzlich zu einem Klingelton ein optisches Signal im Klassenraum und auf dem Schulhof eingebaut wird. Vor dem ersten Feueralarm in der Schule wird allen Kindern genau erklärt, was das zu bedeuten hat. Das hörgeschädigte Kind muss besonders gut Bescheid wissen. Innerhalb der Klasse sollte geklärt werden, dass die Mitschüler/innen zusätzlich aufmerksam sind, damit es nicht passiert, dass in einer hektischen Situation das hörgeschädigte Kind vergessen wird.

In der Praxis hat sich gezeigt, dass die von einer Hörschädigung betroffenen Kinder sehr gut aufpassen. Sie entwickeln ihre eigenen Erkennungssysteme für bestimmte Vorgänge um sie herum. Zumeist ist die Angst der Erwachsenen unbegründet, dass die Kinder mit einer Behinderung mehr gefährdet seien als die nicht behinderten Kinder, wenn eine insgesamt gefährliche Situation eintritt. Es ist jedoch auch verständlich, wenn Lehrer/innen bereits am Beginn eines gemeinsamen Weges sich sehr gründlich darüber Gedanken machen, wie sie sich verhalten müssen, damit sie auch gegenüber dem behinderten Kind die Fürsorge und Aufsicht am besten ausüben können.

7.8 Gehörlose Kinder und Gebärdensprache

Bisher musste bereits vor Beginn der Schulzeit für ein hochgradig hörgeschädigtes Kind entschieden werden, ob das Kind auf eine Schwerhörigenschule gehen solle und dort die Lautsprache erlernt, oder ob das Kind auf die Gehörlosenschule geht und die Gebärdensprache erlernt. Diese Entweder-oder-Alternative kann bei integrativer Erziehung sehr sinnvoll durch die Sowohl-als-auch-Alternative ersetzt werden. Im Allgemeinen haben derzeit auch gehörlose Kinder bereits in der Frühförderung in einem gewissen Maße sprechen und das Ablesen von den Lippen gelernt. Nur ein ganz verschwindend geringer Teil von Kindern lernt von gehörlosen Eltern die Gebärdensprache vor der Lautsprache.

Nach meinen bisherigen Erfahrungen bei der integrativen Förderung von gehörlosen Kindern in Regelschulen konnte ich feststellen, dass die Kinder selbst sehr gut für sich entscheiden können, mit welcher Kommunikation sie in welcher Situation am besten umgehen können. Gehörlose und hörende Kinder können bereits im Kindergarten gemeinsam sehr gut die Gebärdensprache erlernen. Wenn sie zu Beginn der Schulzeit noch nicht die Gebärdensprache erlernt haben, dann sollten sie sich zunächst – wie alle anderen Kinder auch – auf das Erlernen der Schriftsprache konzentrieren können. In diesen Fällen wird die Gebärdensprache erst dann angeboten, wenn die Kinder die Schriftsprache sicher erlernt haben.

Allgemeine Regeln kann man zu dieser Frage nicht geben. Wann ist der richtige Zeitpunkt zur Einführung der Gebärdensprache? Auch in Bezug auf diese Frage ist jedes Kind anders. Andererseits stehen leider nicht an jedem Ort und zu jeder Zeit kompetente Personen zur Verfügung, die den Kindern und den Lehrer/innen die Gebärdensprache vermitteln oder als Gebärdendolmetscher das Kind begleiten können.

Für hochgradig hörgeschädigte Kinder sollte das Ziel aller pädagogischen Bemühungen sein, dass sie am Ende ihrer Schulzeit frei entscheiden können, in welchen Situationen sie mit Gebärden und in welchen Situationen sie in der Lautsprache kommunizieren.

Ein Beispiel

Xenja (heute sieben Jahre alt) ist von Geburt an gehörlos und hat als Muttersprache die Deutsche Gebärdensprache (DGS) erlernt. Schon mit drei Jahren kannte sie alle Buchstaben; vor der Einschulung konnte sie sicher im Zahlenraum bis 20 rechnen.

Sie hat den regulären Kindergarten an ihrem Wohnort (in NRW) besucht und dort viele Spielkameraden gefunden, egal ob diese gebärden konnten oder nicht. Im Gehörlosenkindergarten, den sie auch bei einigen »Schnupperstunden« besuchte, spielte sie fast nur mit dem gehörlosen Erzieher – wegen seiner Gebärdensprachkompetenz. Mit den Kindern spielte sie wenig. Xenja hat entschieden, dass sie den regulären Kindergarten besuchen möchte. Sie hat ihrer Mutter gesagt: »Dort kann ich besser mit Kindern spielen.«

Vor der Zeit des Kindergartens ging sie regelmäßig zum Frühförderzentrum für Hörgeschädigte. Dort gab es verschiedene Angebote: Einzelförderung, Treffpunkt für die Eltern der hörgeschädigten Kinder, Spieltreff für hörgeschädigte Kinder mit Eltern. Dort waren alle Eltern hörend, nur die Eltern von Xenja waren gehörlos. Xenja merkte schnell, dass die Kinder dort anders sind. Ihr fiel auf, dass viele Kinder keine Brettspiele spielen konnten, weil sie die Spielregel nicht kannten. Xenja spielte schon mit vier Jahren »Mensch ärgere Dich nicht!«

Für ihre Eltern und Xenja war klar: Sie wird gemeinsam mit hörenden Kindern in die Schule gehen und nicht in eine Gehörlosenschule. Sie soll aber auch mithilfe kompetenter Gehörlosensprachdolmetscher unterrichtet werden. Es begann ein erbitterter Kampf mit dem Sozialamt um die Bewilligung und die Höhe der Bezahlung des DGS-Dolmetschers, der letztlich nur durch ein Gerichtsverfahren vor dem Sozialgericht geklärt werden konnte.

Am Ende des ersten Schuljahres berichtet die Mutter: »Xenja ist in der Regelschule sehr gut integriert. Sie hat viele Freundinnen und Freunde gewonnen. Eine Mitschülerin kann sehr gut gebärden. Da sie ganz in der Nähe wohnt, treffen sich diese beiden Mädchen nach der Schule oft. Xenja trifft in regelmäßigen Abständen gehörlose Kinder in einem anderen Ort, um sich mit dieser Gruppe zu identifizieren. Auch das ist wichtig. Xenja besucht seit 2006 eine Sprachtherapie und kann gut artikulieren. Unsere Tochter wird ihr Leben lang gehörlos sein. Sie soll den Schulfachstoff lernen, wie andere hörende Kinder.«

Die ganze Familie besucht gerne Tagungen des Bundeselternverbandes gehörloser Kinder (siehe: www.gehoerlosekinder.de/Ebene02/tagungen_set.html). Dort treffen sie viele gehörlose Kinder mit Gebärdensprachkompetenz und auch viele Eltern, egal ob hörend oder gehörlos, mit DGS-Kompetenz. Xenja gefällt es dort sehr gut. Dort erlebt sie andere Kinder mit gehörlosen Eltern und viele hörende Eltern mit Gebärdensprachkompetenz. Alle diese Eltern kämpfen heute um die Reformierung der Hörgeschädigtenschule. Bisher ist Xenja die einzige Schülerin in Deutschland, die täglich mithilfe eines Dolmetschers unterrichtet wird. Ihr Beispiel wird mit Sicherheit anderen Eltern Mut machen, diesen Weg auch zu gehen.

Durch integrative Erziehung wird es im Laufe der Zeit mehr hörende Menschen geben, die bereits während ihrer Schulzeit die Gebärdensprache erlernt haben. Für die Nichtaussonderung von Kindern mit Hörschädigungen ist nicht deren Hörkurve entscheidend. Viel wesentlicher ist, das Kind in seiner Individualität zu akzeptieren. Wenn die Lehrer/innen sowie die Mitschüler/innen mit offenem Gesicht durch Mimik und die Art ihrer Sprache dem hörgeschädigten Kind immer wieder deutlich machen: »Ich will dich verstehen! Und ich will, dass du mich verstehst!«, dann können diejenigen, die das Kind gut kennen, vielleicht nach einem halben Jahr über »ihr« Kind mit einer Hörschädigung etwas Ähnliches sagen wie die Klassenlehrerin von Jana: »Jana ist eigentlich ein ganz normales Kind. – Sie kann nur nicht hören!«

8. Kinder mit Sehschädigung im gemeinsamen Unterricht

Im Folgenden soll davon ausgegangen werden, dass die Entscheidung bereits gefallen ist: Ein Kind mit einer Sehschädigung soll im kommenden Schuljahr gemeinsam mit den anderen Schulanfängern oder nach der Grundschulzeit in der weiterführenden Sekundarschule an seinem Wohnort lernen dürfen. Dies war der Wunsch der Eltern. In einer oder mehreren Vorbereitungssitzungen sind die allgemeinen Voraussetzungen für die Einrichtung einer Integrationsklasse hoffentlich so geregelt worden, dass alle Beteiligten mit den Rahmenbedingungen zufrieden sein können.

Viele grundsätzliche Überlegungen sind für sehgeschädigte und für hörgeschädigte Kinder sehr ähnlich. Sie sollen hier nicht wiederholt werden. Es wird empfohlen, sich auch das Kapitel über die Integration von hörgeschädigten Kindern durchzulesen. An dieser Stelle verweise ich nur kurz auf die große Bedeutsamkeit der Erfahrungen, die das sehgeschädigte Kind bisher mit nicht behinderten Kindern gemacht hat, auf die Wichtigkeit geschlechtsspezifischer besonderer Interessen und der Bedeutung von Therapien für die Normalentwicklung des behinderten Kindes.

Vorläufig wird hier nicht unterschieden, ob es sich um ein Kind mit einer mittleren oder einer hochgradigen Sehschädigung handelt. Es wird lediglich von der Tatsache ausgegangen, dass die Sehschädigung mit einer Brille nicht ausgeglichen werden kann. Normale Schrift in den Unterrichtsmaterialien oder an der Tafel kann das Kind nicht ohne optische Verzerrungen klar erkennen.

Es ist wichtig, sich als Lehrer auch genau über die medizinischen Ursachen, den Zeitpunkt und die Auswirkungen der Sehschädigung zu informieren. Am Beginn eines pädagogischen Prozesses ist es jedoch für die Lehrerin/den Lehrer viel wichtiger, genau zu klären, was das Kind kann.

Für die pädagogische Planung des Unterrichts mit einem behinderten Kind gilt: Nach den Fähigkeiten des Kindes fragen und seine besonderen Interessen finden!

Ein Großteil der Fragen ist höchstwahrscheinlich bereits im Zusammenhang mit der Förderausschusssitzung geklärt worden. Für Kinder mit einer Sehschädigung gilt: Bei der Vorbereitung der Integrationsklasse sollten diese Fragen an die Eltern, an die Erzieher/innen der Kindergartengruppe oder an die Lehrer/innen, die das Kind zuvor unterrichtet haben, mit der Zielsetzung gestellt werden: *Wie muss der Unterricht gestaltet werden, damit er den besonderen Bedürfnissen des Kindes mit einer Sehschädigung gerecht wird? Wie werden sich die Lehrerin/der Lehrer verhalten müssen, um auch dem sehgeschädigten Kind gerecht zu werden?*

Für die Gestaltung des Unterrichts gilt allgemein: Wer schlecht sieht, muss mehr hören! Was kann das Kind, und was kann es noch nicht? Welches sind die speziellen

Ziele, die das Kind in der nächsten Zeit erreichen kann? Die Fragen sollten nicht so formuliert werden, dass sie knapp mit JA oder NEIN, mit ENTWEDER/ODER beantwortet werden können. Man muss sich die Zeit nehmen, um die Details, die Entwicklungen des Kindes zu erfahren und um als Lehrer/in ein Gespür dafür zu bekommen, wie es den Eltern bisher mit der speziellen Förderung ihres Kindes ergangen ist. Welche Erfahrungen haben sie im Umgang mit Spezialist/innen bisher gemacht?

Für Mütter und Väter stellt der Schulanfang immer einen gewaltigen Einschnitt in ihrem Zusammenleben mit dem Kind dar. Sie vertrauen ihr Kind den Lehrer/innen an und bangen darum, ob es dem Kind dort in der Schule gut geht. Bei einem sehgeschädigten Kind sind die Unsicherheiten und Ängste der Eltern verständlicherweise noch größer als bei den nicht behinderten Kindern. Wie wichtig ist es dann, eine Atmosphäre zwischen Eltern und Lehrer/innen zu schaffen, die den Müttern und Vätern die Sicherheit vermittelt, dass sie offen über alle bisherigen Entwicklungen sprechen können, dass sie nichts verheimlichen müssen, dass keine Aussage über Probleme irgendwann gegen das Kind ausgelegt werden könnte. Die Eltern sind oft in Selbsthilfegruppen organisiert. Sie kennen die spezielle Fachliteratur, sie wissen, wen man noch fragen könnte. Manchmal kann es auch sehr nützlich sein, das Kind zu einer Hilfsmittelanpassung zu begleiten und sich dabei mit dem Optiker zu unterhalten. Auch viele Ärzte sind bereit, den Lehrer/innen Auskunft über die bisherigen Entwicklungen und über die Beachtung der Stärken und der Schwächen des Kindes zu geben.

Sehr sinnvoll ist es, wenn Lehrer/innen, die ein sehgeschädigtes Kind in ihrer Klasse integriert haben, die Gelegenheit erhalten, in einer Sonderschule für Sehgeschädigte zu hospitieren. Dabei muss man sich jedoch auch bewusst machen, dass es eine völlig andere pädagogische Aufgabe ist, eine Gruppe von sehgeschädigten Kindern zu unterrichten im Vergleich zur Arbeit mit einem oder höchstens zwei sehgeschädigten Kindern in einer Klasse mit normal sehenden Kindern. Ein Ausflug außerhalb des vertrauten Schulgebäudes wird für die einzelne Sonderschullehrerin und ihre sechs sehgeschädigten oder blinden Kinder zu einem großen Problem. Das blinde Kind in der Regelschule hat zwanzig andere Kinder, die es an die Hand nehmen und ihm auf dem Weg vieles erklären können.

Die Unterstützung durch Beratungslehrer/innen ist bei der Integration von hochgradig sehbehinderten und blinden Kindern besonders wichtig. Sie können, insbesondere am Beginn des gemeinsamen Lernprozesses, den Regelschullehrern viele Ängste nehmen. Weil sie mehrere sehgeschädigte Kinder kennen und deren Entwicklung über einen längeren Zeitraum vergleichen, können sie über das angemessene Anspruchsniveau und die für das Kind erreichbaren Ziele den Regelschullehrer/innen Entscheidungshilfen geben.

Regelmäßige Beratungen von unterstützend tätigen Fachleuten helfen dem Kind und seinen Eltern in der schwierigsten Situation, nämlich der, dass ein Kind zu Beginn der Schulzeit noch sehen kann, jedoch im Laufe der Schulzeit erblindet. Auch in dieser Entwicklung sollte das Kind in der inneren Sicherheit leben können, dass es nicht ausgesondert wird.

Ein Beispiel

Die hochgradig sehgeschädigte Monique, welche in einer Integrationsklasse im ersten und zweiten Schuljahr mit ihren Mitschüler/innen die »Schwarzschrift« lesen und schreiben gelernt hat, begann in der dritten Klasse, gemeinsam mit ihren Lehrer/innen und den Mitschüler/innen die Blindenschrift zu lernen. Es gab ihr viel innere Sicherheit und allen gemeinsam viel Freude, anhand von Bilderbüchern mit Blindenschrift zeigen zu können, dass sie in diesem Gebiet am schnellsten lernte.

8.1 Orientierungshilfen für Kinder mit einer Sehschädigung in der Schule

Wie orientiert sich das Kind in der ihm vertrauten Umgebung? Bewegt sich das Kind frei im Raum? Benötigt es zusätzliche Orientierungshilfen? Wäre es sinnvoll, im Klassenzimmer und im Schulgebäude zusätzliche Markierungen oder auch Handläufe anzubringen? Manchmal sind es Kleinigkeiten, mit denen dem hochgradig sehbehinderten, dem blinden Kind aber auch allen anderen Kindern die Orientierung im Schulgebäude erleichtert werden kann, z. B.:

- großflächige und farblich klare Bilder oder Zeichen, die die für das Kind wichtigen Türen im Gebäude oder die Fächer mit Unterrichtsmaterialien im Klassenzimmer kennzeichnen. (In vielen Schulgebäuden sind die Schilder mit den Namen der Klassenlehrer/innen an den Türen so hoch und in einer derartig kleinen Schrift angebracht, dass auch normal sehende Kinder große Schwierigkeiten haben, diese zu erkennen.)
- farbige »Leitlinien« am Fußboden oder an den Wänden von der Eingangstür des Schulgebäudes zum Klassenzimmer des sehgeschädigten Kindes
- Manchmal ist es für das sehgeschädigte Kind wichtig, ein inneres Bild von der architektonischen Gestalt des Schulgebäudes zu erhalten. Im Werkunterricht höherer Klassenstufen kann eventuell ein Modell des Schulgebäudes zum Abtasten gebaut oder eine Reliefkarte angefertigt werden.
- In manchen Schulgebäuden können die nach zwei Seiten aufschwingenden Glastüren für sehgeschädigte Kinder recht gefährlich werden; zumindest verunsichert es die Kinder, wenn sie schlecht einschätzen können, an welchen Stellen eventuell eine solche Tür gegen ihren Kopf schlagen könnte. Etwas mehr Sicherheit kann ein sehr einfaches Mittel bieten: Im Abstand von etwa zwei Metern zu der Gefahrenstelle wird ein leuchtend farbiges, breites Band auf den Fußboden geklebt oder eine raue Folie, die das Kind unter den Füßen spürt.

Je sicherer das Kind sich in der Schule orientieren kann, umso selbstständiger und selbstsicherer wird es dort auch werden. Zugleich ist es für das gesamte Schulklima und das Verhalten der anderen Kinder und der Lehrer/innen in der Schule wichtig, wenn es für alle sichtbare Zeichen gibt: In unserer Schule ist ein blindes oder ein hochgradig sehbehindertes Kind! Dies sollte nicht allein daran erkannt werden, dass ein einzelnes Kind sich an den Wänden oder dem Treppengeländer entlangtastet.

8.2 Musik und Spiel für sehgeschädigte Kinder

Sehgeschädigte Kinder haben sehr oft ein großes Interesse an Musik. Da die Eltern wissen, dass musikalische Betätigungen für ihre Kinder einen guten Ausgleich in der Freizeit bieten, eventuell sogar zu einer beruflichen Perspektive führen können, werden die Kinder häufig bereits in der Vorschulzeit im Bereich der musikalischen Frühförderung besonders beachtet. In der Schule sollten diese Fähigkeiten oft in die Klasse eingebracht werden. Bei Spielen, in denen es auf ein aufmerksames Zuhören, gutes Gedächtnis, genaues Nachfragen, auf Fühlen oder Riechen ankommt, sind die sehgeschädigten Kinder gelegentlich im Vorteil. Manchmal kann es notwendig sein, das sehgeschädigte Kind ein wenig zu bremsen, damit den anderen Kindern die Freude am gemeinsamen Spiel erhalten bleibt.

8.3 Sport und Bewegung

Für sehgeschädigte Kinder ist es wichtig, dass sie genügend Bewegung haben. Manche Kinder lassen sich morgens von ihrer Mutter an den Sitzplatz im Klassenzimmer führen und würden sich am liebsten von dort nicht wegbewegen.

Ein spezielles Mobilitätstraining sollte man den hierfür ausgebildeten Fachleuten überlassen. Die Schule hat jedoch einen wesentlichen Anteil an der Vorbereitung auf ein solches Mobilitätstraining: Die Motivation dafür, sich möglichst frei und unabhängig bewegen zu können – trotz einer Sehschädigung – kann in der Schule entscheidend beeinflusst werden.

Bereits bei der Gestaltung des Klassenraumes kann überlegt werden, welche Wege das Kind alleine zurücklegen kann, um sich die notwendigen Arbeitsmaterialien selbstständig aus dem Schrank an seinen Arbeitsplatz zu holen. Die Wege zwischen dem Klassenraum und dem Schulhof werden zu Beginn gemeinsam mit allen anderen Kindern zurückgelegt. Vielleicht möchte das Kind aber nicht immer angefasst werden? Es möchte auch einmal alleine zum Schulleiter oder dem Hausmeister gehen können.

Während des Sportunterrichts können nahezu alle Laufspiele an der Hand von einem oder zwei Mitschüler/innen auch von blinden Kindern mitgespielt werden. Das Kind sollte ermutigt werden, sich selbst auszuwählen, *wie* es sich den notwendigen Halt und die Orientierung sichert. Beim einen Mitschüler packt es gerne in den Nacken (und der hat auch nichts dagegen), bei einer Mitschülerin hält es sich gerne am Ellbogen fest. Manchmal ist es sinnvoll, sich nicht an den Händen zu halten, sondern ein Tuch, ein kurzes Seil oder einen Reifen als Sicherheit zu benutzen. Für Ballspiele sollte mindestens ein Ball zur Verfügung stehen, der eine Glocke im Inneren hat.

Manche sehgeschädigten Kinder können – mit einer Unterstützung – an allen Sportarten teilnehmen; andere müssen sehr vorsichtig sein, um die Wahrscheinlichkeit weiterer Verschlechterungen des Sehvermögens (z. B. durch Netzhautablösungen) möglichst gering zu halten. Regelmäßige Gespräche mit dem behandelnden Facharzt sind in solchen Fällen absolut notwendig.

8.4 Welche Unterstützung erhält das Kind außerhalb der Schule?

Welchen Anteil der notwendigen Übungen kann die Familie übernehmen, wenn im Verlauf des schulischen Lernprozesses das Kind beim Erlernen der Schwarzschrift oder der Punktschrift sowie beim Rechnen oder bei der inhaltlichen Erarbeitung Hilfen am Nachmittag braucht? Ist es sinnvoller oder wegen der Berufstätigkeit der Mutter auch notwendig, zusätzliche unterstützende Maßnahmen für den Nachmittag zu finden, z. B. über die Bewilligung von Einzelfallhilfe?

Gibt es am Wohnort des sehgeschädigten Kindes ein zweites, ähnlich behindertes Kind? Kann die Beschaffung von Lehr- und Lernmaterialien abgesprochen werden? Gruppenbildungen für das schulische Lernen sollten sehr gut überlegt und nur dann angestrebt werden, wenn zu erwarten ist, dass diese beiden Kinder sich auch in ihrer je individuellen Persönlichkeitsstruktur gut ergänzen. Ist dies nicht zu erwarten, dann sollten freiwillige Nachmittagskontakte oder gemeinsame, themenorientierte Nachmittags- oder Ferienaktivitäten angestrebt werden.

Im Judokurs oder beim Volkstanz, beim Segeln oder in einer Schlagzeuggruppe treffen sich dann einige Kinder, die ein gemeinsames Interesse haben und die zugleich auch von gleichartiger Behinderung betroffen sind. Dies ist dann jedoch keine Zwangsgemeinschaft. Bei der Neugründung und organisatorischen Umsetzung solcher Freizeitgruppen kann die Schule, insbesondere der Beratungslehrer für sehgeschädigte Kinder, die notwendige Unterstützung bieten.

8.5 Die Gestaltung des Klassenraumes

Für ein blindes Kind müssen Tische und Stühle sowie die Regale so stehen, dass es sich an den Gegenständen entlangtasten kann. Am Beginn der Schulzeit ist es sinnvoll, dem Kind die Struktur des Raumes zu erklären, wenn keine oder nur wenige andere Kinder dabei sind, damit es die Gelegenheit hat, sich ein inneres Bild von diesem Raum zu verschaffen. Für einige Zeit sollte danach möglichst wenig im Raum umgestellt werden und wenn, dann nur nachdem sichergestellt ist, dass auch dem blinden Kind die neue Ordnung klar ist. Im Raum muss gut darauf geachtet werden, dass nichts so abgestellt wird, dass das Kind darüberstolpern kann, z. B. über Mappen, Kisten oder über den Wassereimer für das Reinigen der Tafel.

Die Regale für Arbeitsmaterialien sollten sowohl in Punktschrift als auch in tastbarer, großflächiger Schreibschrift gekennzeichnet werden, damit das sehgeschädigte

Kind sich möglichst bald genauso selbstverständlich wie alle anderen Kinder der Klasse auch die notwendige Schere, Kleber, Buntstifte oder Bücher holen und sie wieder wegräumen kann. Diese besondere Ausstattung muss nicht bereits am Beginn des Schuljahres vollständig sein. Es kann sogar für alle Kinder erheblich günstiger sein, wenn sie sich gemeinsam mit den Lehrer/innen ihre eigene Ordnung im Laufe der Zeit selbst schaffen. Die Schilder mit den Bildsymbolen, mit den abtastbaren Buchstaben und der Punktschrift können auch sehr sinnvoll im Projektunterricht von älteren Schulkindern erstellt werden oder an einem Elternabend gemeinsam mit den Müttern und Vätern. Bei dieser Gelegenheit kann an praktischen Beispielen sehr gut erläutert werden, wie der gemeinsame Unterricht mit den so verschiedenen Kindern gestaltet wird.

Für den Unterricht mit einem sehgeschädigten Kind ist es fast genauso wichtig wie für ein hörgeschädigtes Kind, dass der Raum eine gute Akustik hat, d. h. wenig Hall- und Echowirkungen. Für das Kind, das schlecht oder gar nicht sehen kann, ist es notwendig, sich an den Stimmen und den Geräuschen im Raum zu orientieren.

8.6 Die anderen und das sehgeschädigte Kind

8.6.1 Das Verhalten der Lehrer/innen

Lehrer/innen, die das Unterrichten in differenzierten, offenen Formen mit viel Gruppenarbeit gewohnt sind, rufen ihre Schüler/innen selten mit Namen auf. Da wird eher dem einen im Vorbeigehen auf die Schulter getippt, der anderen ermunternd zugenickt. Die Kinder verständigen sich untereinander durch Mimik und Gestik darüber, wer noch warten soll und wer jetzt an der Reihe ist. Für das sehgeschädigte oder das blinde Kind sind derartige Rituale ungünstig. Besser ist es, wenn sich die Lehrer/innen angewöhnen, die Schüler/innen mit Namen aufzurufen und darauf zu achten, dass sich das sehgeschädigte Kind zu dem jeweils sprechenden Mitschüler hin orientiert. Wer sich innerlich darauf einstellen kann, aus welcher Ecke des Raumes anschließend gesprochen wird und wessen Stimme zu erwarten ist, hat weniger Mühe, sich auf den Inhalt zu konzentrieren.

Klare Gliederungen und Strukturierungen des Unterrichts sind – gerade bei Formen des offenen Unterrichts – für alle Kinder sinnvoll, für Kinder mit einer Sehschädigung aber besonders notwendig. Die Symbole für Stuhlkreis, Gruppenarbeit, Einzelarbeit oder Pause, für die verschiedenen Arbeitsschwerpunkte werden in der Regel als für alle sichtbare Zeichen an einer bestimmten Stelle des Klassenraumes aufgehängt. Für das sehgeschädigte Kind kann es sehr sinnvoll sein, wenn es seine eigenen, speziellen Zeichen in einer günstigen Form im Klassenraum findet, möglichst auf dem eigenen Tisch.

Bei allen Formen der Leistungskontrolle muss sich der Lehrer im Klaren darüber sein, ob die Form der Aufgabenstellung, wie sie für die ganze Klasse gewählt wurde, für das sehgeschädigte Kind ausreicht. Manchmal ist es sinnvoll, dem Kind vor Beginn der Aufgabenstellung für die ganze Klasse zu sagen, dass es anschließend die Aufgabe einzeln genau erklärt bekommt. Das Kind braucht sich dann nicht unnötig zu konzentrieren, kann auch mal zwischendurch ein wenig »abschalten« und hat die Sicherheit, dass die Lehrerin/der Lehrer sich anschließend die notwendige Zeit für die Einzelerklärung nimmt. In anderen Situationen sollte dem Kind aber auch deutlich gemacht werden, dass es wie alle anderen Kinder besonders aufpassen muss, weil im Anschluss keine Gelegenheit ist, ihm etwas extra zu erklären.

Günstig ist es, wenn gelegentlich ein Berater hinzugezogen wird, der den Unterricht beobachtet und als Sehgeschädigten-Pädagoge die Situation dieses einen Kindes in jener Klasse mit der Situation anderer Kinder in anderen Klassen vergleichen kann. Genauso wie bei der Integration von hörgeschädigten oder körperbehinderten Kindern sollte niemals versäumt werden, sich genügend Zeit für Gespräche mit der ganzen Klasse zu nehmen. Besondere Regelungen, die von den Erwachsenen für das Kind mit der Behinderung beschlossen wurden, müssen mit allen anderen Kindern der Klasse so besprochen werden, dass die Kinder dies als einen gerechtfertigten Ausgleich der behinderungsbedingten Nachteile verstehen. Oft haben die Mitschüler/innen die besten Ideen, wie ein neu auftauchendes Problem gelöst werden könnte. Kinder und Jugendliche haben ein sehr feines Gespür dafür, was gerecht und was ungerecht ist. Bevor die Erwachsenen den nicht behinderten Mitschüler/innen moralische Vorhaltungen machen, dass sie sich dem behinderten Kind gegenüber nicht richtig verhalten hätten, sollten die Lehrer/innen sehr offen und genau nachfragen, was nach Einschätzung der Kinder nicht richtig gemacht wurde.

Ein Beispiel

In einer Klasse, in der der blinde Florian integriert war, gab es eines Tages große Aufregung, weil sein Blindenstock offensichtlich von Mitschüler/innen versteckt worden war. Die Lehrer/innen fragten nach: »Warum macht ihr das?« Im Allgemeinen war Florian in der Klasse anerkannt. Einer der Mitschüler erklärte in aller Ruhe: »Florian ist oft so frech zu uns. Der sagt immer Ausdrücke. Und verprügeln dürfen wir ihn nicht, das wäre auch feige. Wir haben seinen Stock versteckt, damit er auch mal sieht, wie das ist, wenn man sich nicht wehren kann!«

Im Zusammenhang mit diesem Konflikt war den Lehrer/innen bewusst geworden, dass Florian tatsächlich seine große sprachliche Ausdrucksfähigkeit nicht nur im Unterricht zu seinem Vorteil einsetzen konnte, sondern: Er verhielt sich seinen Mitschüler/innen gegenüber häufig unsolidarisch. Sie meinten: »Der hält mehr zu den Lehrer/innen als zu uns, den Kindern.« Wenn er nicht behindert gewesen wäre, hätte es wohl bereits eine Prügelei gegeben. Das Verstecken des Blindenstockes sollte ihm eine Warnung sein. Für die Erwachsenen war es der Anlass, mit Florian darüber zu sprechen und ihm zu helfen, den Anschluss an seine Mitschüler/innen zu finden und sich in den Pausen nicht überwiegend an den Lehrer/innen zu orientieren.

8.6.2 Das Verhalten der Mitschüler/innen

Einige Verhaltensregeln sind nicht selbstverständlich von den anderen Kindern der Klasse zu erwarten. Die Lehrer/innen müssen Hinweise und Unterstützung geben.

Sehr sinnvoll ist es, wenn den Mitschüler/innen ein sinnlicher Eindruck vermittelt wird, was und wie das sehgeschädigte Kind sieht und was es bedeutet, nichts zu sehen. Wie werden die Geräusche oder die Sprache im Klassenraum oder im Freien wahrgenommen, wenn man nicht sehen kann, wer da spricht und wenn man nicht weiß, wodurch ein bestimmtes Geräusch erzeugt wird? In einer Spielsituation kann allen Kindern die Aufgabe gestellt werden, mit verbundenen Augen mit Messer und Gabel zu essen oder den Weg vom Klassenzimmer auf den Schulhof zu finden. Bestimmte Formen von Sehschädigungen können eventuell mit einer Brille nachgestellt werden. Fotos geben Kindern nur einen schlechten Eindruck davon, was es bedeutet, alles wie durch eine Nebelwand oder wie durch eine ständig blendende Milchglasscheibe zu sehen oder sich ein Bild von der Umwelt wie aus kleinen Puzzleteilen immer wieder gedanklich zusammensetzen zu müssen.

Die Mitschüler/innen sollten immer wieder darauf aufmerksam gemacht werden, dass sie mit darauf achten, zu dem sehgeschädigten Kind Blickkontakt zu halten. Die Richtung, in der gesprochen wird, ist für das sehgeschädigte Kind wichtig zur eigenen Orientierung. Wer etwas sagen möchte, achtet darauf, ob auch Monique zu dem anderen Kind hinsieht. Wenn nicht, dann fordert das Kind eine Nachbarin auf: »Stups doch mal Monique an, damit sie mich besser verstehen kann!«

Manchmal ist es notwendig, dem sehgeschädigten Kind selbst sehr geduldig zu erklären, dass es für die Mitschüler/innen leichter ist, wenn es sich am Gespräch in der Klasse oder in der Tischgruppe so beteiligt, dass aus der Kopfhaltung für die anderen zu erkennen ist, ob es gerade zuhört oder nicht. Im Kontakt mit integrativ geförderten blinden Kindern fiel mir auf, dass ich bei ihnen meist den Eindruck hatte, sie sehen mich an. Bei blinden Kindern, die ich als Schüler/innen von Sonderschulen kennengelernt habe, fiel mir im Vergleich dazu auf, dass sie es sich angewöhnt hatten, einem Gesprächspartner zuzuhören, indem sie scheinbar vor sich hin schauten, dem Gesprächspartner ihr Gesicht nicht zuwandten. Eine solche Körperhaltung erschwert aber auf Dauer das gemeinsame Gespräch.

Bei Gruppenarbeiten zu Sachthemen ist es für alle Kinder günstig, wenn einfache Kinderlexika zur Verfügung stehen. Begriffe, die noch nicht zum sicheren Wortschatz des Kindes mit der Sehschädigung gehören, oder von denen das Kind keine bildliche Vorstellung hat, können von den Mitschüler/innen nachgelesen und dann mit eigenen Worten erklärt werden.

8.7 Zur besonderen Methodik und Didaktik beim Unterricht mit sehgeschädigten Kindern

Entscheidend für den Unterricht mit sehbehinderten und blinden Kindern ist die Auswahl der Medien. Bevor die Erstlesefibel oder Texte vergrößert oder in Punktschrift übertragen werden, sollte gemeinsam mit der Sonderpädagogin/dem Sonderpädagogen beraten werden, welche Medien zur Verfügung stehen, eventuell von der Sonderschule ausgeliehen werden können bzw. wofür eine spezielle Anpassung notwendig ist. Sehr günstig ist es, wenn in dem jeweiligen Bundesland ein Förderzentrum die Integration/Inklusion von sehgeschädigten Schüler/innen durch Kursangebote für die Lehrer/innen, durch Beratungen und das Bereitstellen spezieller Medien unterstützt, wie z. B. das überregionale Förderzentrum für Sehgeschädigte in Schleswig (www.sfs-schleswig.de). Mit den modernen Computern ist es inzwischen auch nicht allzu schwierig, Texte einzuscannen und in Punktschrift auszudrucken. Nach Möglichkeit sollte das sehgeschädigte Kind an denselben Inhalten und mit den strukturell gleichen Materialien arbeiten können wie seine Mitschüler/innen. Nur dann ist sichergestellt, dass es ausreichend gemeinsame Gesprächsinhalte gibt.

Wie alle anderen Kinder auch, können sehgeschädigte Kinder am besten lernen, wenn der Unterricht handlungsorientiert gestaltet wird, wenn unter den Kindern in kleinen Gruppen oder zu zweit viel sprachlich kommuniziert wird, wenn Partnerspiele, Kreis- und Gruppenspiele so gestaltet sind, dass viel gesungen, getanzt, geklatscht wird. Der Unterricht muss einerseits so differenziert sein, dass jedes Kind auf seinem Lernniveau und mit seinem Lerntempo neue Lernziele erarbeiten kann und andererseits muss dieser Unterricht so viele Gemeinsamkeiten enthalten, dass die Kinder sich gegenseitig ermuntern und anregen, Vorbild, Herausforderer und Beschützer sein können. Lernen in konkreten Handlungszusammenhängen ist für alle Kinder wichtig. Für die Klasse mit dem sehgeschädigten Kind kann ein solcher Unterricht für alle Kinder in besonderem Maße eine Bereicherung werden, z. B.

- wenn das Kaninchen im Stuhlkreis vorsichtig von einem Schoß zum anderen gesetzt wird und von jedem Kind gestreichelt werden darf. Wenn dann die sehenden Kinder genau beschreiben, wie die Augen des Kaninchens aussehen und das sehgeschädigte Kind schildert, wie es das Herzklopfen des Tieres spürt.
- wenn bei einem Waldspaziergang alle die Rinde der Bäume ertasten und sich bewusst machen, wie unterschiedlich sie den Waldboden im Vergleich zum Straßenpflaster unter ihren Füßen wahrnehmen und wenn dann die sehenden Kinder genau die verschiedenen Farben der Blätter an den Bäumen beschreiben und das blinde Kind schildert, wie es den Wind an seinem Körper spürt.
- wenn bei einem Besuch auf dem Bauernhof die sehenden Kinder nachfragen und dann ihrer blinden Mitschülerin erklären, wie die Melkmaschine funktioniert. Das blinde Mädchen beschreibt die verschiedenen Gerüche und möchte genau wissen, von welchen Tieren sie kommen.

Wie für alle anderen Kinder auch, ist das Lernen in Projektform für sehbehinderte Kinder sehr günstig, wenn genügend Zeit ist, dass die besonderen Fähigkeiten und Interessen erkannt werden.

Ein Beispiel

Moniques Klasse verbrachte einen ganzen Tag mit dem Förster in der »Waldschule«. Dort erlebten die Kinder einen Tag, an dem außer dem Sehen alle Sinne angesprochen wurden. Das Klettern mit verbundenen Augen, an einem gespannten Seil entlang, durch Löcher, über Baumstämme und einen Berg hinauf, bedeutete für alle Kinder eine Mutprobe. Nur Monique konnte sagen: »So dunkel habe ich es immer, mehr sehe ich sonst auch nicht.« Nachdem alle die Dunkelheit hinter sich gebracht hatten, wollten sie mit Monique über ihre Gefühle sprechen, die sie mit verbundenen Augen erlebt hatten. Das machte Monique richtig stolz. Danach sollten die Kinder Paare bilden. Ein Partner wurde vom anderen mit verbundenen Augen zu einem Baum geführt, den er sich durch Betasten und Umfassen einprägen sollte, damit er ihn später mit offenen Augen wiederfinden konnte. Nur wenige Kinder merkten sich die Einzelheiten. Monique fand als einzige ihren Baum wieder. Seit diesem Tag wird Monique um Hilfe gerufen, wenn es um Fühlen, Erschnuppern und Ertasten geht (z. B. Buchstaben aus Sand- oder Samtpapier mit den Fingerspitzen erraten oder verschiedene Kräuter durch den Geruch erkennen).

8.8 Nichtaussonderung von blinden Kindern – Von Anfang an dabei sein!

Manche Fachleute vertreten den Standpunkt, sehbehinderte oder blinde Kinder könnten erst dann eine Regelschule besuchen, wenn sie zuvor in der Sonderschule »integrationsfähig« gemacht worden seien. Es gibt in der Bundesrepublik Deutschland einige Gymnasien, die sich auf die Integration der so vorbereiteten blinden Kinder spezialisiert haben.

Dass andererseits auch blinde Kinder vom Anfang der Schulzeit, möglichst vom Kindergartenalter an sehr sinnvoll und erfolgreich mit den nicht behinderten Kindern gemeinsam lernen können, ist mir Anfang der 1980er-Jahre bei Besuchen in einem Kindergarten und in einer Grundschule in Florenz bewusst geworden.

Die beiden blinden Jungen, Stefano und Ricardo, sind sehr unterschiedlich. Sie haben nur eines gemeinsam: Beide sind blind. Der eine hat seine Schulzeit erfolgreich an der Oberstufe eines Gymnasiums beendet, der andere an einer Berufsschule für Keramikfacharbeiter.

Ein Beispiel: Es schneit! Sehende Kinder und ein blindes Kind haben ein neues gemeinsames Erlebnis

Ich hospitiere in der Kindergartengruppe, in der Stefano mit den anderen Kindern spielt. Er sitzt auf dem Fußboden und baut mit Legosteinen. Andere Kinder spielen mit Puppen und dem Kaufmannsladen. Kein Außenstehender könnte an dieser Spielsituation etwas Besonderes erkennen.

Plötzlich schreit ein Kind: »Neve, neve –Schnee, Schnee.« Alle Kinder rennen zum Fenster und verfolgen mit den Augen die schweren, dicken Schneeflocken, die aus einer schwarzen Wolke langsam zur Erde rieseln und dort sofort schmelzen. »Neve – Schnee!« Eine kleine Sensation in Florenz. Hier schneit es nicht sehr oft. Die Vierjährigen in dieser Kindergartengruppe haben hier noch nie Schnee gesehen, nur zwei von ihnen waren schon mit den Eltern zum Winterurlaub in den Bergen.

Stefano sieht den Schnee nicht. »Was ist das – Schnee?«

Ja, was ist Schnee? Die Erzieherin und ich sehen uns ein wenig hilflos an: Wie sollen wir einem Vierjährigen, der nicht sehen kann, erklären, was Schnee ist? Wir stutzen und geraten ins Stocken, sind beide sprachlos. Stefano ruft immer wieder von seinem Platz aus zu den anderen Kindern hin: »Was ist das? Schnee?« Er lässt nicht locker, er will es wissen! Was bedeutete das, was offensichtlich so wichtig ist, dass alle anderen Kinder ihre gewohnten Beschäftigungen aufgegeben haben und immer noch schweigend am Fenster stehen?

Da dreht sich Lucca um, läuft zu Stefano, packt ihn an der Hand, zieht ihn hastig hoch: »Komm!« – Sie rennen aus dem Raum, über den Flur auf den Hof. Alle anderen Kinder hinterher. Als letzte, immer noch ein wenig verdutzt, die Erzieherin und ich. Da steht eine Gruppe aufgeregter Vierjähriger. Alle versuchen, mit ihren Händen die Schneeflocken zu fangen und sie Stefano zu bringen. Das geht nicht! Die Schneeflocken schmelzen sofort.

Lucca nimmt Stefanos Hand. Er führt sie und lässt ihn so eine Schneeflocke fangen. Erwartungsvoll sieht er Stefano ins Gesicht: Wird er jetzt wissen, was das ist? Schnee? Aber Stefano wendet sich mit enttäuschter Miene zu Lucca: »Aqua?« – Wasser – »Pioggia« – Regen? Das, was Stefano auf seiner Hand fühlt, ist Wasser, ein Tropfen kalten Wassers, ein Regentropfen! Sonst nichts. – Ohne Worte wird aus Stefanos Miene und dem Klang seiner Stimme deutlich: Er ist enttäuscht. Da stimmt etwas nicht. – Da muss es noch etwas anderes geben, das er nicht fühlen, das er nicht verstehen kann, obwohl es für die anderen sehr wichtig ist.

Auch Lucca ist enttäuscht. Er wollte Stefano spüren lassen, was er nicht sehen kann. Lucca wird klar, dass Schnee etwas anderes als Regen ist – aber was? Die Erklärungsversuche von zwei sehenden Kindern und der Tastsinn eines blinden Vierjährigen reichen nicht aus, um herauszufinden, was Schnee wirklich ist.

Wir gehen alle gemeinsam in den Gruppenraum zurück und versuchen, diese neue, fremdartige Erscheinung »Schnee« zu erklären. Die Erzieherin fühlt sich überfordert, ich mit meinen relativ geringen Italienisch-Kenntnissen sowieso. Wir erklären, kratzen Eis aus dem Gefrierfach des Kühlschrankes in der Küche, ein Kind erzählt vom Winterurlaub in den Bergen. Konzentriert arbeitet die ganze Gruppe vierjähriger Kinder daran, den Begriff Schnee zu erklären. An diesem Vormittag haben sechzehn sehende Kinder bei der Bestimmung von Begriffen viel gelernt, weil Stefano – ein blindes Kind – in dieser Gruppe ist.

An diesem Vormittag hat ein blindes Kind vieles von dem gelernt, was Vierjährige über Schnee wissen. Sehen, erfahren, (be-)greifen konnte Stefano den Schnee nicht.

Ohne Stefano wären die anderen Kinder über die Stufe der konkreten Anschauung und sinnlichen Wahrnehmung nicht hinausgelangt, hätten wohl nicht einmal die Frage gestellt, was denn nun der Unterschied zwischen Regen und Schnee sei.

Ohne all die anderen sehenden Kinder – was hätte Stefano über Schnee gelernt?

Eine Erzieherin in einem Sonderkindergarten hätte eine Gruppe spielender blinder Kinder höchstwahrscheinlich nicht in ihrem Spiel gestört.

8.9 Zwei sehr verschiedene blinde Kinder

Zwei Jahre später – im Frühjahr 1984 – sah ich Stefano in der ersten Klasse der Grundschule wieder. In der Parallelklasse lernte ich Ricardo kennen.

Von Stefanos und Ricardos Lehrerinnen, dem begleitenden Sonderpädagogen und der Sonderpädagogin ließ ich mir berichten, wie der Übergang vom Kindergarten in die Grundschule vorbereitet worden war.

Stefano ist ein ganz normal entwickeltes, durchschnittlich intelligentes, aufgewecktes und interessiertes Kind. Er ist emotional ausgeglichen, von seinen Eltern, Großeltern, Tanten und Onkeln wird er akzeptiert. Mit seiner älteren Schwester und den Spielkameraden im Kindergarten hat er die üblichen Streitigkeiten, Gemeinsamkeiten und Freundschaften.

Ricardo hingegen hat große Schwierigkeiten, sich in einer Gruppe zu verhalten. Er ist ein Einzelkind. Seine Mutter kauft alle Spiele und didaktischen Materialien, die für die intellektuelle Förderung von Vorschulkindern angeboten werden, und überfordert damit ihren Sohn. Der Vater hat große Ängste, mit seinem blinden Sohn umzugehen. Große Verhaltensunsicherheiten und massive Essstörungen sind Ricardos »Handicap« – die Tatsache, dass er auch blind ist, steht für die Lösung seiner schulischen Probleme im Hintergrund.

Stefano und Ricardo gehen in Parallelklassen

Für das Lesenlernen benutzen die Klassenlehrerinnen eine Fibel, die sie vor allem wegen der ansprechenden Abbildungen ausgewählt haben. Bevor ich in der Klasse hospitierte, in der der blinde Stefano gemeinsam mit 16 anderen Kindern unterrichtet wurde, konnte ich mir nicht vorstellen, wie das machbar ist. Die Kinder hatten nach einer Methode Lesen und Schreiben gelernt, die etwa unserer Morphem-Methode entspricht, d.h. es wurden Buchstabenkombinationen vermittelt: pa – po – bi – ba. In derselben Reihenfolge, in der die sehenden Kinder diese Silben lernten, ertastete Stefano die Buchstabenkombinationen in Punktschrift. Wurde den sehenden Kindern ein Bild dazu angeboten, konnte Stefano ein Reliefbild ertasten, z. B. pollo – Huhn. Zwar hatten die sehenden Kinder den Vorteil, dass die Wände des Klassenraumes mit Abbildungen und Silben bedeckt waren. Trotzdem konnte Stefano nach fünf Monaten gemeinsamen Unterrichts genau soviel und schnell lesen, wie die meisten seiner Mitschüler/innen, einige waren weiter als er, andere weniger weit. Parallel zum Leselernprozess wurde den Kindern das Schreiben vermittelt. Alle schrieben mit Bleistiften oder Filzstiften in relativ großen Druckbuchstaben und gleichzeitig in Schreibschrift in Hefte mit unterschiedlichem Zeilenabstand, jeweils davon abhängig, wie die Kinder ihre Feinmotorik steuern konnten.

Stefano schrieb mit einem Griffel auf eine eingespannte Kunststoff-Folie, indem er die Buchstabensymbole der Punktschrift eindrückte. Ein einrastendes Lineal half ihm, die Zeilen einzuhalten. Der Sonderpädagoge erklärte mir, dass Stefano zuerst das Schreiben mit der Hand ganz sicher beherrschen sollte, bevor er lernte, mit einer Spezial-Schreibmaschine zu schreiben. Er sollte auch unabhängig von der Maschine schreiben können.

Für Ricardo stand im ersten Schuljahr die Lösung anderer Probleme im Vordergrund als die des Lesen- und Schreibenlernens:
- Er aß nichts, was in der Schule zubereitet worden war oder ihm von anderen Kindern gegeben wurde, nicht einmal ein Stück von einem Geburtstagskuchen. Er holte sich Brot- und Käsestückchen aus einer Plastiktüte, die ihm seine Mutter als Mittagessen mitgegeben hatte.
- Ricardo bewegte sich nicht alleine im Raum. Er wurde morgens von seinem Vater gebracht und an seinen Platz vorne in der ersten Reihe gesetzt. Er bewegte sich an der Hand der Lehrerin nur, wenn er zur Toilette gehen musste. Erst nach sechs Monaten ging er mit seinen Klassenkameraden zum gemeinsamen Mittagessen. Vorher hatte er sein von zu Hause mitgebrachtes Essen an seinem Platz im Klassenzimmer verzehrt.

Weil Ricardo überhaupt nicht dazu zu bewegen war, Schreiben zu lernen, sollte versucht werden, ob er mit der Schreibmaschine eher zu motivieren war. Im Laufe der Jahre hat Ricardo sehr wenig und sehr mühsam das Schreiben gelernt. Im Vordergrund stand für ihn all die Jahre, dass er selbstständiger und selbstbewusster wird. Als Facharbeiter für Keramik hat er seinen Weg machen können.

Wegen Stefano haben seine Mitschüler/innen und fast alle Lehrer/innen, die im Laufe von 13 Schuljahren bei ihm Unterricht hatten, die Blindenschrift gelernt. Sie stellten fest, dass es ihnen den Kontakt zu dem intelligenten und sehr sensiblen Jungen erheblich erleichterte, wenn sie die von ihm geschriebenen Texte lesen konnten.

Für die Nichtaussonderung eines Menschen mit Sehschädigung ist nicht wesentlich, wie viel oder wie wenig seine Augen sehen. Entscheidend ist, ob wir dem Menschen mit unseren Augen und durch unsere Sprache helfen, die Welt zu verstehen. Der Pädagogik-Professor Nicola Cuomo von der Universität Bologna ist blind. Wenn er mit seinen Student/innen in Schulklassen geht, dann lässt er sich von den Kindern, von den Lehrer/innen und den Student/innen alles das genau beschreiben, was seine Augen nicht sehen. Er sagte vor einiger Zeit zu mir: »Ich habe den großen Vorteil, dass mir viele Menschen ganz genau erklären, was sie sehen. Die anderen wissen, dass ich nichts sehen kann. – Du siehst eine Schulklasse nur mit deinen Augen. Ich sehe die Klasse auch mit den Augen der Kinder und den Augen der Lehrer/innen!«

9. Die Nichtaussonderung von körperbehinderten Kindern

9.1 Nur wenige Kinder benötigen ein rollstuhlgerechtes Gebäude

Gegenwärtig besucht in der Bundesrepublik Deutschland etwa jedes 500. schulpflichtige Kind eine Schule für Körperbehinderte. Wenn diese Schulen aufgelöst würden, dann entstünde nicht etwa für jede 25. Klasse das Problem, ein Kind zu integrieren, das auf einen Rollstuhl angewiesen ist. Die Mehrzahl der Schüler/innen an den Schulen für Körperbehinderte wurde dorthin überwiesen, weil es aus den verschiedensten Gründen von den Lehrer/innen, manchmal auch von den Eltern, als günstiger eingeschätzt wurde, wenn das Kind in einer kleineren Gruppe lernen kann. Bei den Lehrer/innen der Körperbehindertenschulen und dem dort zumeist fest angestellten medizinischen und therapeutischen zusätzlichen Personal kann eine größere Bereitschaft als bei Regelschullehrer/innen erwartet werden, sich auf besondere Probleme von Kindern einzustellen, die aus chronischen Erkrankungen folgen, wie zum Beispiel bei Kindern mit Diabetes (Zuckerkrankheit), bei herz- oder asthmakranken Kindern, bei Kindern mit Epilepsie oder Hämophilie (starke Neigung zu Blutungen), bei minimaler zerebraler Dysfunktion, Glasknochenerkrankung oder bei krebskranken Kindern.

Manchmal stehen die Sorgen der Eltern um die Gesundheit ihrer Kinder im Vordergrund, die zu der Entscheidung für die Sonderschule führten, manchmal ist es aber auch die zu geringe Bereitschaft der Regelschule, sich auf Problemsituationen einzustellen, auf die die Lehrer/innen weder durch ihre Ausbildung, noch durch Fortbildung hinreichend vorbereitet sind. Manche Lehrer/innen sind leider auch nicht bereit, einen zweiten Erwachsenen im Klassenraum zu akzeptieren. Zum Beispiel ist es für ein Kind mit Glasknochen oder ein Kind mit einer Muskelschwäche sinnvoll oder sogar notwendig, dass ein zweiter Erwachsener zumindest abrufbar ist, um dem Kind in unvorhersehbaren Gefahrensituationen zu helfen oder dieses Kind zum Arzt zu begleiten. Beim Wunsch der Eltern nach einem Schonraum für ihr chronisch krankes oder behindertes Kind erwies sich die Sonderschule für viele Kinder nicht als der Ort, bei dem sich die Kinder wirklich geborgen fühlen. Auch an Sonderschulen gibt es eine Rangordnung unter den Kindern, auch dort werden Streitigkeiten gelegentlich unsanft ausgetragen. Hinzu kommt der oft lange, für die Kinder ermüdende Schulweg und die Tatsache, dass die Eltern zumeist kaum Kontakt zu den Lehrer/innen und den Mitschüler/innen oder zu den anderen Eltern halten können. Viele Eltern erleben bei nicht behinderten Geschwisterkindern, was es bedeutet, wenn man frühmorgens beim Begleiten des Kindes in der Klasse ein kurzes Schwätzchen mit der Lehrerin halten kann oder beim Abholen mit anderen Eltern spricht.

Verständlich ist auch, wenn Kinder vor dem Spott anderer Kinder geschützt werden sollen. Die Folgen einer Chemotherapie, einer Allergie oder einer schweren Verbrennung, die zu einem entstellenden Äußeren bei einem Kind führten, sind psychisch schwer zu verkraften. Wo jedoch sollte das von den Folgen der Krankheit gezeichnete Kind lernen, in einer normalen Umwelt zu leben? Wo sonst, wenn nicht in der Schule und mit der Unterstützung von Pädagog/innen, können die Mitschüler/innen lernen, das Kind mit seinen Wunden und Narben, seinem kahlen Kopf und den zerfurchten Händen zu akzeptieren?

Und auch ein Kind mit plötzlich im Gesicht aufflackernden Grimassen und dem nicht kontrollierbaren Speichelfluss, auch ein kleinwüchsiges Kind hat einen Anspruch darauf, in unserer Gesellschaft zu leben und mit seiner Verschiedenheit akzeptiert zu werden. Wir Erwachsenen dürfen es nicht länger dulden, dass es Kinder gibt, die von klein auf lernen, sich vor anderen Kindern verstecken zu müssen. Wir dürfen es auch nicht länger hinnehmen, dass es scheinbar selbstverständlich ist, wenn all die Menschen, die nicht in das normale Bild vom gesunden, schönen, jungen Menschen passen, in der Gefahr leben, verspottet, verfolgt, ausgegrenzt, bedroht zu werden.

Es ist ein Armutszeugnis für die Regelschule und für die Gesellschaft, dass Sonderschulen notwendig sind, um den kranken und behinderten Kindern ihr Grundrecht auf Bildung zu sichern. Diese Kinder müssen ihr Grundrecht auf Bildung in der Gemeinschaft aller Gleichaltrigen in jeder Schule am Wohnort einfordern können und dort auch sicher sein, den wegen der Krankheit oder der Behinderung notwendigen besonderen Schutz und das menschliche Verständnis zu finden. Die Erwachsenen sollten sich nicht wundern, wenn Kinder und Jugendliche sich ausgrenzend gegen alte Menschen verhalten. Wo haben Kinder und Jugendliche heute tatsächlich die Gelegenheit, die Rücksichtnahme und die Fürsorge für kranke, schwache und behinderte Menschen zu lernen?

Dieser Anspruch darf nicht ein moralischer Appell an die einzelnen Lehrer/innen bleiben. Wie können die Lehrer/innen bei einem Ausflug auf das Tempo des asthmakranken oder des herzkranken Kindes Rücksicht nehmen, wenn sie mit 25 oder mehr Kindern allein sind? Woher sollen die Lehrer/innen immer wieder die Zeit nehmen, mit der Gruppe oder dem einzelnen Kind über die Missverständnisse zu sprechen, die sich daraus ergeben, dass der eine Junge von übereifrigen Mädchen wegen seiner Behinderung überbehütet wird und ein anderes Mädchen aus den Spielen der Mitschüler/innen ausgeschlossen wird, weil sie sich davor ekeln, ihre Hände anzufassen?

Für die Lösung der Probleme dieser Kinder braucht es keine sonderpädagogischen Qualifikationen der Erwachsenen. Es genügt zumeist, wenn sich die Lehrer/innen bei den Eltern und eventuell bei dem behandelnden Arzt über die medizinischen Hintergründe der Erkrankung informieren. Was diese Kinder jedoch brauchen, ist eine geringere Klassengröße (ca. 15 bis 20 Kinder pro Klasse sind genug). Eine zweite Lehrerin/ein zweiter Lehrer oder zumindest eine pädagogische Unterrichtshilfe oder ein Zivildienstleistender im Klassenraum ist notwendig, und sei es auch nur als Sicherheit für alle Beteiligten, dass sich im Notfall der eine Erwachsene dem kranken Kind widmen kann und der andere Erwachsene entweder im Unterricht fortfahren oder die anderen Kinder beruhigen, ihnen den aktuellen Vorfall erklären kann. Wenn das chronisch kranke Kind mehr Schonung, gelegentliche Ruhepausen, eventuell auch regelmäßig Medikamente benötigt, dann ist all diese Fürsorge am günstigsten im Zwei-Pädagogen-System einer Integrationsklasse zu bewältigen. Das Kind braucht deshalb nicht in eine weit vom Wohnort entfernte Sonderschule gefahren zu werden.

Bei binnendifferenziertem Unterricht mit einem großen Anteil an offenen und handlungsorientierten Lernformen kann auch berücksichtigt werden, wenn das Kind wegen seiner körperlichen Schwierigkeiten und wegen längerer Krankenhausaufenthalte nicht dieselben Lernziele erreicht wie die Mehrzahl der anderen Kinder der Klasse. Bei Gruppenunterricht, vielfältigem, projektorientiertem Unterricht wird die einzelne Lehrerin froh sein, dass ein zweiter Erwachsener im Klassenraum oder im Gruppenarbeitsraum anwesend ist. Mir sind allerdings auch Situationen bekannt, dass ein Kind wegen einer Glasknochenerkrankung aus Sicherheitsgründen die Nähe eines Erwachsenen benötigte, die Lehrerin sich jedoch weigerte, dies zuzulassen. Der Zivildienstleistende musste auf dem Flur warten, falls er gerufen würde. Die Schulverwaltung hatte entschieden, dass der hoch intellektuell befähigte und sozial gut integrierte Junge eine Regelschule besuchen darf; aber angeblich muss in Deutschland eine Lehrerin/ein Lehrer einer Regelschule nicht dulden, dass ein Zivildienstleistender im Unterricht anwesend ist.

9.2 Rollstuhlgerechte Gebäude

Relativ wenige Kinder sind tatsächlich auf ein rollstuhlgerechtes Schulgebäude angewiesen. Leider sind bei Weitem noch nicht alle Schulgebäude rollstuhlgerecht gebaut. Bedenkt man jedoch, dass Schulgebäude häufig für Erwachsene als Versammlungsorte, als Wahllokale oder für Musik- und Theateraufführungen genutzt werden, dann wird deutlich, dass durch dieses Versäumnis nicht nur körperbehinderte Kinder und Jugendliche aus der Regelschule ausgegrenzt werden. Auch viele Erwachsene werden daran gehindert, am öffentlichen Leben in ihrer Gemeinde teilzunehmen. Großeltern können nicht zu Theateraufführungen ihrer Enkelkinder in die Schule kommen. Die Kinder, die lediglich auf ein rollstuhlgerechtes Gebäude angewiesen sind, benötigen keine speziell ausgebildeten Sonderpädagog/innen. Hilfreich ist es, wenn ein Beratungssystem zur Verfügung steht, wo sich die Lehrer/innen über angemessene technische Hilfsmittel informieren können. Außerdem ist für diese Kinder die enge Zusammenarbeit mit der betreuenden Krankengymnastin sinnvoll. Für die notwendigen Umbauten des Schulgebäudes kann über die Behindertenbeauftragten der Bundesländer erfragt werden, welche Architekten sich hierzu spezialisiert haben. Manche bestehenden Schulgebäude lassen einen Umbau nach DIN-Norm nicht zu. Es gibt jedoch spezielle Vorschriften für zeitlich begrenzte Umbauten. So kann z. B. ein Treppenlift, eine Treppenhubbühne oder eine Rampe aus Metallfertigteilen hilfreich sein, um Stufen zu überwinden. Wenn für ein Kind, das auf einen Rollstuhl angewiesen ist, für vier oder sechs Jahre eine Rampe eingebaut wird, die steiler ist als durch die DIN-

Norm vorgeschrieben, dann ist dies zulässig und für die Erwachsenen eine große Erleichterung: Über eine Rampe lässt sich ein Rollstuhl mit dem Kind in jedem Fall leichter transportieren als über Treppenstufen. Andererseits: Wo der Einbau einer Rampe möglich ist, die die notwendige DIN-Norm erfüllt, ist es für die Entwicklung der Autonomie des Kindes in den meisten Fällen günstiger, wenn es lernt, mit dem Selbstfahrerrollstuhl oder dem Elektrorollstuhl die Wege innerhalb des Schulgeländes alleine zu bewältigen.

Ein Umbau des Schulgebäudes ist in den meisten Fällen kostengünstiger als eine Internatsunterbringung oder der jahrelange Transport in eine Sonderschule. Außerdem nutzt ein einmaliger Umbau vielen anderen Menschen.

Ein Beispiel

Selbst für die Kinder, die körperlich so stark beeinträchtigt sind, dass sie wegen ihrer Krankheit nicht mehr jeden Tag in die Schule gefahren werden können, ist das Gefühl, zu einer Gruppe anderer Kinder zu gehören, sehr wichtig.

Alexander kann wegen der fortschreitenden Erschlaffung seiner Muskeln nicht laufen. Er ist auf einen Elektrorollstuhl angewiesen. Seine Wirbelsäule muss vor übermäßiger Belastung durch langes Sitzen und vor Stößen geschützt werden. Er erhielt deshalb jeden Vormittag zwei Stunden Hausunterricht durch eine Lehrerin der nächstgelegenen Grundschule. Als diese Schule damit begann, sich insgesamt mit dem Gedanken der Integration wegen anderer Kinder zu beschäftigen, suchten die Lehrer/innen auch eine bessere Lösung für Alexander.

Er wurde einer Klasse zugeteilt, die im Alter am günstigsten seinen Interessen und seinem Kenntnisstand entsprach. An einem Tag in der Woche wird er in die Schule gefahren. Dort erlebt er die normale Unterrichtssituation. An den übrigen Tagen der Woche holt die Lehrerin, die an diesem Tag den Hausunterricht übernimmt, eine kleine Gruppe von drei oder vier Mitschüler/innen in der Schule ab und fährt mit ihnen gemeinsam zum Haus von Alexanders Eltern. Diese Gruppen wechseln von Woche zu Woche. Alle Kinder dieser Integrationsklasse mit insgesamt 18 Schüler/innen kennen Alexander. Manche besuchen ihn auch am Nachmittag zu Hause. Auch wenn er nicht im Unterricht anwesend ist, wird immer darauf geachtet, dass er über wichtige Entscheidungen und Entwicklungen in der Klasse informiert ist. Alexanders Eltern und die Grundschullehrerin, die in den Jahren zuvor alleine den Hausunterricht erteilt hatte, stellen fest, dass Alexander viel stärker motiviert ist, etwas zu lernen, als zuvor. Er ist fröhlicher und ausgeglichener.

Angemerkt werden muss, dass dieses positive Beispiel der Nichtaussonderung eines schwer körperbehinderten Schülers nur möglich wurde, weil der Gemeinderat einer kleinen Gemeinde beschlossen hat, die zusätzlichen Fahrtkosten und die Versicherung für die Mitschüler/innen von Alexander zu übernehmen. Die Schulverwaltung sah sich dazu nicht in der Lage. Das Schulgebäude war rollstuhlgerecht.

9.3 Wie verständigt sich das körperbehinderte Kind?

Es gibt Kinder, die sowohl eine spezielle Ausstattung des Gebäudes als auch eine besondere pädagogische Zuwendung benötigen. Zu einer körperlichen Behinderung, die die Fortbewegungsmöglichkeiten dieser Kinder einschränkt, kommen zumeist Bewegungseinschränkungen der Hände. Manche Kinder haben außerdem große Schwierigkeiten beim Sprechen.

Bei der Vorbereitung des integrativen Unterrichts für diese Kinder sollte nicht von den Defiziten aus gedacht werden. Das macht Angst! Alle Überlegungen, die darauf zielen, die körperlichen Einschränkungen dieses Kindes zu überwinden, bleiben zu leicht in der theoretischen Planung stecken. Jegliche pädagogische Planung muss von den Fähigkeiten dieser Kinder aus gedacht werden.

Wie sieht das Kind, wie beobachtet es? Wenn es sich alleine nicht von einem Ort zum anderen bewegen kann, wie kann in der Klasse sichergestellt werden, dass dieses Kind viel beobachten kann und zu den Orten hinbewegt wird, an denen es gerne sein möchte? Hört das Kind zu? Lauscht es aufmerksam? Erschrickt es vor plötzlichen, lauten Geräuschen? Ist es die Geräusche von anderen Kindern gewöhnt? Mag es bestimmte Geräusche besonders gerne, z.B. eine Spieluhr, ein Glockenspiel oder das Singen der anderen Kinder?

Ein Beispiel

Benni fühlt sich am wohlsten, wenn er seitlich gelagert liegt. Das ist für ihn günstiger, als eine längere Zeit im Rollstuhl zu sitzen. Für ihn ist ein Rolltisch gebaut worden. Das Polster, auf dem er liegt, ist etwa zehn Zentimeter höher als die obere Kante der Tische seiner Mitschüler/innen. Von diesem »Podest« aus, seitlich liegend, beobachtet er das Geschehen in der Klasse. Die Mitschüler/innen und die Lehrer/innen fragen ihn immer wieder, wo er sein möchte. Mit seinen Augenbewegungen gibt er die Ja/Nein-Antworten auf die ihm gestellten Fragen.

Körperbehinderte Kinder, die vor dem Schulbesuch nicht in einem Integrationskindergarten waren, haben manchmal sehr wenig Erfahrung mit den Geräuschen, die von anderen Kindern ausgehen. Es hat sich als günstig erwiesen, wenn man eine Gelegenheit finden kann, dass diese Kinder vor Beginn der Schulzeit gelegentlich in die Schule zu Besuch kommen, an Zeiten, zu denen nur wenige Kinder dort sind, z.B. bei Arbeitsgemeinschaften. Ein Mädchen, das vor seiner Integration in eine Regelschule wegen der Schwere der Behinderung ausschließlich in einer Abteilung eines Krankenhauses betreut worden war, hatte sich in einem Kinderchor an die Geräusche und die Lebhaftigkeit der anderen Kinder gewöhnt. Ein Junge besuchte vor dem Wechsel von der Körperbehindertenschule in die Regelschule sechs Monate lang nachmittags eine Hortgruppe in einem Kindergarten.

Erwachsene meinen häufig, einem körperbehinderten Kind nicht dieselbe Lebendigkeit einer normalen Schulklasse zumuten zu können, wie all den anderen Kindern.

Bevor jedoch die Mitschüler/innen zu besonderer Rücksichtnahme aufgefordert werden, sollte das behinderte Kind selbst sehr genau beobachtet werden. Günstig ist es, wenn Rückzugsmöglichkeiten angeboten werden können. Eine Kuschelecke, ein Nebenraum, zu dem durch eine Glasscheibe oder durch die geöffnete Tür Blickkontakt zu dem übrigen Geschehen in der Klasse gehalten werden kann, ist günstig. Nach meinen Erfahrungen nehmen die Kinder dies seltener in Anspruch, als zuvor angenommen wurde. Die Mütter sagen häufig: »Mein Kind kommt zwar müde aus der Schule, manchmal ist es richtig kaputt – aber glücklich.«

9.4 Schreiben von Kindern mit Einschränkungen der Feinmotorik

Schreiben- und Lesenlernen ist für alle Kinder das wichtigste Ziel, wenn sie in die Schule kommen. Die Kinder wollen Briefe schreiben, die Straßenschilder lesen und sich in ihrer Umwelt mithilfe der geschriebenen Sprache orientieren. Für manche Kinder mit körperlichen Beeinträchtigungen ist dies kein besonderes Problem, wenn einige wenige Dinge berücksichtigt werden:

- Vielleicht kann das Kind einen normalen Stift mit der Hand nicht halten. Braucht es einen dickeren Stift, eventuell eine sogenannte »Malbirne«? (Die gibt es in guten Spielzeuggeschäften zu kaufen.)
- Manche Kinder haben große Schwierigkeiten, die Linien im Schreibheft einzuhalten. Es sollte dem Kind gestattet werden, so groß zu schreiben, wie es dies für seine motorischen Fähigkeiten auch braucht – und seien die Abstände zwischen den Zeilen fünf Zentimeter breit! Je mehr das Kind seine feinmotorischen Fähigkeiten verbessert, umso eher wird es selbst darauf achten, dass seine Heftlinien genauso aussehen, wie die seiner Mitschüler/innen.
- Wäre es günstig, wenn das Kind (zunächst) mit einem Computer schreibt oder mit einem Stempelkasten druckt? Ist für den Computer eventuell eine Spezialtastatur notwendig? Elektronische Schreibsysteme haben in den vergangenen Jahren für Menschen mit Körperbehinderungen ganz erstaunliche Erleichterungen und Kommunikationsmöglichkeiten gebracht, an die vor 10 oder 20 Jahren noch nicht gedacht werden konnte. An vielen Orten haben sich kleinere Firmen darauf spezialisiert, sowohl die Apparaturen als auch die Anwendungsverfahren den besonderen Bedürfnissen und den Fähigkeiten des Menschen mit einer Schädigung anzupassen. Die Kosten hierfür müssen die Krankenkassen übernehmen, wenn ein Arzt bescheinigt, dass dieses Gerät notwendig ist, um die aus der Behinderung folgenden Nachteile für das Kind auszugleichen oder zu vermindern und um ihm dadurch die Teilnahme an der Gemeinschaft der nicht behinderten Kinder zu ermöglichen. Manchmal wehren sich die Krankenkassen auch noch gegen solche Kostenübernahmen. In solchen Fällen sollten sich die Eltern (mit Unterstützung der Schule) an die örtliche Behindertenfürsorge wenden. Die Bezahlung dieser Hilfsmittel muss dann aufgrund der Bestimmungen des Bundessozialhilfegesetzes übernommen werden. Wenn alle Kinder der Klasse bereits gut und schnell schrei-

ben können, dann ist es häufig ein Problem im Unterricht, wenn das körperbehinderte Kind noch relativ langsam schreibt.

Ein Beispiel

Für die spastisch behinderte Cordula, die im dritten Schuljahr zwar gut, aber so langsam schrieb, dass sie etwa die dreifache Zeit benötigte, wie ihre Mitschüler/innen, wurde die folgende praktische Lösung gefunden:

Für sie lag im Klassenraum ständig ein spezieller Schreibblock bereit. Wenn etwas aufgeschrieben werden sollte, dann fragte die Lehrerin: »Wer schreibt heute für Cordula?« Wer für sie mitschrieb, strengte sich etwas mehr an, »schön« zu schreiben. Und Cordula konnte aufpassen, dass richtig geschrieben wurde. Nach der Stunde wurde diese Mitschrift bei der Schulsekretärin kopiert. Manchmal fragte die Lehrerin auch: »Wem soll Cordula heute helfen, richtig zu schreiben?« Cordula war ziemlich sicher in der Rechtschreibung. Sie selbst bemühte sich, nach und nach schneller schreiben zu lernen. Sie entwickelte ihren eigenen Wettbewerb. Im Laufe der sechsten Klasse benötigte sie nur noch etwa die doppelte Zeit wie ihre Mitschüler/innen. Während der siebten bis zehnten Klasse in der Oberschule konnte sie immer wieder feststellen: »Ich schreibe zwar langsamer als die anderen, dafür kann ich schneller denken.«

Bei Klassenarbeiten nahm sie den ihr zustehenden »Nachteilsausgleich« in Anspruch; sie bekam eine längere Bearbeitungszeit bewilligt. Sie achtete selbst darauf, dass sie diese Zeitverlängerung nur dann beanspruchte, wenn dies als Ausgleich für ihre Behinderung notwendig war. Bei manchen Klassenarbeiten durfte sie in einem Nebenraum arbeiten, zum Teil mit Begleitung einer Schulhelferin. Hierbei erwies es sich als günstig, dass regelmäßig auch den anderen Kindern der Klasse angeboten wurde, unter diesen veränderten Bedingungen ihre Arbeit zu schreiben. So konnte der Verdacht ausgeräumt werden, Cordula erhielte unzulässige Hilfestellungen. Andererseits wurde den Mitschüler/innen deutlich, dass Cordula in dem Nebenraum in einem stärkeren Maß unter Beobachtung stand als im Klassenzimmer, wo es etwas leichter war, zu schummeln.

Ein sehr beeindruckendes Beispiel dafür, wie sich ein Kind entwickeln kann, das mit einer spastischen Behinderung ohne Lautsprache seine Intelligenz und seine soziale Kompetenz in einer Integrationsschule entwickeln konnte, ist auf der Homepage von Kathrin Lemler nachzulesen: www.kathrin-lemler.de.vu/

9.5 Sportunterricht mit körperbehinderten Kindern

Viele körperbehinderte Kinder beteiligen sich besonders gerne am Sportunterricht. Auch dann, wenn sie selbst nur einen kleinen Teil der Übungen mitturnen können, ist die soziale Situation im Zusammenhang mit dem Sportunterricht für die Kinder sehr wichtig. Wie viele spannende Gespräche werden unter den Kindern im Umkleideraum geführt! Deshalb ist es günstig, wenn auch das körperbehinderte Kind bald lernt, sich alleine umzuziehen, oder wenn eine Regelung gefunden werden kann, dass die Jungen oder die Mädchen sich gegenseitig helfen. Denn im Umkleideraum einer Sporthalle werden Erwachsene von den Kindern zumeist als störend empfunden.

Auch dann, wenn das Kind auf einen Rollstuhl angewiesen ist, kann es sich vielleicht am Aufwärmtraining beteiligen, indem es im Kreis geschoben wird. Es hat zumeist Freude an der schnellen Bewegung. Wenn es sich an den Mannschaftsspielen nicht beteiligen kann, so ist es vielleicht gerne Schiedsrichter, zumindest Zuschauer. Hinter dem Netz eines Handballtores ist es vor den Ballwürfen der Mitschüler/innen sicher. Vielleicht ist es der betreuenden Krankengymnastin möglich, die Lehrer/innen zu beraten, welche Übungen für das Kind nützlich sind. Wenn z. B. alle Kinder sich mit ihren Armen auf der schiefen Ebene einer schräg gestellten Bank hochziehen, dann kann dies auch eine sehr sinnvolle Übung für das körperbehinderte Kind sein. Bei manchen Kindern ist es wichtig, bestimmte Risiken zu bedenken (z. B. bei Glasknochenerkrankung). In der Regel wissen die Kinder selbst, was für sie gefährlich sein könnte und was nicht. Die Lehrer/innen sollten die Warnungen der Kinder: »Das kann ich nicht!« in jedem Fall berücksichtigen. Wenn sie den Eindruck haben, das Kind weicht unnötig bestimmten Anforderungen aus, zu denen es in der Lage ist, dann ist ein Gespräch mit den Eltern oder eventuell auch mit dem betreuenden Arzt notwendig. Als ein Beispiel, wie sinnvoll ein körperbehindertes Kind in den Sportunterricht einbezogen werden kann, hier der Bericht über Charlotta.

Ein Beispiel

Die spastisch gelähmte Charlotta besucht mit neunzehn anderen Mädchen und Jungen die erste Klasse. Sie kann nicht alleine laufen. Sie ist auf einen Rollstuhl angewiesen. Im Unterricht ist sie zurückhaltend, spricht sehr leise und ihre Sätze sind unvollständig. Sie hat Schwierigkeiten, Zahlen und Buchstaben zu erkennen, ihre feinmotorische Entwicklung ist verzögert. Sie ist wenig selbstbewusst und neigt dazu, Aufgaben zu verweigern und Anforderungen zu vermeiden. Deshalb kommt es darauf an, ihr Selbstwertgefühl zu stärken. Deshalb werden Charlotta öfter Leitungs- und Führungsaufgaben angeboten, z. B. im Sportunterricht. Die Sportlehrerin und die Einzelfallhelferin tragen Charlotta in die Mitte der Halle und setzen sie auf eine Matte. Die anderen Kinder verteilen sich. Da ruft Charlotta – mit überraschend lauter Stimme – »grün«. Die Kinder beginnen herumzulaufen. Nach etwa einer Minute schreit Charlotta »schwarz« und die Kinder hüpfen auf einem Bein. Bei »rot«, bleiben alle stehen und atmen tief durch. Bei »weiß« legen sich alle auf den Boden und robben. Charlotta lacht und freut sich, dass alle nach ihrer »Pfeife tanzen«.

Beim nächsten Spiel kommt es darauf an, Einzelaktivitäten in Gruppenaktionen überzuleiten. Charlotta ruft mit kräftiger Stimme: »Eins« und alle Kinder stellen sich in eine Reihe, um danach wieder alleine herumzulaufen. »Drei«: Die Kinder stellen sich zum Kreis auf, bei »zwei« bilden sie eine Reihe und sitzen dabei auf den Knien.

Beim dritten Spiel »Der Wolf und die Schafe« schaut Charlotta zu: Alle Kinder laufen herum, ein Mädchen versucht, die »Schafe« zu fangen. Immer, wenn ein Schaf in Gefahr ist, kann es sich mit einem anderen zusammenstellen. Dann muss der »Wolf« aufgeben und neue Opfer jagen. Charlotta verfolgt das Spiel aufmerksam und ist dabei sehr erregt. Bei den anschließenden Ballspielen beteiligt sie sich wieder. Sie sitzt – von ihrer Einzelfallhelferin gehalten – zwischen den anderen Kindern, die sich in zwei Reihen gegenübersitzen. Ein Schüler rollt einen Ball auf die Kinder zu. Jeder muss schnell seine Beine heben, damit der Ball darunter hindurchrollen kann. Charlottas Beine werden von den beiden Erwachsenen angehoben und wieder gesenkt. Auch dabei hat Charlotta großen Spaß.

Charlotta hat in dieser Sportstunde drei verschiedene Rollen wahrgenommen: Spielleiterin, Zuschauerin und Spielpartnerin. Als Spielleiterin lernte sie, Gruppenprozesse in Gang zu setzen und zu steuern, dann lernte sie als Zuschauerin, Situationen zu ertragen, an denen sie nicht aktiv beteiligt sein kann, schließlich lernte sie als Spielpartnerin, Hilfe anzunehmen und sich sozial integriert zu beteiligen, wie alle anderen auch (nach einem Bericht von Wolfgang Podlesch).

9.6 Welche Unterstützung, welche Therapien erhält das Kind außerhalb der Schule?

Viele Integrationsprojekte sind bisher nur den Kindern zugänglich, deren Familien die Nachmittagsbetreuung und notwendige Therapien außerhalb der Schule organisieren können. Im Gespräch zwischen den Eltern und den Lehrer/innen der künftigen Integrationsklasse sollte möglichst bereits vor Beginn der Schulzeit geklärt werden: Welche Rolle spielen Therapien in den Zukunftsvorstellungen der Eltern? Wird ein großer Teil der Freizeit des Kindes dafür benötigt, dass das Kind an speziellen Therapien teilnimmt? Wird erwartet, dass ein Teil der Therapien, insbesondere die Sprachförderung, in den Unterricht einbezogen wird? Therapie und Pädagogik sind manchmal schwer gegeneinander abzugrenzen. An manchen Sonderschulen für Körperbehinderte ist der gesamte Tagesablauf durch Therapien bestimmt: Die Kinder basteln nicht, sondern haben Beschäftigungstherapie. Sie sind in einer Gruppe, in der kein Kind richtig sprechen kann, aber sie haben Sprachtherapie. Alle Kinder benötigen Hilfe bei der Nahrungsaufnahme; das nennt sich Esstherapie. Die Kinder erleben nicht, dass in einer Gruppe gemeinsam musiziert oder gesungen wird, sie nehmen an einer Musiktherapie teil. Die Wochentage sind dadurch gekennzeichnet, wann therapeutisches Schwimmen, Krankengymnastik und therapeutisches Reiten stattfindet. Diese intensive therapeutische Betreuung führt an Sonderschulen oft dazu, dass zu wenig Zeit bleibt, um die Unterrichtsinhalte zu erarbeiten. Bei integrativer schulischer Betreuung ist es sinnvoll, Schwerpunkte zu setzen. Es sind nicht alle wünschenswerten Therapien zur selben Zeit notwendig. Es bleibt sonst dem behinderten Kind zu wenig Freizeit.

Nachmittagskontakte zu den nicht behinderten Mitschüler/innen werden dadurch erschwert oder gar unmöglich. Die Lehrer/innen der Regelschule sind überfordert, wenn sie über Sinn oder Unsinn spezieller Therapien urteilen sollen. Zumindest sollten die Lehrer/innen die Eltern darauf aufmerksam machen, wenn sie den Eindruck haben, das Kind sei durch die Therapien überfordert. In Einzelfällen kann vielleicht eine Lösung gefunden werden, dass Therapien in den Unterricht einbezogen werden. Manchmal kann es auch sinnvoll sein, wenn das Kind später zum Unterricht kommt oder früher geht, um einen notwendigen Therapietermin wahrnehmen zu können. In jedem Fall muss sehr sorgfältig abgewogen werden.

Oft erschwert die Hoffnung auf Erleichterungen in der Zukunft unnötig das Leben des Kindes in der Gegenwart. Zu viel »Besonderes« kann leicht dazu führen, dass das Kind in der Regelschule eine Sonderstellung erhält. Bei körperbehinderten Kindern wurden gute Erfahrungen mit der folgenden Regelung gemacht: Eine frei praktizierende Krankengymnastin kommt einmal in der Woche in die Schule, um ihre speziellen Kenntnisse über die notwendigen Übungen für das Kind den Lehrer/innen zu erklären. Oder sie führt gemeinsam mit den anderen Kindern Spiele ein, die allen Kindern Spaß machen, und die für das behinderte Kind in besonderem Maße nützlich sind. Zusätzlich arbeitet sie ein- oder zweimal in der Woche mit dem Kind in ihrer Praxis an den aus medizinischer Sicht notwendigen Übungen. Nicht alle frei praktizierenden Krankengymnastinnen sind zu einer solchen Arbeitsweise bereit. Bedenkt man jedoch, dass die Kinder bei einem solchen Vorgehen meist erheblich motivierter sind, auch auf Dauer mitzuarbeiten, dann lohnt sich auch aus der Sicht einer Krankengymnastin ein derartig integratives Arbeiten. In der Einzelsituation mit dem behinderten Kind in der Praxis können die Übungen als Vorbereitung für die nächste gemeinsame Spielsituation mit den anderen Kindern in der Schule durchgeführt werden.

Manchen Eltern ist es nicht möglich, den Kindern am Nachmittag bei den Hausaufgaben zu helfen, sie auf den Spielplatz oder zu den notwendigen Therapien zu begleiten. Bei integrativer Betreuung in der Schule ist es aber oft möglich, dass eine Familienhelferin, z. B. eine nicht berufstätige Mutter einer Mitschülerin oder eines Mitschülers als bezahlte Tagespflegemutter die Nachmittagsbetreuung übernimmt. Am günstigsten ist es, wenn das körperbehinderte Kind gemeinsam mit den Mitschüler/innen am Ganztagsunterricht teilnehmen oder einen Hort in der Schule oder in unmittelbarer Nähe besuchen kann.

9.7 Die Gestaltung des Klassenraumes

Bei der Gestaltung des Klassenraumes sind die notwendigen Veränderungen in hohem Maße abhängig von der Situation des einzelnen Kindes. Deshalb werden hier nur wenige Hinweise gegeben:
- Liege- und Ruhemöglichkeiten: Ob eine Kuschelecke, die das körperbehinderte Kind gemeinsam mit den anderen Kindern der Klasse nutzen kann, oder ob eine Ruhemöglichkeit in einem Nebenraum günstiger ist, sollte das Kind möglichst selbst entscheiden können.

- Bei wenig Platz in der Klasse reicht es vielleicht auch aus, wenn ein Klappbett an der Wand befestigt ist, oder wenn Matratzen irgendwo gelagert werden können und nur dann auf dem Fußboden ausgebreitet werden, wenn dies wirklich notwendig ist.
- Sitzplatz des Kindes: Welche Art von Stuhl? Ob die Sitzgelegenheit im Laufe des Vormittags gewechselt werden sollte, dies müsste mit der Krankengymnastin oder dem behandelnden Orthopäden besprochen werden. Der Sitzplatz im Klassenzimmer sollte so gewählt werden, dass das Kind dann, wenn es sich nicht alleine im Klassenraum bewegen kann, den besten Überblick über die ganze Klasse hat.
- Kurze Wege: Wenn es in der Klasse üblich ist, dass die Kinder sich ihre Arbeitsmaterialien selbstständig aus den Regalen holen, dann sollte versucht werden, dies auch dem körperbehinderten Kind zu ermöglichen.

Für die Integration von körperbehinderten Kindern gilt: Die wesentlichen Hürden sind nicht die Stufen der Gebäude, sondern die Barrieren in unseren Köpfen. Die Nichtaussonderung von Menschen, die auf einen Rollstuhl angewiesen sind, beginnt damit, dass sie in ihrer Individualität akzeptiert werden und nicht nur als Behinderte gesehen werden.

10. Nichtaussonderung von Kindern mit Epilepsie

Ein bis eineinhalb Prozent der Bevölkerung haben Epilepsie. Die Hälfte davon ist jünger als 15 Jahre. Die meisten Epilepsien treten im ersten Lebensjahr auf. Im Kindesalter ist Epilepsie die häufigste chronische Krankheit, verbreiteter als Diabetes. Trotzdem spricht kaum jemand darüber. Epilepsie ist immer noch die »(un-)heimliche« Krankheit, die nicht selten von Eltern und Betroffenen geheim gehalten wird, aus – berechtigter – Angst vor Stigmatisierung.

10.1 Die wichtigsten Epilepsien

Die medizinischen Möglichkeiten der Behandlung von Epilepsien haben sich in den vergangenen Jahren sehr gewandelt. Über die verschiedenen Formen der Epilepsie kann man sich sehr gut über die »Deutsche Epilepsievereinigung« informieren (www.epilepsie.sh). Deshalb hier nur kurze Hinweise, die für das pädagogische Handeln beachtet werden sollten:

Die Tatsache, dass Epilepsien individuell sehr unterschiedliche Ursachen und Erscheinungsformen haben, legt zwingend nahe, gerade Kinder mit Epilepsien sehr individuell zu betrachten, um ihre ganz spezifischen Fähigkeiten und Schwierigkeiten zu verstehen.

10.1.1 Grand mal – der große generalisierte Anfall

Der große generalisierte Anfall ist nicht zu übersehen und prägt das Bild der Epilepsie in der Öffentlichkeit. Dabei ist er keinesfalls der häufigste Anfall – weitaus mehr Anfälle sind so »dezent«, dass sie kaum bemerkt werden. Im großen Anfall stürzt das Kind zur Erde – gelegentlich »wie vom Blitz gefällt«. Was tun? Ruhig bleiben! Schon allein damit wird die Dramatik eines großen Anfalls aufgehoben. Der Anfall sieht nur schlimm aus – er ist es nicht. Ein Anfall zerstört keine Hirnzellen, wie dies jahrzehntelang behauptet wurde. Im Anfall erstickt man auch nicht. Die Lehrerin/der Lehrer oder auch ältere Mitschüler/innen sollten das Kind auf die Seite drehen, damit der Speichel abfließen kann, den Kopf abstützen, die Kleidung lockern, Gegenstände entfernen, an denen sich das Kind verletzen könnte, eventuell den Boden abpolstern.

Auf keinen Fall das Kind festhalten oder versuchen, die Glieder zu lösen! Das ist im Anfall unmöglich. Auf keinen Fall etwas zwischen die Zähne schieben! Manche beißen sich hinten auf die Zungenseite; dies ist am rötlich-schaumigen Speichel zu erkennen. Das ist unangenehm, aber ungefährlich und heilt schnell. Ein Anfall hört in der Regel von selbst auf.

Wie schnell das Kind anschließend wieder bei sich ist, ist ganz verschieden. Manche stehen auf und beteiligen sich am Unterricht, als sei nichts geschehen. Die meisten Kinder sind erschöpft und schlafen einen tiefen, einer Ohnmacht ähnlichen Schlaf. Es sollte nicht versucht werden, das Kind aus diesem Schlaf zu wecken. Auch nach dem Aufwachen sind viele noch etwas verwirrt und brauchen Zeit, sich zurechtzufinden.

Gefährlich ist nur der sehr seltene Status: Wenn der Anfall länger als zehn Minuten dauert oder sich in kurzen Abständen wiederholt, muss ein Rettungswagen gerufen werden. Bei Klassenfahrten, Ausflügen oder Wanderungen in einsame Gegenden empfiehlt es sich, für krampfgefährdete Kinder ein krampflösendes Mittel mitzunehmen.

10.1.2 Absencen

Im Schulkindalter treten meist Absencen auf. Sie sind so unauffällig, dass sie häufig nicht bemerkt werden. Das Bewusstsein setzt für bis zu 30 Sekunden aus. Manchmal wiederholt das Kind dabei automatisch das gerade gesprochene Wort, den gerade geschriebenen Buchstaben. Im Schriftbild sind Absencen manchmal erkennbar: Die Schrift läuft unter die vorgegebene Linie oder einige Buchstaben fehlen.

Eine Absence sieht aus wie ein kurzes Zwinkern; die Augen rutschen in den Augenwinkel. Manche Kinder rollen die Augen nach oben wie »Hans-guck-in-die-Luft«, schmatzen oder schneiden Grimassen. Kinder mit Absencen haben es in der Regel schwer mit ihren Lehrer/innen. Sie selbst begreifen oft nicht, was gerade mit ihnen geschah und von der Lehrerin/dem Lehrer werden sie wegen vermeintlicher Unaufmerksamkeit, Ungezogenheit oder Kasperei getadelt. Häufige tägliche Absencen können zu einer erheblichen Beeinträchtigung der Lernfähigkeit oder zu Teilleistungsstörungen führen. Ein Eingreifen bei Absencen vonseiten des Lehrers ist nicht nötig, ebenso wenig wie bei den im Folgenden beschriebenen Anfällen.

10.1.3 Parzielle oder psychomotorische epileptische Anfälle

Psychomotorische Anfälle können verschieden lang (bis zu fünf Minuten) andauern. In der Regel ist das Bewusstsein nicht völlig weg, sondern umdämmert. Der komplex-partielle Anfall wird oft begleitet von Schmatzen, Kauen, nestelnden Bewegungen an eigenen oder fremden Kleidungsstücken, Reiben der Hände oder Herumlaufen. Das sind Handlungen, die auf Betrachter/innen unsinnig wirken. Der einfach-partielle Anfall zeigt sich häufig nur in einem unkontrollierten Zucken eines Armes oder Beines. Bei dem komplex-partiellen Anfall kommt es zu einer Bewusstseinsstörung. Es kann auch zu Störungen im Denkablauf kommen, die Wahrnehmung kann verändert sein, sodass Gegenstände größer oder kleiner erscheinen, als sie wirklich sind. Manche Menschen haben das Gefühl, in einem Traum gefangen zu sein. Auch psychomotorische Anfälle hören normalerweise nach kurzer Zeit von selbst auf. Wichtig ist, das Kind im Anfall nicht festzuhalten, sondern behutsam zu begleiten, darauf achten, dass es sich nicht verletzt, die Klassentür schließen, damit es nicht auf die Straße läuft.

Wichtig nach allen Anfällen ist, mit dem Kind zu reden, ihm zu erklären, was während der Zeit, an die ihm die Erinnerung fehlt, geschehen ist, ihm zu helfen, sich im Klassenraum zurechtzufinden, in die Klassengemeinschaft zurückzukommen. Ebenso wichtig ist es, den anderen Kindern der Klasse zu erklären, was bei dem Kind während eines epileptischen Anfalls vorgeht. Je besser die anderen Kinder informiert sind, desto geringer ist das Erschrecken. Die Mitschüler/innen haben einen wesentlichen Anteil daran, dass sich das Kind in der Gruppe geborgen fühlen kann. Sie können helfen, dass sich das Kind nach dem Anfall, nach der Zeit über die ihm das Bewusstsein fehlt, wieder in den Unterrichtsablauf und in das soziale Geschehen in der Klasse langsam »einfädeln« kann.

10.2   Behandlung von Epilepsien

So verschieden, wie Ursachen und Formen von Epilepsien sind, so verschieden sollten eigentlich auch die Behandlungsmethoden sein. Lehrer/innen, die ein Kind mit Epilepsie in ihrer Klasse haben, müssen sich nicht in die komplizierten Fragen der Wirkungen und Nebenwirkungen von Anti-Epileptika einarbeiten. Im Gespräch mit den Eltern kann es aber wichtig sein, auf die in der Schule beobachtbaren Nebenwirkungen zu achten, eventuell auch einmal die Eltern und das Kind bei einem Facharztbesuch zu begleiten, um Genaueres über die aktuelle Behandlungsform des konkreten Kindes zu erfahren, das die Integrationsklasse besucht.

Was auch die Packungsbeilagen der Pharmaindustrie nicht verschweigen: Alle Anti-Epileptika haben Nebenwirkungen. Einige machen müde, andere zu munter, einige aggressiv, andere besänftigen. Menschen reagieren verschieden auf verschiedene Anti-Epileptika. Was dem einen Kind zur Anfallsfreiheit oder -reduzierung verhilft, scheint bei dem anderen Anfälle geradezu zu provozieren. Einige Eltern und Kinder stellen erhebliche Nebenwirkungen fest, andere wenige oder keine.

10.3   Selbstkontrolle – Unterstützung durch Lehrer/innen und Mitschüler/innen

In einigen deutschen Städten gibt es Versuche, Kinder mit therapieresistenten Epilepsien zu behandeln, indem mit ihnen »Selbstkontrolle« geübt wird. Hierbei können Lehrer/innen und Mitschüler/innen Unterstützung leisten, vor allem indem sie das Kind genau beobachten und über ihre Beobachtungen mit dem Kind in einer vertrauensvollen und offenen Form sprechen, denn: Viele Anfälle haben ein bestimmtes (selbstverständlich sehr individuelles) Muster. Sie werden offensichtlich durch ganz bestimmte äußere Bedingungen, emotionale Zustände, durch Außenreize beeinflusst oder ausgelöst. Wenn Anfälle jedoch von außen ausgelöst werden, können sie auch von außen abgewehrt werden. Es gibt Kinder, die krampfen bei Flackerlicht, manche nur im Stress, manche nur in der Entspannung, manche nur nachts oder beim Aufwachen.

Hierbei gilt in besonderem Maße: Alle sind verschieden. Unter Einbeziehung von Eltern, Geschwistern, Erzieher/innen, Lehrer/innen lernt das Kind, sich und seine spezielle Form der Epilepsie kennen. Es wird nachgeforscht, ob es Zeichen gibt, die einen Anfall ankündigen (die sogenannte Aura). In kleinen Schritten werden dann Maßnahmen gegen den Anfall erprobt. Wenn ein Kind erfahren hat, dass es seinen Anfall immer nur im Stress bekommt, lernt es z. B., sich mit Atemübungen und autogenem Training zu entspannen – umgekehrt bei Kindern, die in der Entspannung krampfen. Sie lernen, ihren Anfall durch körperliche oder geistige Aktivitäten zu kontrollieren. Derartige kleine Übungen müssen das Kind nicht von den übrigen Kindern der Klasse absondern. Die Mitschüler/innen können häufig problemlos einbezogen werden und beteiligen sich daran auch gerne, wenn die Erwachsenen den Kindern richtig erklärt haben, wie bedeutsam ihre Mitarbeit ist.

Die Muster der Verhaltenskontrolltechniken sind so verschieden wie die Kinder und ihre Epilepsien. Für jedes Kind wird ein individuelles Programm erstellt. Ein wesentlicher Vorteil dieser Behandlungsmethode ist: Ein überlegtes Umgehen mit der Krankheit, Wissen um das eigene Anfallsgeschehen bzw. das des Mitschülers. Alle Kinder erleben sich bewusster im wahrsten Sinne des Wortes.

10.4 Ein anfallkrankes Kind in der Klasse

Kinder mit Epilepsien finden sich in allen Schulformen. In Integrationsklassen kann mit Sicherheit am günstigsten auf die sehr unterschiedlichen Probleme dieser Kinder eingegangen werden. Als Folge der Erkrankung an Epilepsie können bei dem Kind folgende Probleme auftreten – dies muss aber auch nicht sein:
- Gedächtnisstörungen, vor allem des Kurzzeitgedächtnisses
- Konzentrationsstörungen
- Verlangsamung
- Störungen beim Problemlösen im höheren kognitiven Bereich
- Störungen im sprachlichen Bereich, stammeln, stottern, grammatikalisch falsches Sprechen
- grob- und feinmotorische Schwierigkeiten
- gelegentliche, kurzfristige Ausfälle, Leistungsschwankungen, Stimmungsschwankungen

Viele Kinder reagieren auf ihre Anfälle im Vorfeld, im Nachfeld, sie reagieren auf Medikamente und auf klimatische Veränderungen. Wie Kinder mit Epilepsien lernen, hängt außer von ihren beschriebenen Schwierigkeiten im kognitiven Bereich mindestens ebenso stark von ihrem Umfeld und ihrer Persönlichkeitsstruktur ab. Alle Faktoren bedingen sich wechselseitig. So sollten Lehrer/innen den Kindern, bei denen Gedächtnisstörungen auftreten, Unterrichtsmaterial nach Möglichkeit schriftlich vorlegen und bei Störungen des Kurzzeitgedächtnisses den Stoff öfter wiederholen lassen. Schüler/innen, die verlangsamt arbeiten, sollten die Möglichkeit haben, in ihrem eigenen Tempo zu arbeiten. Der Zeitstress, in den sie durch den Stundentakt geraten, kann sich auf Kinder mit Epilepsien besonders negativ, im Einzelfall auch Anfall auslösend auswirken. Umfragen unter Kindern mit Epilepsien haben ergeben, dass sie sich psychisch belastet fühlen, denn:

- Sie können nie vorhersagen, wann der Anfall kommt. Das verunsichert, macht viele ängstlich und hält sie von Unternehmungen zurück.
- Sie erleben hilflos, wie sie die Kontrolle über den eigenen Körper im Anfall verlieren.
- Der Anfall verweist drastisch und für alle sichtbar auf die Grunderkrankung.

Wenn die Gefühle wie Ausgeliefertsein, Machtlosigkeit, Angst vor dem nächsten Anfall zu stark werden, nehmen sie Einfluss auf das Lernverhalten. Die Kinder werden ängstlich und trauen sich nichts mehr zu. Eine Haltung, die häufig noch durch die selbst stark verunsicherten Eltern, Erzieher/innen und Lehrer/innen verstärkt wird. Wenn Kinder überbehütet werden, wenn sie zusätzlich zu ihren krankheitsbedingten Schwierigkeiten im Wechsel über- und unterfordert werden, bleibt es nicht aus, dass die Kinder »verhaltensauffällig« werden.

Lehrer/innen sollten sich bei einem Kind mit Epilepsie möglichst wenig restriktiv verhalten. Das gilt auch beim Sport. Hier muss die individuelle Anfallsform des Kindes bei der Beurteilung berücksichtigt werden. Kinder mit Aufwachepilepsien z. B. können bedenkenlos an allen Sportarten teilnehmen. Bei Kindern mit überraschenden Sturzanfällen (ohne Aura) dagegen ist Vorsicht geboten, z. B. beim Seilklettern oder Schwimmen.

Die Akzeptanz des Kindes in seiner Klasse ist wichtig. Mitschüler/innen, deren Eltern und die Lehrer/innen sollten informiert werden. Ein Grund für die Aussonderung von Kindern mit Epilepsien aus den allgemeinbildenden Schulen ist oft Unwissen und Unerfahrenheit. Im miteinander Leben und Lernen aller Kinder verliert auch der Anblick eines »Grand mal« seinen Schrecken.

10.4.1 Lehrer/innen haben einen Verdacht – Wie mit den Eltern reden?

Manchmal haben Lehrer/innen den Verdacht, die Schulschwierigkeiten eines Kindes könnten auf eine Epilepsie zurückzuführen sein. Sie wissen nicht, ob das Kind bereits in Behandlung ist und die Eltern darüber bisher nicht sprechen wollten oder ob die Eltern – aus Unkenntnis oder Ängstlichkeit – mit dem Kind bisher noch nicht bei einem Facharzt waren. Was ist zu tun?

Das Lehrer/innen-Eltern-Gespräch

Es ist gut, wenn der Verdacht, bei den Problemen und Auffälligkeiten eines Kindes könnte es sich ursächlich um eine Epilepsie handeln, schnell geklärt werden kann. Das Gespräch mit den Eltern ist unumgänglich. Was bedeutet ein ausgesprochener Verdacht für die Mutter und den Vater? Erleichterung oder Verunsicherung? Ganz wichtig ist es für die Eltern, dass die Lehrer/innen sie nicht ohne Hilfe stehen lassen. Lehrer/innen könnten sich vorher informieren und die Informationen an die Eltern weitergeben. Sinnvolle Angebote können sein:
- die Adresse eines Kinderneurologen mit Zusatzzertifikat Epilepsie, der über ein EEG eindeutig abklären kann, ob eine Epilepsie vorliegt oder nicht
- Vermittlung von Gesprächspartnern in einer Epilepsie-Selbsthilfegruppe
- eventuell Begleitung in die Gruppe, in jedem Fall aber Gesprächsbereitschaft

Ein offenes Benennen des Verdachts ist auch deshalb angebracht, weil nicht wenige Eltern, vor allem wenn die Behinderung erst spät erkannt wird, mit Erleichterung reagieren: Sie wussten schon lange, dass »etwas nicht stimmt«. Ihre Angst, ihre Unsicherheit hat endlich einen Namen bekommen. Für das erste Gespräch mit den Eltern ist es manchmal hilfreich, wenn es in einem privaten Rahmen, eventuell bei einem Hausbesuch, stattfindet.

10.4.2 Eltern kennen die Diagnose – Wie mit den Lehrer/innen reden?

Manche Eltern sind unsicher, ob sie über die Epilepsie ihres Kindes in der Schule offen sprechen können. Wenn in einer Schule eine Integrationsklasse eingerichtet wird, wenn ganz sicher feststeht, dass die Offenheit der Eltern nicht zu einem Sonderschul-Überweisungsverfahren führt, sondern eventuell sogar die Bewilligung von zusätzlichen Lehrerstunden oder die Begleitung durch einen Schulhelfer sichert, dann sind dies die günstigsten Voraussetzungen für ein Eltern-Lehrer-Gespräch.

Das Eltern-Lehrer/innen-Gespräch

Wunschziel aller Beteiligten ist ohne Zweifel eine gute, vertrauensvolle Zusammenarbeit, für die die Aufklärung der Lehrer/innen, die mit dem Kind zu tun haben, Voraussetzung ist. Diese gute Zusammenarbeit gibt es im Idealfall von Anfang an. Meistens jedoch wird sie in vielen kleinen Entwicklungsschritten erarbeitet, die eng verbunden sind mit den Erfahrungen und dem individuellen Entwicklungsprozess aller Beteiligten: Mutter und Vater, Lehrer/innen und Kinder.

Offenheit vonseiten der Eltern sollte nicht absolut gefordert werden, sondern der Situation entsprechen. Sicherlich ist es für Eltern leichter, mutigen, handfesten Lehrer/innen die Wahrheit zu sagen ohne Furcht, damit das Signal zu einem Aussonderungsverfahren zu geben. Viele Eltern haben aber auch schlechte Erfahrungen gemacht mit ängstlichen, (über-)besorgten, sich schnell überfordert fühlenden Lehrer/innen. Zurückhaltung kann unter den bestehenden schulischen Bedingungen durchaus angebracht sein, wenn das Kind nur sehr selten Anfälle hat, nur nachts krampft und in der Schule keinerlei Schwierigkeiten hat. Eltern befürchten oft zu Recht, dass Offenheit ihrem Kind mehr Schaden als Nutzen bringt, dass das Kind zu sehr in den Mittelpunkt des Interesses rückt, dass Unsicherheit und Angst der Lehrer/innen Schonhaltungen, Überbehütung oder gar Aussonderung zur Folge haben kann.

Bei einer offensichtlichen Epilepsie oder bei Schwierigkeiten des Kindes in der Schule haben Eltern keine Wahl. Ein Kind, das im Unterricht krampft, braucht Hilfe, ebenso ein Kind, das sich mit Lernproblemen und scheinbaren »Verhaltensauffälligkeiten« herumquält. Nur gut informierte Lehrer können angemessen und richtig reagieren. Hier sollten die Eltern so schnell wie möglich das Gespräch suchen. Sie haben einen erheblichen Wissensvorsprung, sie haben sich mit dem Krankheitsbild auseinandergesetzt, während die Lehrer/innen mit einer Situation konfrontiert werden, auf die sie in der Regel nicht vorbereitet waren. Eltern sollten in diesem Fall Verständnis für Abwehr- und Angstreaktionen vonseiten der Lehrer/innen aufbringen und sie nicht zu persönlich nehmen. Dies kann Eltern bei ihrer emotionalen Beteiligung schwerfallen. Als hilfreich hat es sich für die Kommunikation zwischen ängstlichen Eltern und unsicheren Lehrer/innen erwiesen, dritte Personen zum Erstgespräch hinzuzuziehen. Im Idealfall sind dies Lehrer/innen, die bereits ein anfallkrankes Kind in ihrer Klasse haben, integrationserfahrene Eltern anfallkranker Kinder oder eine andere »Person des Vertrauens«, z. B. die Elternvertreter der Klasse. Auch Lehrer/innen dürfen in einer für sie neuen Situation nicht alleingelassen werden.

Günstig ist es, wenn Lehrer/innen von der Schulleitung für Fortbildungen freigestellt und über die individuellen, krankheitsbedingten Schwierigkeiten des Kindes informiert werden. Literatur zum Thema, welche die Eltern kennen und von der sie sagen, dass sie ihnen für das Verständnis ihres Kindes geholfen habe, kann auch für die Lehrer/innen hilfreich sein. Die Eltern sollten sich bei einem solchen Gespräch nicht scheuen, den Lehrer/innen diese Literatur in die Hand zu geben.

Ob Kinder an einer Epilepsie oder an ihren Anfällen leiden, d.h. ein »Anfallsleiden« haben, hängt – bezogen auf die Schule – von der Schaffung geeigneter Lernbedingungen ab. In Integrationsklassen müssen Kinder mit einer Epilepsie nicht leiden. Binnen- und leistungsdifferenzierter Unterricht, Zwei-Pädagogen-System, kleinere Klassen sind gut für alle Kinder. Kinder mit Epilepsien haben hier die Möglichkeit, ganz normale Schüler/innen zu sein, mit Zuspruch ihrer Lehrer/innen, Akzeptanz durch ihre Mitschüler/innen, positiver Betonung ihrer Lernerfolge.

11. Kinder mit großen Lernproblemen in Integrationsklassen

Die zahlenmäßig größte Gruppe von Kindern, die in den deutschsprachigen Ländern nicht in die »normalen« Schulen an ihrem Wohnort gehen dürfen, sondern in eine Sonderschule gehen müssen, ist die Gruppe von Kindern, die als »Lernbehinderte« bezeichnet werden.

»Lernbehinderung« ist kein bestimmtes Merkmal des einzelnen Kindes. Dies sind Kinder, die in ihrer Entwicklung verzögert sind, die langsamer oder anders lernen als die Mehrzahl der anderen Kinder. Sehr häufig sind es Kinder, die in einer schwierigen sozialen Situation leben. Zu der Gruppe gehören auch Kinder mit sogenannten »Teilleistungsstörungen«. In deutlich erkennbaren Teilbereichen hat das Kind Schwächen, während es in anderen Bereichen gute oder sogar sehr gute Leistungen zeigt. Am häufigsten wird die Lese-Rechtschreib-Schwäche (Legasthenie) und die Rechenschwäche (Dyskalkulie) diagnostiziert. In den letzten Jahren haben Kinderpsychologen und Kinderärzte das Krankheitsbild der sogenannten leichten Hirnschädigung (Minimale zerebrale Dysfunktion = MCD) beschrieben, dessen auffälligstes Merkmal die allgemeine Unruhe und geringe Konzentrationsfähigkeit ist.

Es ist völlig falsch, diese Kinder wegen Schwierigkeiten in Teilbereichen aus der Gruppe der anderen Kinder herauszunehmen. Wenn besondere Trainingsangebote gemacht werden, dann müssen sich diese in den Unterrichtsablauf der gesamten Klasse integrieren, d.h. es muss für alle Kinder »normal« sein, dass alle zur selben Zeit Verschiedenes tun. In einer solchen Arbeitsatmosphäre stört auch eine Therapeutin oder eine speziell ausgebildete Lehrerin nicht, die gelegentlich in die Klasse kommt, um mit dem einzelnen Kind oder einer kleinen Gruppe an besonderen Aufgaben zu arbeiten oder um die Lehrer/innen mit den Übungsmaterialien und Arbeitsmethoden vertraut zu machen, die das einzelne Kind für die Bearbeitung seiner speziellen Probleme benötigt.

Den meisten dieser Kinder wäre bereits viel genutzt, wenn sie in einer kleineren Klasse, im Zwei-Pädagogen-System und mit Formen des offenen Unterrichts lernen könnten. Dann kann sich die eine Lehrerin – zumindest phasenweise – auf die speziellen Lernschwierigkeiten der einzelnen Kinder mit einer eindeutigen Diagnose vorbereiten, während die andere das Programm für die ganze Klasse schwerpunktmäßig vorbereitet. Durch regelmäßige Absprachen sollte jedoch gesichert werden, dass die Kinder an gemeinsamen inhaltlichen Projekten arbeiten können.

Nicht alle Kinder mit großen Lernproblemen werden an Sonderschulen überwiesen. Sie bleiben in den »normalen« Klassen, wenn sich eine Lehrerin engagiert, wenn eine Mutter, eine Großmutter oder eine Nachbarin nachmittags mit dem Kind das nachholen kann, was es am Vormittag nicht geschafft hat. Manchmal verbleiben diese Kinder einfach nur deshalb in der Regelklasse, weil in kleineren Grundschulen die Lerngruppe jeden einzelnen Schüler braucht, damit die Klasse oder gar die Schule nicht geschlossen wird. Wird jedoch das besondere Lernbedürfnis dieser Kinder nicht berücksichtigt, bleiben sie immer »die Letzten«. Manchmal sind sie die verspotteten Außenseiter, für die es eventuell tatsächlich günstiger wäre, wenn sie in einer Sonderschule die ihren besonderen Problemen entsprechende Beachtung finden würden. Diese Kinder und ihre Familien werden aber unglücklich mit der Regelschule sein, solange die Schule sich nicht ändert.

Vor allem die Kinder mit den eindeutig diagnostizierten Teilleistungsstörungen benötigen die besondere Zuwendung der Lehrer/innen. Es reicht nicht aus, mit den Fehlern dieser Kinder liebevoll umzugehen. Es ist zwar sehr wichtig, sie nicht für die Schwächen, die sie selbst in keiner Weise alleine beheben können, auch noch zu bestrafen. Aufgabe der Lehrer/innen ist jedoch darüber hinaus, diese Kinder beim Lernen zu unterstützen. Für Kinder mit Teilleistungsstörungen ist vor allem eine sehr genaue Beobachtung notwendig, z. B.:

- Manche Kinder haben ein schwaches Kurzzeitgedächtnis. Sie schaffen es nicht, ein Wort an der Tafel zu lesen und es sich so zu merken, dass sie es in ihrem Heft richtig aufschreiben können. Legt man ihnen den Text jedoch direkt vor ihre Augen auf ihren Arbeitsplatz oder bekommen sie die Gelegenheit, von einer zuverlässig richtig schreibenden Nachbarin abzuschreiben, dann schaffen sie dies auch (meist) fehlerlos. Diesen Kindern ist nicht geholfen, wenn man ihnen ständig wieder neu die Übungen abverlangt, an denen sie scheitern. Gibt man ihnen jedoch Zwischenstufen, die es ihnen dann erleichtern, dieselben Ziele zu erreichen, dann schaffen sie es zumeist – wenn auch mit etwas mehr Zeit.
- Viele Kinder haben große Schwierigkeiten, wenn Anweisungen nur mündlich gegeben werden. Ihr Wortverständnis reicht nicht aus. Wenn die Lehrerin sagt: »Nehmt eure Federtaschen raus!«, dann reagieren sie nicht – und dies ist kein böser Wille oder bloße »Schusseligkeit«. Bei vielen Kindern merkt man derartige Aufnahmestörungen zunächst gar nicht, denn die Kinder haben bereits ihre Strategien entwickelt, um damit zu leben. Wenn sie z. B. sehen, dass die anderen auch ihre Federtaschen nehmen, dann tun sie dies. Wenn ein Kind also etwas Falsches tut und sich dann darauf beruft: »Der hat doch auch …!«, dann sollte man sich als Lehrerin erst einmal vornehmen, dieses Kind genauer in seinem Wahrnehmungsverhalten zu beobachten, statt das Kind mit Sprüchen zu konfrontieren, wie: »Wenn andere von der Brücke springen, dann springst du doch auch nicht!« Diesen Kindern ist – besonders am Beginn der Schulzeit – viel geholfen, wenn wichtige Anweisungen mit Symbolen und für alle sichtbar gegeben werden und dann für die Dauer der Arbeit an der Wand bleiben (z. B. die Symbole für »Stuhlkreis«, »Partnerarbeit«, »Rechnen« und »Sport«). Lehrer/innen, die sich darüber beschweren, dass Kinder heutzutage nicht mehr richtig zuhören können, müssen sich bewusst machen, dass viele Kinder wenige Gelegenheiten haben, das Zuhören zu lernen. Wenn sie dies am Beginn ihrer Schulzeit noch nicht können, benötigen

sie Unterstützung, um mit den entsprechenden Hilfsmitteln so zu lernen, wie sie es können.
- Andere Kinder sind – eventuell bedingt durch optische Reizüberflutung – kaum in der Lage, sich auf das gesprochene Wort zu konzentrieren, wenn sie zugleich durch Bilder oder eine (für die meisten Kinder anregende) ausdrucksstarke Mimik der Lehrerin abgelenkt werden. Wenn die Lehrerin dies weiß, dann kann es durchaus sinnvoll sein, die eigene Mimik ein wenig zu zügeln, oder: Im Zwei-Pädagogen-System genau zu beobachten, bei welcher der beiden Lehrer/innen das Kind aufmerksamer zuhören kann.

Die spezifischen und ganz speziellen Lernstörungen eines Kindes zu erkennen, ist oft schwierig. Lehrer/innen, die ausschließlich alleine in der Klasse unterrichten, haben zumeist nicht die Gelegenheit, die Ursachen zu erkennen oder dann, wenn sie darauf aufmerksam geworden sind, auf die speziellen Lernbedürfnisse auch einzugehen. Die meisten dieser Kinder sind vor ihrer Schulzeit nicht besonders aufgefallen. Wenn dann während der Schulzeit die Schwierigkeiten sichtbar werden, dann sind viele Lehrer/innen hilflos. Alleine können sie im Unterricht nichts tun. Während des laufenden Schuljahres gibt es zumeist keine Möglichkeit, zusätzlichen Förderunterricht bewilligt zu bekommen. Selbst dann, wenn die Eltern in Eigeninitiative Hilfe für ihr Kind finden, indem sie einen Therapieplatz bei einer ausgebildeten Kinderpsychologin erhalten, reicht die Zeit der Lehrer/innen oft nicht aus, um sich mit der Therapeutin darüber abzusprechen, wie die Übungen, welche außerhalb der Schule dem Kind Erleichterungen verschaffen, auch in den Unterricht einbezogen werden können. Für diese Kinder ist ein Zwei-Pädagogen-System ein wahrer Segen. Bei diesen Kindern zeigen sich häufig so eindeutige Erfolge, dass sie nur eine vorübergehende besondere Förderung von etwa zwei bis vier Jahren benötigen und danach ohne alle Schwierigkeiten ihre Schullaufbahn beenden können.

Ein Beispiel

Tobias ist acht Jahre alt. Er ist das fünfte von sechs Kindern. Seine Mutter erzieht ihre Kinder allein. Sie geht verschiedenen Jobs nach, um das karge Familieneinkommen aufzubessern. Sie ist bei der Erziehung der Kinder auf die Mithilfe ihrer ältesten Tochter (13) angewiesen. Sonst wäre es noch schwieriger für sie, die Kinder ordnungsgemäß zu versorgen. Mit Tobias, bei dem eine schwere Sehschädigung diagnostiziert wurde, gibt es immer ein fürchterliches Theater, wenn er seine Brille aufsetzen soll. »Die sieht doof aus«, sagt er, »und die tut weh!«. Mutter und Schwester haben seit einiger Zeit den Kampf mit ihm aufgegeben. Niemand hatte Zeit, mit ihm zum Augenarzt zu gehen; und das Problem geriet in Vergessenheit. Seitdem geht Tobias ohne Brille.

Im zweiten Schuljahr bekommt Tobias eine neue Lehrerin, die nichts von seiner Sehschädigung weiß. Tobias setzt sich mit seinem besten Freund in die vorletzte Reihe.

Der Unterricht wird lehrerzentriert durchgeführt und geht größtenteils an Tobias vorbei. Er stört häufig den Unterricht, seine schriftlichen Arbeiten sind unvollständig, das Schriftbild unleserlich. Nach einem halben Jahr sieht die Lehrerin keine andere Möglichkeit, als ihn zur Überprüfung für die Sonderschule vorzuschlagen. Aber durch welche Schule soll sie ihn überprüfen lassen? Ist er lernbehindert, verhaltensbehindert? Anders gefragt: Wer oder was behindert Tobias eigentlich?

Ein verständnisvolles Umgehen mit den besonderen Lernbedingungen der benachteiligten Kinder macht nicht die Überweisung an die Schule für Lernbehinderte notwendig, sondern die Beteiligung einer speziell qualifizierten Lehrerin am Unterricht einer Integrationsklasse. Diese Kinder benötigen ihre eigenen Lernziele! Sie dürfen in der Integrationsklasse nicht ständig das Gefühl haben, den anderen Kindern hinterherzulaufen und das Ziel doch nicht zu erreichen.

11.1 Zieldifferenter Unterricht für Kinder mit Lernproblemen

Im offenen Unterricht mit binnendifferenzierenden Maßnahmen wird in der Regel davon ausgegangen, dass die Kinder zwar zur selben Zeit an unterschiedlichen Aufgaben arbeiten, jedoch letztlich in einer überschaubaren Zeit zu denselben Zielen gelangen werden. Ein völlig neues Denken wird bei zieldifferentem Lernen gefordert. Für die Lehrer/innen ist dies – neben der Herausforderung der Kooperation mit einem zweiten Erwachsenen im Klassenzimmer – mit Sicherheit die schwierigste Umstellung im Vergleich zum herkömmlichen Unterricht. Zu Beginn sind zwei verschiedene Fehler häufig anzutreffen:
- Die Kinder mit großen Lernschwierigkeiten sollen sich an denselben Lernzielen orientieren, wie die Mehrzahl der Mitschüler/innen, oder:
- Für die Kinder mit großen Lernschwierigkeiten werden gar keine oder nur sehr ungenaue Lernziele formuliert.

Im ersten Fall kann es sein, dass die Lehrer/innen zu dem einzelnen Kind sehr lieb und freundlich sind. Sie bemühen sich auch, das Kind in seinen individuellen Lernfortschritten zu bestätigen. Das Kind selbst spürt aber immer wieder: »Ich schaffe es nicht!« Ein ehrgeiziges Mädchen versucht vielleicht, alleine oder mit Unterstützung am Nachmittag das nachzuholen, was es am Vormittag nicht geschafft hat und überfordert sich ständig. Ein Junge schaltet irgendwann einmal ab, entscheidet für sich: »Ich will das nicht!«

Manche Lehrer/innen erklären der ganzen Klasse eine Aufgabe und sagen dem Kind mit den großen Lernschwierigkeiten ausdrücklich: »Das ist keine Aufgabe für dich! Das musst du nicht rechnen! Das musst du nicht lesen!« – Aber was dann? Ein solches Kind sitzt vielleicht im Morgenkreis und muss all seine Energie verwenden, ruhig auf seinem Stuhl sitzen zu bleiben, nicht zu stören, vielleicht noch so zu tun, als ob es etwas verstünde. Am Ende dieser ersten zehn Minuten des Tages weiß es nicht, was es weiter machen soll. Seine besondere Leistung, dass es nämlich zehn Minuten still gesessen hat, erkennt niemand. Im Unterricht, der die Verschiedenheit aller Kinder berücksichtigt, benötigen die Kinder mit großen Lernschwierigkeiten klare Aussagen über ihre Ziele, und zwar über die Ziele, die sie nach Einschätzung der Lehrer/innen tatsächlich erreichen können.

Ein Beispiel

In einer ersten Klasse sind nach dem ersten Halbjahr beim Lesen- und Schreibenlernen die meisten Buchstaben bereits eingeführt. Die Mehrzahl der Kinder kann die bekannten Wörter lesen. Für Dirk sind Buchstaben noch etwas Fremdes, dem er keinen Sinn zuordnen kann. Die Lehrer/innen haben aber festgestellt, dass er sich in seinem gesamten Verhalten stark an den Mitschüler/innen orientiert. Er erinnert sich sehr genau, wer ein bestimmtes Bild gemalt hat oder wem die Jacke gehört, die im Umkleideraum der Turnhalle vergessen wurde.

Die Lehrer/innen formulieren für ihn das Ziel: Dirk soll die Namen der Kinder richtig zuordnen lernen. Er wird die Aufgabe erhalten, beim Basteln die Scheren auszuteilen und wieder einzusammeln. An den Scheren sind Namensschildchen befestigt. Er wird von den Lehrer/innen und den Mitschüler/innen gelobt, wenn er seine Aufgaben richtig gelöst hat, wenn er die für ihn formulierten Ziele erreicht.

Oder: Beim Rechnen können die meisten Kinder bereits mit Zehnerübergang bis zwanzig addieren. Dirk rechnet bis fünf. Die Kinder stellen sich gegenseitig Aufgaben, indem sie große Spielsteine von »Mensch ärgere Dich nicht« in der Mitte des Stuhlkreises aufstellen. »Wie viele Steine sind es insgesamt, wenn dort sieben gelbe und fünf rote Steine stehen?« Oder: »Sechs grüne und fünf blaue Steine?«

Als Dirk an der Reihe ist, erinnert die Lehrerin einen Schüler: »Denk dran, dass du eine Aufgabe stellst, die Dirk auch rechnen kann!« – Der Junge stellt drei gelbe und zwei rote Steine auf. Dirk geht in den Kreis, zählt die Steine. Gespannt beobachten ihn die Mitschüler/innen. Sie haben bereits gelernt, dass es Dirk nichts nutzen würde, wenn sie vorsagen. Er will seine eigene Aufgabe lösen. Als er die richtige Antwort sagt, klatschen die Kinder spontan Beifall. Dirk stellt eine neue Aufgabe mit vielen Steinen. Er guckt sich im Kreis um, überlegt genau, wen er aufruft, und sagt dann zu einem anderen Schüler: »Du musst aber aufpassen, ob das richtig ist. Ich kann das noch nicht.«

Dies ist ein kleines Beispiel für zieldifferenten Unterricht. Die beteiligten Kinder wissen, welches ihr jeweiliges Leistungsniveau ist. Sie kennen ihre Fähigkeiten und auch ihre Grenzen. Die Sicherheit, damit umzugehen, müssen ihnen die Erwachsenen geben. Für das einzelne Kind, von Fach zu Fach verschieden und in regelmäßigen Abständen, immer wieder neu müssen die Lehrziele formuliert werden, die für das Kind mit Lernschwierigkeiten die nächste Zone seiner Entwicklung so konkret beschreiben, dass sich die Kinder selbst daran orientieren können.

11.2 Zieldifferenter Unterricht nutzt allen Kindern

Lehrer/innen, die noch keine Erfahrungen mit zieldifferentem Unterricht haben, können es sich häufig nicht vorstellen, wie sich die besseren Schüler/innen gegenüber den leistungsschwächeren verhalten. Die Eltern der guten Schüler/innen sind misstrauisch, ob ihre Kinder in einem solchen Unterricht nicht zu kurz kommen. Am besten können solche Zweifel zerstreut werden, wenn der Unterricht gelegentlich für Hospitationen geöffnet und in Elterngesprächen die Gelegenheit gegeben wird, sich konkret über die Art des Unterrichtens zu informieren. Besonders die Skepsis der Eltern muss sehr ernst genommen werden. Sie selbst haben in ihrer Schulzeit mit großer Wahrscheinlichkeit nur Frontalunterricht erlebt, sie befürchten, ihre Kinder könnten nicht genug lernen. Manchmal ist es notwendig, den Eltern bewusst zu machen, dass es nicht selbstverständlich ist, wenn ein gut lernendes Kind gerne in die Schule geht, sich nicht langweilt, an eigenen Zielen arbeiten darf. Im herkömmlichen Unterricht verstecken gute Schüler/innen manchmal ihre besonderen Fähigkeiten, weil sie befürchten, als »Streber/in« aus der Gemeinschaft ausgegrenzt zu werden. Die Akzeptanz der Verschiedenheiten führt auch zu einer größeren emotionalen Stabilität der guten Schüler/innen.

12. Benachteiligte Kinder in Integrationsklassen

Nur selten wurden bisher Integrationsklassen wegen einzelner Kinder mit großen Lernschwierigkeiten eingerichtet. Eines der größten Probleme dieser Kinder ist die Tatsache, dass ihre Eltern sich nicht in einem besonderen Maße für sie engagieren können. Viele Eltern scheuen sich davor, gegen eine Behörde etwas durchzusetzen. Nur in den Schulen, in denen das Kollegium für sich das Ziel formuliert hat, kein Kind auszugrenzen, werden die Kinder mit großen Lernschwierigkeiten und ihre Eltern die Sicherheit haben, dass sie so akzeptiert werden, wie sie sind. Dies bedeutet, dass ein Kind nicht bereits vor Beginn seiner Schulzeit zum »Lernbehinderten« abgestempelt werden muss, um die Vorteile einer Integrationsklasse nutzen zu können.

In den allermeisten Fällen ist in den deutschsprachigen Ländern geregelt, dass bereits vor Beginn der Schulzeit festgelegt wird, ob ein Kind einen besonderen Förderbedarf hat. Günstiger wäre es, wenn an jeder Grundschule einige Sonderpädagog/innen arbeiten würden, die die Kinder und die Grundschullehrer/innen beim gemeinsamen Lernen unterstützen. Den Eltern müsste ihr Kind dann nicht als ein Wesen erklärt werden, das irgendwie besonders ist, wenn sie selbst es bisher nicht als »behindert« gesehen haben.

Wie schwierig dies ist und wie notwendig, dass Eltern in diesem Prozess verständnisvolle Unterstützung erhalten, soll am Beispiel von Lars verdeutlicht werden:

Ein Beispiel

Lars ist ein lebhafter, quirliger Junge. In einer Schar von Kindern auf einem Spielplatz oder vor dem Spielecomputer eines Kaufhauses würde er keinem Menschen als irgendwie »behindert« auffallen.

Auch seine Mutter war bisher immer mit ihm einverstanden. Wegen ihrer Berufstätigkeit ist Lars den ganzen Tag über in einem Kindergarten. Abends und am Wochenende spielt er am liebsten mit Bausteinen. Er setzt mit großer Geduld Modellautos zusammen. Ein ganz spezielles, fernlenkbares Auto wäre sein größter Wunsch. Doch dafür hat das Geld bisher nicht gereicht. Vielleicht bekommt er von seinem Vater, der von der Familie getrennt lebt, demnächst ein solches Auto zum Geburtstag geschenkt.

Nun ist Lars acht Jahre alt. Er ist einmal aus der ersten Klasse wieder in die Vorklasse zurückversetzt worden. Vor fünf Wochen erfuhr die Mutter, dass er in eine Sonderschule für Lernbehinderte umgeschult werden soll. Warum? – Die Mutter versteht die Welt nicht mehr. Sie hat niemanden, mit dem sie über diese Probleme sprechen kann.

Der Lebensweg von Lars wäre sehr viel anders verlaufen, wenn sie nicht zufällig gerade an dem Tag, an dem sie mit verweinten Augen mit dieser Nachricht aus der Schule kam, im Hort die ehemalige Kindergärtnerin von Lars getroffen hätte. Wenn der Erzieherin nichts aufgefallen wäre und sie sich nicht die Zeit genommen hätte, um mit der Mutter über ihre Sorgen zu sprechen, dann wäre Lars inzwischen in einer Sonderschule für Lernbehinderte. Die Mutter hätte sich mit dieser Tatsache irgendwie abfinden müssen, wie sie sich schon mit so vielem hat abfinden müssen, und die Geschichte wäre hier zu Ende.

Doch: Die Kindergärtnerin wundert sich. Einfach in eine Sonderschule einschulen? Das soll doch gar nicht mehr so einfach möglich sein? Sie hat einmal etwas von Integrationsklassen und Förderausschüssen gehört. Genau wüsste sie nicht Bescheid. Sie verspricht der Mutter, am nächsten Tag in der Schule anzurufen und sich zu erkundigen.

Diese Erzieherin nahm sich die Zeit, rief in der Schule an. Die Schulleiterin war nicht zu sprechen, aber vielleicht könnte die Sekretärin weiterhelfen? »Was? Eine Integrationsklasse? Wie stellen Sie sich das denn vor? So etwas haben wir an unserer Schule nicht!« – »Na ja, so kleinere Klassen und, dass manchmal eine Lehrerin von der Sonderschule dazu kommt, um die schwächeren Schüler zu unterstützen.« –

»Das wird bei uns überhaupt nicht gehen. Dafür haben wir nicht einmal genügend Klassenräume!« – »Und wenn die Eltern mit einer Überweisung an eine Sonderschule nicht einverstanden sind?« – »Das nützt ihnen gar nichts. Diese Entscheidung treffen die Lehrer/innen und die Schulleiterin. Das Schulamt genehmigt die Überweisung an die Sonderschule, und dann haben wir nichts mehr damit zu tun. Ich schicke den Schülerbogen an die zuständige Sonderschule, und dann ist für uns die Sache erledigt!«

Die Erzieherin war empört. Wenn an diesem Nachmittag nicht eine Dienstbesprechung stattgefunden und sie den Inhalt des Telefonats nicht einer Kollegin erzählt hätte und wenn sich nicht noch eine andere Kollegin in das Gespräch eingemischt hätte, dann wäre die Geschichte von Lars hier ein zweites Mal zu Ende gewesen.

Jene andere Erzieherin wusste genau Bescheid. Sie hat selbst eine hörbehinderte Tochter, deretwegen ist sie in einem Elternverein engagiert, kennt alle Vorschriften und brachte am nächsten Tag das entsprechende Rundschreiben mit in den Kindergarten. Gemeinsam beschlossen die beiden Erzieherinnen, die Mutter von Lars zu unterstützen. Zu dritt gingen sie in die Schule und forderten von der Schulleiterin, einen Förderausschuss einzuberufen. – »Was soll das denn sein?«

»Dass Lars – eventuell mit zusätzlicher Unterstützung – hier in diese Schule eingeschult wird. So wie wir Lars aus dem Kindergarten kennen, verstehen wir überhaupt nicht, dass er an eine Sonderschule gehen soll!«

»Die Sonderschule wird für Lars das Beste sein. Wir haben zum nächsten Schuljahr so viele Anmeldungen, dass wir größere Klassen einrichten als bisher. Lars wurde doch schon einmal zurückgestellt, und die Mutter war damit einverstanden!«

Die Mutter platzt fast vor Empörung: »Das war für mich damals genauso unverständlich wie heute. Acht Wochen nach Beginn der ersten Klasse sagte mir die Klassenlehrerin, Lars müsse in die Vorklasse zurück. Ich war damals keineswegs damit einverstanden, aber was sollte ich denn machen? Außerdem hatte sich mein Mann damals gerade von uns getrennt. Ich dachte wirklich, es sei für Lars das Beste. Doch in dem einen Jahr ist er noch verspielter geworden. Er hat es damals als große Bestrafung aufgefasst, dass er nicht mehr weiter mit seinen Freunden in die Schule gehen durfte, sondern – wie er sagt: ›Immer mit den Kleinen in der Vorklasse spielen‹. Das ist sein Problem: Nachmittags im Hort ist er bei den Erstklässlern und vormittags im Kindergarten »bei den Kleinen«. Ich hätte mich damals schon gegen die Zurückstellung wehren müssen! Und jetzt sagen Sie, weil er doch schon zurückgestellt ist, kommt er an die Sonderschule. Oder haben Sie etwa damit gerechnet, dass ich mich füge? Fast hätte ich mich damit abgefunden, wenn ich nicht Unterstützerinnen gefunden hätte. Und jetzt bestehe ich auf einem Förderausschuss!« – »Also gut! Aber ich kann Ihnen schon jetzt versichern, dass es Ihnen nicht viel nützen wird! Der Staat stellt dafür sowieso keine Mittel zur Verfügung. Denken Sie an die vielen Ausländer- und Übersiedlerkinder!«

Von der Schule wurde ein Termin festgesetzt, die Mutter drei Tage vorher telefonisch informiert. »Können Sie sich den Vormittag freinehmen?« – »Was bleibt mir denn anderes übrig? Wer kommt denn sonst noch dazu?« – »Eine Mitarbeiterin des schulpsychologischen Dienstes, eine Sonderschullehrerin sowie die jetzige Vorklassenlehrerin. Sie können eine Person Ihres Vertrauens mitbringen. Natürlich kann auch der Vater mitkommen.«

Als sie Lars vom Hort abholte, konnte sie wenigstens noch einmal darüber reden: »Das hätte mir gerade noch gefehlt. Der Vater, mit dem ich derzeit nicht einmal vor dem Scheidungsrichter reden kann, der soll jetzt mit in die Schule kommen? Was die sich immer denken! Statt einmal nachzufragen, wie es mir als Mutter damit geht, die wissen doch, dass wir gerade in Scheidung leben!«

Der Termin in der Schule fand statt. Die Mutter von Lars fühlte sich äußerst unsicher. Sie hatte während des ganzen Gesprächs einen dicken Kloß im Hals und musste mühsam ihre Tränen zurückhalten. Für sie war die einstündige Besprechung eine einzige Qual. Sie brachte kein Wort heraus. Die Erzieherin, ihre Vertrauensperson, musste für sie sprechen und erklärte ihr hinterher alles in Ruhe.

Einige Gedankenfetzen blieben im Kopf von Lars Mutter hängen: Lars ist eindeutig lernbehindert! Das hat schon die erfahrene Lehrerin ein Jahr vorher nach wenigen Wochen festgestellt. Und die junge, noch unerfahrene Lehrerin, die dieses Jahr zum ersten Mal eine Klasse übernimmt, will sich eine solche Aufgabe nicht zumuten. Die Schulpsychologin hat Lars bisher noch nicht gesehen. Es täte ihr ganz furchtbar leid, aber so kurzfristig habe sich kein Termin finden lassen. Aber sie könne ja heute gleich mit der Mutter einen Termin für einen Test verabreden. Die Sonderschule für Lernbehinderte wird zu Beginn des nächsten Schuljahres wieder eine erste Klasse einrichten. Dort hätte Lars nur sechs bis acht Mitschüler/innen, alle Vorteile einer kleinen Klasse und eine gut ausgebildete Sonderschullehrerin.

Die Schulleiterin schilderte in bewegten Worten alle Probleme der wilden, tobenden Kinder und ihrer anspruchsvollen Eltern, die sich bereits eindeutig gegen eine Integrationsklasse ausgesprochen hätten. Die Mehrheit der Eltern an dieser Schule sei gegen Behinderte.

Da horchte die Mutter auf: »Keine Behinderten? Aber Lars ist doch gar nicht behindert!« Die Schulleiterin erinnerte sie daran, dass sie bei der Einschulungsuntersuchung selbst erzählt hätte, Lars habe schon einmal »etwas am Kopf« gehabt.

Wie eine Schlafwandlerin verließ Lars' Mutter diese Verhandlung. Sie konnte weder etwas sagen, noch einen klaren Gedanken fassen, hatte auch nichts unterschrieben. In diesem Moment hatte sie nur den einen Wunsch, ihren Lars ganz fest in die Arme zu nehmen und mit ihm irgendwohin zu fliehen. Wie sollte sie ihr Kind noch lieben und akzeptieren, wenn diese Fachleute aus ihm plötzlich ein kleines Monster machten? Wäre sie alleine gewesen … – aber das mochte sie sich gar nicht vorstellen, auf welche dummen Gedanken sie an diesem Nachmittag gekommen wäre. So nahmen die beiden Erzieherinnen sie erst einmal mit in den Kindergarten, wo sie sich ausweinen konnte.

Wegen Lars und wegen eines weiteren Kindes mit Sprachschwierigkeiten wurde eine Integrationsklasse eingerichtet. Er hat Lehrer/innen gefunden, die auf seine besondere Lernsituation mit großem Verständnis und Geduld eingegangen sind. Irgendwann in den ersten beiden Schuljahren ist der »Knoten in seinem Kopf« geplatzt. Keiner kann genau sagen, wann das war. In einer Integrationsklasse hat er an seinen Zielen arbeiten können.

Kinder mit großen Lernschwierigkeiten benötigen vor allem das Vorbild und die Unterstützung der anderen Kinder. Kein Erwachsener kann den Kindern diese anderen Kinder ersetzen. Selbst dann, wenn sich Kinder mit Lernschwierigkeiten am Vormittag bei einer netten Lehrerin in der Sonderschule wohlfühlen, wird diese Lehrerin nicht das Problem des Kindes lösen können, das darin besteht: Außerhalb seiner Schule traut es sich nicht zu sagen, auf welche Schule es geht!

Es ist inzwischen eindeutig bewiesen: Je früher Kinder wie Lars auf eine Sonderschule für Lernbehinderte gehen, umso schlechter sind ihre Lernergebnisse (vgl. hierzu die Forschungsergebnisse von Hans Wocken).

13. Kinder mit erheblichen Störungen der Sprache in Integrationsklassen

Die Schule für Sprachbehinderte ist eine in der Gesellschaft akzeptierte Sonderschule. Sie führt den größten Teil ihrer Schüler/innen wieder an die Regelschule zurück (im Gegensatz zu den übrigen Sonderschulen). Weshalb die Schule für Sprachbehinderte diesen besonderen Status einnimmt, soll hier nicht ausführlicher diskutiert werden, kurz seien nur drei Gedanken angeführt, die zum weiteren Nachdenken anregen sollen:

Die Schule für Sprachbehinderte bietet kleine Lerngruppen an, in ihr wird – im Gegensatz zur Schule für Lernbehinderte – nach dem Grundschullehrplan unterrichtet. Sie hat einen extrem niedrigen Anteil von Ausländerkindern. Immer dann, wenn in einer Grundschule oder in ihrer Nähe Klassen für Sprachbehinderte eingerichtet werden, steigt der Anteil von Kindern an, bei denen eine besondere Auffälligkeit der Sprache diagnostiziert wird. Kinder mit Auffälligkeiten der Sprache sind zumeist diejenigen, die nebenbei von der Einrichtung einer Integrationsklasse profitieren. Hier finden diese Kinder zunächst die günstige Voraussetzung der kleineren Lerngruppe und des Zwei-Pädagogen-Systems vor. Es gehört zum Selbstverständnis einer integrativen Klasse, dass jedes Kind mit seinen individuellen Eigenarten geachtet wird, auch mit seinen Sprachproblemen. Stottern oder Stammeln, in unvollständigen Sätzen sprechen oder über einen geringen Wortschatz verfügen, wird kaum dazu führen, dass ein Kind ausgelacht oder ausgegrenzt wird.

Ein schwerwiegendes sprachliches Problem wird einerseits außerhalb des Unterrichts von einer frei praktizierenden Logopädin therapeutisch behandelt, oder eine Sonderpädagogin kommt mit in den Unterricht. Am sinnvollsten für das einzelne Kind sind die Übungen dann, wenn sie in den binnendifferenzierenden Unterricht eingebaut werden können. Wenn Einzelunterricht als notwendig angesehen wird, dann hat dies nur dann einen Sinn, wenn das Kind dies auch akzeptiert und nicht als Bestrafung ablehnt. Zeitlich begrenzter Einzel- oder Kleingruppenunterricht ist umso selbstverständlicher, wie es in der ganzen Klasse üblich ist, dass nicht alle Kinder zur selben Zeit immer dasselbe tun.

Viele Übungen, die zur Therapie von sprachentwicklungsverzögerten Kindern empfohlen werden, lassen sich sehr sinnvoll in spielerischer Form in den Unterricht mit allen Kindern oder mit kleinen Gruppen einbauen. In einer Integrationsklasse ist es ohne Schwierigkeiten möglich, dass die Sonderpädagogin, die eventuell ein- oder zweimal in der Woche wegen eines oder wegen zweier Kinder in die Schule kommt, in den Unterricht integriert wird. So oft wie möglich sollte dem betroffenen Kind selbst und den Mitschüler/innen bewusst gemacht werden, welche Übungen für die Verbesserung der Sprache nützlich sind. Zum Beispiel: Die Kinder spielen verschiedene Quartettspiele und achten gegenseitig auf ihre Aussprache, wenn sie nach den noch fehlenden Karten fragen.

Oft ist es sinnvoll, wenn die unmittelbare Aufmerksamkeit nicht auf das Sprechen gelenkt wird. Das Ergebnis einer Beobachtung, des genauen Lauschens oder des aufmerksamen Fühlens wird ausgesprochen. In der Klasse gibt es einen »Zauberbeutel«, in dem gelegentlich geheimnisvolle Gegenstände versteckt sind. Jedes Kind steckt beide Hände hinein, tastet die Gegenstände ab und beschreibt sie:

»Ich fühle etwas, das ist klein und rund, – nicht ganz rund, mehr länglich. Es ist glatt und ungefähr so groß wie eine getrocknete Bohne.« – Was ist das? Es ist eine Bohne. Wie viele schwierige Wörter sind in dieser kleinen Übung versteckt! Jedes richtig sprechende Kind ist ein Vorbild. Zugleich ist die Aufmerksamkeit der Kinder auf die Sache gelenkt. Die Lehrerin kann die Antwort bestätigen und nebenbei die richtige Aussprache anbahnen, indem sie das gesuchte Wort ausspricht, ohne dass die Kinder durch Verbessern unterbrochen werden.

Eine wichtige gemeinsame Übung besteht auch in dem genauen Hören auf laute und leise, angenehme und unangenehme Geräusche. Vom Tonband oder in der Natur kann auf Vogelstimmen gelauscht oder versucht werden, sie nachzuahmen.

Mehrmals habe ich in den vergangenen Jahren Integrationsklassen begleitet, in denen außer einem Kind mit schwerwiegender Behinderung auch ein Kind mit einer Sprachentwicklungsverzögerung war. In jedem Fall haben sich diese Kinder im Verlauf der ersten beiden Schuljahre so positiv entwickelt, dass die Diagnose: »Sprachbehinderung« keine Gültigkeit mehr hatte. Die sprachliche Auseinandersetzung mit den anderen Kindern ist für das Kind mit Problemen der Sprache das Wesentliche.

Ein Beispiel

Eine kleine Beobachtung in einer ersten Klasse: Dirk hat noch große Schwierigkeiten, in vollständigen und grammatikalisch richtigen Sätzen zu sprechen. Er kennt sein Problem. In einer Bastelstunde fällt ihm die Schere auf den Boden. Spontan sagt er zu dem Mädchen, das neben ihm sitzt: »Du – aufheben – Schere!« Das Mädchen guckt ihn mit großen, erstaunten Augen an. Aus ihrem Gesichtsausdruck lese ich: »Warum soll ich dir die Schere aufheben? Das kannst du doch selbst machen!«

Dirk zögert einen Moment, dann sagt er völlig selbstverständlich und fließend: »Lisa, hebst du mir bitte die Schere auf?« Darüber ist Lisa verblüfft, hebt ihm, ohne zu zögern, die Schere auf und legt sie auf seinen Platz. Dirk umarmt seine Nachbarin stürmisch: »Lisa, Liebling von Dirk!«

Kinder mit sprachlichen Problemen können in Integrationsklassen lernen, mit ihrem Stottern, ihrem Lispeln oder Stammeln in der Gemeinschaft aller anderen zu leben. Aus Angst, falsch zu sprechen, müssen sie nicht stumm werden, und sie können sich am sprachlichen Vorbild aller anderen Kinder orientieren. Dies ist mehr, als eine Lehrerin/ein Lehrer als einziges »normal« sprechendes Vorbild bieten kann.

14. Kinder, die als »geistig behindert« bezeichnet werden, in Integrationsklassen

Neben den sogenannten »Lernbehinderten« ist die Gruppe der »geistig Behinderten« die größte Gruppe von Kindern, die in den deutschsprachigen Ländern auf eine Sonderschule gehen. Die Vorurteile und Abwehr gegenüber diesen Kindern in der Bevölkerung sind groß. Bis vor wenigen Jahren sind sie als »schulbildungsunfähig«, allenfalls als »praktisch bildbar« eingestuft worden. Die Ursachen, welche zur Einweisung in eine Schule für geistig Behinderte führen, sind vielfältig.

Es kann die Folge eines erheblichen Sauerstoffmangels bei der Geburt sein, eine frühkindliche Hirnschädigung durch einen Unfall, die Folge eines Impfschadens, eines Hirntumors oder einer angeborenen Chromosomenstörung. Kinder, die sehr früh auf die Welt kamen und einen erheblichen Teil ihrer ersten Lebenszeit im Brutkasten oder in einer Kinderklinik verbringen mussten, können den Entwicklungsrückstand, der an ihrem Geburtsdatum gemessen wird, häufig nicht nachholen.

Für eine integrative pädagogische Förderung dieser Kinder ist die eindeutige medizinische Diagnose nicht unbedingt notwendig. Häufig können auch die Ärzte eine solche eindeutige Diagnose nicht stellen. Wesentlicher als die medizinische Diagnose sind die Antworten auf die Fragen:
- Wie verhalten sich die Eltern gegenüber der Behinderung ihres Kindes?
- An welcher Frühförderung hat sich das Kind beteiligt?
- Hat das Kind Erfahrungen im Umgang mit nicht behinderten Kindern?
- Welches Sozialverhalten hat das Kind entwickelt?
- Welche Fähigkeiten hat das Kind?

Im Umgang mit Kindern, die als »geistig behindert« bezeichnet werden, wird immer noch der Begriff des »Entwicklungsalters« benutzt. Über ein siebenjähriges Mädchen wird gesagt, es sei auf dem Stand einer Vierjährigen. Sein passives Sprachverständnis ist mit einem sechsjährigen Kind zu vergleichen. Seine körperliche Entwicklung ist altersgemäß, seine Sauberkeitserziehung entspricht der eines zweijährigen Kindes. In Bezug auf die Selbstständigkeit werden keine Aussagen gemacht, weil dieses Kind bisher nie die Gelegenheit erhalten hat, sich selbstständig zu bewegen.

Derartige Kennzeichnungen von Kindern sind völlig unbrauchbar für einen pädagogisch unterstützten Entwicklungsprozess. Sie berücksichtigen nur einen kleinen Teilbereich der kindlichen Entwicklung, zumeist nur das abstrakt-logische Denken. Solche Bezeichnungen berücksichtigen nicht den großen Einfluss, den eine anregende soziale Umgebung, das Vorbild von nicht behinderten Kindern und die Akzeptanz von Verschiedenheit in einer solidarischen Gemeinschaft bewirken können. Viele dieser Kinder sind am Beginn ihrer Schulzeit noch nicht in der Lage, Dinge zu tun, die für andere Kinder selbstverständlich sind, z. B. einen Wasserhahn auf- und zudrehen oder alleine den Schulweg zu bewältigen. Für diese Kinder ist es wichtig, die sehr komplexen Inhalte schulischen Lernens so aufzugliedern, dass sie das Kind ganzheitlich wahrnehmen und nachahmen kann. Auf »Vortun« und »Mittun« kommt es für diese Kinder an. Die Kinder lernen durch »Vortun« und »Mittun« das »Auch-tun-Wollen« und das »Auch-tun-Können«:

Sehr offensichtlich sind die Vorteile des gemeinsamen Unterrichts für die Kinder mit der Diagnose Down-Syndrom.

Ein Beispiel

Laura, ein Kind mit der Diagnose Down-Syndrom, besucht eine erste Klasse, eine Integrationsklasse. Für alle anderen Kinder sind das Lesen- und Schreibenlernen und das Rechnen wichtig. Laura kann weder mit den Buchstaben noch mit den Ziffern konkrete Vorstellungen verbinden. Für sie sind für das erste Halbjahr die folgenden Ziele formuliert worden:
- Laura soll Schrift von Nicht-Schrift unterscheiden lernen und ermutigt werden, andere Kinder aufzufordern, ihr das vorzulesen, was sie als Schrift erkennt.
- Laura soll »mehr und weniger«, »schwerer und leichter« unterscheiden lernen und die Ziffern wiedererkennen, die sie unterscheiden muss, wenn sie alleine mit dem Bus fährt.

Um die Ziele zum Vorbereiten des Lesen- und Schreibenlernens zu erreichen, werden unter anderem die folgenden Übungen in den Unterricht einbezogen:
- Immer dann, wenn die anderen Kinder etwas schreiben, wird auch Laura ermutigt, etwas zu schreiben. Ihre Schrift lässt noch keine Buchstaben erkennen, aber sie bemüht sich, Linien in einem Heft mit Zeichen zu füllen, die sich deutlich von bloßem »Krickelkrakel« unterscheiden.
- Am Ende der ersten großen Pause haben alle Kinder die Aufgabe, an der Tafel ein Wort, das sie schon schreiben können, zwischen »Krickelkrakel« zu verstecken. Lauras Aufgabe am Beginn der Stunde ist es dann, alle Wörter farbig einzukreisen. Gespannt beobachten die Mitschüler/innen Lauras Arbeit und erkennen ihre Leistung. Eines Tages überrascht Laura alle Beteiligten: Sie kann zu jedem Wort sagen, wer das geschrieben hat. Es stellt sich heraus, dass sie für die Namen der Kinder ihrer Klasse ein sehr gutes Gedächtnis hat.

Daraufhin formulieren die Lehrer/innen für Laura das nächste Lernziel: Anhand der Namen ihrer Mitschüler/innen soll sie deren Anfangsbuchstaben unterscheiden lernen. Sie erhält die Aufgabe: »Zu jedem von den Kindern geschriebenen Wort heftest du das Magnet-Buchstaben-Plättchen mit dem Anfangsbuchstaben des Kindes, welches das Wort an die Tafel geschrieben hat.«

Es ist sehr wichtig, dass auch das Kind mit einer schweren Beeinträchtigung beim Lernen seine eigenen Lernziele hat. Es kann sich nur selten an den Lernzielen der anderen Kinder orientieren. Es selbst und die anderen Kinder seiner Klasse müssen erkennen können, dass es an seinen eigenen Lernzielen arbeitet. Für die große Bedeutung der eigenen Lernziele gilt dasselbe, wie bereits im elften Kapitel über die Kinder gesagt wurde, die bisher als »Lernbehinderte« bezeichnet wurden. Diese Kinder (und ihre Eltern) dürfen nicht das Gefühl haben, ständig den Zielen der anderen Kinder hinterherlaufen zu müssen und sie doch nie erreichen zu können; sie dürfen aber auch nicht »ziellos« lernen. Diese Kinder wollen lernen und nicht nur in der sozialen Gruppe irgendwie mitlaufen.

Skeptiker integrativen Unterrichts befürchten, dass diese Kinder im Laufe der Zeit entmutigt werden könnten, weil angeblich die »Schere immer größer wird« zwischen den Kindern, die als geistig behindert bezeichnet wurden und den nicht behinderten Kindern. Dieser sogenannte »Schereneffekt« tritt dann auf, wenn die Kinder untereinander in ihrem Lernfortschritt verglichen und Erfolg oder Misserfolg durch Vergleiche provoziert werden:
- Du bist schneller als …
- Ich bin besser als …
- Du wirst nie erreichen können, was er bereits kann …
- So gut wie … werde ich nie sein!

Diese Art von Vergleichen verunsichert alle Kinder. Nur dann, wenn sich die Kinder an ihren eigenen, je individuellen Lernmöglichkeiten und Lernfortschritten messen können, werden sie ihrer selbst sicher. Das Bild von der Schere, die angeblich immer weiter auseinander geht, erweist sich in einer pädagogisch richtig geplanten Integrationsklasse als ein falsches Bild. Wichtig ist, dass die beiden Scherenblätter zusammen bleiben. So können in einer Gymnasialklasse alle Schüler/innen und Lehrer/innen miterleben, wie eine ihrer Mitschüler/innen (ein Mädchen mit Down-Syndrom) sehr gut und gerne Gedichte auswendig lernt und mit guter Betonung vorträgt, während ein Mitschüler mit derselben Diagnose kein Interesse an Gedichten hat.

In einer Integrationsklasse sind nicht alle Kinder im Wettstreit, um in einer fernen Zukunft die einsamen Gipfel der höchsten Berge besteigen zu können, sondern in einer Integrationsklasse wird gelernt, wie unterschiedliche Menschen in ihrer Verschiedenheit miteinander friedlich zusammenleben können.

Die Aufgabe der Nichtaussonderung von Kindern mit schweren Lernbeeinträchtigungen kann sehr sinnvoll als eine Möglichkeit genutzt werden, um den Schulalltag für alle Kinder neu zu überdenken.

15. Kinder mit der Diagnose: »Autismus« in Integrationsklassen

»Frühkindlicher Autismus« – was bedeutet diese Diagnose für die schulische Integration?

Diese Kinder beunruhigen ihre Eltern seit der frühen Kindheit dadurch, dass sie hochgradige Kontaktstörungen zu anderen Menschen zeigen. Oft sprechen sie überhaupt nicht oder nur in bestimmten Situationen oder nur mit vertrauten Menschen. Häufig haben sie eine große Angst vor allem Neuen, oft ein auffälliges Festhalten an bestimmten Dingen oder Verhaltensformen. Besonders schwierig wird ein integrativer Prozess dann, wenn bei dem Kind nur wenige Anzeichen zu erkennen sind, dass es ein Bedürfnis nach Zugehörigkeit zu der Gruppe der anderen Kinder hat.

Die Erwachsenen fragen sich: »Welchen Sinn hat das Bemühen um Integration, wenn das Kind beim Anblick anderer Kinder weint und schreit, wenn es wegläuft, gegen sich selbst aggressiv wird oder sich versteckt?«

Kinder mit autistischen Verhaltensformen können alle Beteiligten vor sehr große Geduldsproben stellen. Doch: Welche Alternativen gibt es? Therapeutische Erfolge, die in der Einzelsituation erreicht werden, können die Kinder zumeist nicht in ihrem Alltag anwenden. Wenn es nicht gelingt, sie in einer sozialen Umgebung, in der Gemeinsamkeit mit anderen Kindern, zu fördern, bleiben sie ein Leben lang isoliert.

Diese Kinder sind oft zu erstaunlichen Leistungen in Teilbereichen befähigt. Manche zeigen besondere mathematische Fähigkeiten, andere schreiben bereits als Zehnjährige literarische Texte, von denen Außenstehende meinen, dass sie nur von Erwachsenen in einem reiferen Alter stammen könnten. Wenn die besonderen Eigenarten dieser Kinder respektiert werden, dann zeigen sich im Laufe der Jahre auch erstaunliche Erfolge bei integrativem Unterricht.

Hier kann kein verallgemeinerndes Vorgehen empfohlen werden. Sinnvoll ist in jedem Fall eine enge Zusammenarbeit zwischen einer Therapeutin, die eventuell gemeinsam mit den Eltern sehr zielgerichtet versucht, die Wahrnehmungs- und Verarbeitungsprobleme dieses Kindes zu verringern. Zugleich sollte in einer sozialen Gruppe von etwa gleichaltrigen Kindern, jedoch mit der verringerten Klassenfrequenz und im Zwei-Pädagogen-System einer Integrationsklasse wiederum nach demselben Prinzip vorgegangen werden, welches bereits bei allen anderen Formen von Behinderungen genannt wurde:

Die Fähigkeiten und die besonderen Interessen des Kindes ermitteln und davon ausgehend, das pädagogische Vorgehen planen.

Drei Beispiele

Sergio, Julia und Alexander sind sehr verschiedene Menschen; alle drei besuchten Regelschulen – mit der Diagnose: »Frühkindlicher Autismus«.

Oft sind es zunächst scheinbar unbedeutende kleine Beobachtungen, von denen aus sehr sinnvoll geplant werden kann:

Bis zum Beginn der Schulzeit hatte *Sergio* keinerlei Erfahrungen mit anderen Kindern. Im Alter von zwei Jahren hatten die Eltern bei ihm zunehmend mehr ein eigenartiges Verhalten festgestellt, das im Alter von drei Jahren als Autismus diagnostiziert wurde. Sie zogen sich mit ihm immer mehr zurück. Erst im Alter von acht Jahren wurde eine Annäherung an andere Kinder versucht.

Für *Sergio* war alles beruhigend, was er mit Erinnerungen an »Küche« verbinden konnte. Das Klappern von Tellern oder Töpfen, die Gerüche vom Kochen, das Hantieren mit Gemüse oder Nudeln. Wenn Sergio in der Nähe der Schulküche war, die Geräusche hörte und die Gerüche wahrnehmen konnte, dann hörte er auf zu weinen und lief nicht weg. Deshalb wurde der Unterricht mit ihm in der Schulküche begonnen. Von dort aus begann die langsame Annäherung an das gemeinsame Lernen mit den anderen Kindern seiner Klasse.

Für *Julia* begann die gemeinsame Erziehung im Kindergarten. Wochenlang wollte sie nicht mit den anderen Kindern spielen. Sie beobachtete die anderen Kinder ihrer Gruppe aus der Distanz von zwei bis drei Metern. Dabei suchte sie, sofort nachdem ihre Mutter sich von ihr verabschiedet hatte, eine bestimmte Stelle auf und stand dort regungslos an der Wand. Sie lehnte sich nicht an, sondern hielt zu der Wand einen Abstand von etwa zehn Zentimetern. Wenn sie vom stundenlangen Stehen müde war, legte sie sich am liebsten auf einen Teppich, mitten im Raum. Dort durfte ihr aber niemand zu nahe kommen. Sobald ein anderes Kind sie berührte – und sei es auch nur ganz leicht und versehentlich –, sprang sie auf, rannte davon und versteckte sich.

Die Erzieherinnen besprachen, wie sie Julia helfen konnten. Ein Kind aus der Gruppe machte schließlich den erlösenden Vorschlag: Dieses Mädchen hatte beobachtet, dass es Julia besonders gut gefiel, den anderen beim Spielen mit kleinen Autos zuzukucken. Gleichzeitig wussten die Kinder, dass sie Julia nicht berühren durften. Die Kinder begannen, das Spiel zu spielen: »Um Julia herum mit den Autos spielen und dabei Julia nicht berühren!« Sie hielten den für Julia notwendigen Abstand ein, indem sie ihr ins Gesicht sahen, ihre Mimik ganz genau beobachteten. Es begann eine Kommunikation zwischen den Kindern und Julia ohne Worte. Nach und nach bezogen die Kinder Julia immer mehr in ihr Spiel ein. Sie ließen ein Auto – scheinbar zufällig – in der Nähe von Julias Hand auf dem Teppich stehen. Dort stand es; – erst beim vierten Mal streckte Julia ihre Hand aus und berührte selbst das Auto. Sie begann, mit den anderen Kindern zu sprechen, nur sehr wenig. Sie ließ Körperkontakt zu der Erzieherin zu, aber nur dann, wenn erkennbar von ihr selbst dieser Wunsch ausging. Niemand konnte sie veranlassen, einem anderen Menschen nahe zu kommen.

Alexander begann erst im siebten Schuljahr, gemeinsam mit nicht behinderten Kindern zu lernen. Seine Eltern hatten für ihn, der von klein auf nur mit seiner Mutter und gelegentlich mit seinem Vater sprach, keinen Kindergartenplatz und auch keinen Platz in einer Schule gefunden. Er besuchte eine private kleine Grundschule. In einer Gruppe von sechs Kindern lernte er, angeleitet von zusätzlich therapeutisch qualifizierten Lehrer/innen, nach dem regulären Rahmenplan erstaunlich gut. Doch auch mit seinen Lehrer/innen sprach er nie. Gelegentlich verständigte er sich mit ihnen, indem er wenige Wörter aufschrieb. Die Mitschüler/innen glaubten, dass er gar nicht sprechen kann. Mit ihnen verständigte er sich durch Mimik und Gestik. Diese Schule war weit vom Wohnort der Eltern entfernt. Die Mutter nahm täglich einen mehr als einstündigen Weg mit dem Auto auf sich, um ihren Sohn dorthin zu fahren und wieder abzuholen. Alexander hatte keinerlei Kontakte zu anderen Kindern, schien sich dabei aber nicht unwohl zu fühlen. An den Nachmittagen und den Wochenenden beschäftigte er sich alleine, mit Büchern und Computerspielen. Er wollte nicht Schwimmen oder Fahrradfahren lernen. Das einzige, was ihm viel Freude machte, war musizieren. Das hatte er im Zusammenhang mit einer Musiktherapie für sich entdeckt, er übte zu Hause alleine am Schlagzeug.

Es war ein Zufall, dass für Alexander eine andere schulische Situation gesucht werden musste, denn seine bisherige Schule führte die Klasse über das sechste Schuljahr hinaus nicht weiter. Nach langem Suchen erklärten sich einige Lehrer/innen einer Gesamtschule bereit, sich an einem Integrationsprojekt mit Alexander zu beteiligen. Sehr gründlich wurde der erste Schultag in der neuen Schule vorbereitet. Dabei entstand das Problem: Wie wird Alexander mit seinen Eigenarten den künftigen Mitschüler/innen vorgestellt? Die Klassenlehrerin machte einen Hausbesuch. Sie erzählte Alexander einiges über die neue Schule. Es war zuvor abgesprochen worden, dass die Lehrerin mit ihrem Verhalten gegenüber Alexander zeigen sollte: »Ich weiß, du sprichst nur mit deiner Mutter. Und ich akzeptiere das!«

Deshalb sagte die Lehrerin in Anwesenheit von Alexander zu seiner Mutter: »Ich möchte gerne wissen, was ich den anderen Kindern über Alexander sagen soll, aber ganz sicher sein, dass ich ihnen nur das sage, was Alexander will. Ich werde jetzt Alexander fragen. Er wird Ihnen dann wohl die Antworten sagen. Wenn ich den Antworten zuhöre, die Alexander Ihnen gibt, dann weiß ich, was ich den anderen Kindern seiner Klasse sagen kann.«

Alexander verstand das Signal richtig. Er hörte der Lehrerin aufmerksam zu; im Laufe des Gespräches holte er eifrig seine Hefte und seine Schulbücher und zeigte sie der Lehrerin. Aber er sprach nie mit ihr direkt, sondern nur über seine Mutter.

In der nächsten Zeit war wegen Alexander immer ein zweiter Erwachsener in der Klasse, der die Aufgabe hatte, für Alexander zu sprechen, z.B. seine schriftlich angefertigten Hausaufgaben vorzulesen, oder mündliche Beiträge einzubringen, die mit ihm in der Form besprochen worden waren, dass der Erwachsene ihn fragte: »Soll ich für dich antworten, dass …« Ziel dieses sehr konsequent eingebrachten Verhaltens war, ihm und allen anderen Jugendlichen zu zeigen: »Wir Lehrer/innen sind der Überzeugung, dass Alexander viel weiß. Wir akzeptieren, dass er mit uns nicht spricht. Also müssen wir uns bemühen, ihn auf andere Arten zu verstehen.«

Nach etwa vier Wochen gemeinsamer Schulzeit gab es unter den Jugendlichen ein Problem, das in einem Kreisgespräch geklärt werden sollte. Der Einzelfallhelfer versuchte zu verstehen, was Alexander dazu meinte. Mit aller Selbstverständlichkeit begann Alexander plötzlich zu sprechen: »Das kann ich auch selber sagen!«

Von dem Moment an sprach Alexander regelmäßig, sowohl im Unterricht als auch während der Pausen. Er hatte zunächst Mühe, in seiner Freizeit etwas gemeinsam mit den anderen Schüler/innen zu unternehmen. Da im Unterricht eine zusätzliche Unterstützung nicht mehr notwendig war, nahm der Einzelfallhelfer Kontakt mit dem benachbarten Jugendfreizeitheim auf und bot dort regelmäßig einen Computerkurs an, der von Alexander und anderen Schüler/innen seiner Schule besucht wurde. In Begleitung des Einzelfallhelfers begann Alexander, in einem Schlagzeugkurs der Volksmusikschule zu spielen. Während einer Klassenfahrt im neunten Schuljahr lernte er Fahrradfahren und überwand seine Angst vor dem Schwimmen.

Er hat die Schule mit einem Hauptschulabschlusszeugnis verlassen. Wer ihn erlebt, wie er mit aller Selbstverständlichkeit spricht, auch in ungewohnter Umgebung und sogar gegenüber fremden Menschen am Telefon, der wird nicht glauben, mit welcher Diagnose und in welch großer sozialen Isolation er und seine Eltern bis zu seinem dreizehnten Lebensjahr gelebt haben.

Kinder und Jugendliche mit der Diagnose Autismus besuchen sowohl Schulen für geistig Behinderte wie reguläre Gymnasien. Für diese Kinder gilt in ganz besonderem Maße ein Prinzip, das für das Lernen aller Kinder günstig ist:

Die Lernangebote müssen individuell an den jeweiligen Entwicklungsstand des Kindes angepasst werden, ohne es zu bedrängen. Seine Vorschläge müssen aufgegriffen werden. Wenn die – manchmal sehr stereotyp wirkenden – besonderen Vorlieben des Kindes im Unterricht Berücksichtigung finden, dann kann dies als Ausgang für weitere Lernangebote und häufig zum Überwinden der Stereotypien führen, jedoch nur dann, wenn das Kind insgesamt die absolute Sicherheit hat, dass es so, wie es ist, akzeptiert wird.

(Achtung: Diese Kinder haben ein sehr feines Gespür und erkennen genau, wann Erwachsene einen »methodischen Trick« anwenden wollen und letztlich das Kind doch nicht so akzeptieren, wie es ist!)

16. Kinder mit schweren Mehrfachbehinderungen in Integrationsklassen

Es nutzt nichts, über ein Mädchen zu sagen: »Das ist ein reiner Pflegefall!« Oder über einen Jungen: »Er kann nicht laufen!« Solche Aussagen benennen nur ein Defizit. Solche Aussagen schaden nur. Sie machen Angst und lähmen das pädagogische Denken. Die Mutter oder eine einfühlsame Krankengymnastin sagen über den einen Jungen: »Am Boden rollend oder robbend kann er sich in einem Raum überall hinbewegen, wo er hin möchte. Er kann noch nicht alleine stehen, aber wenn man ihn stützt, dann steht er gerne. Er ist gerade dabei zu lernen, mit seinem Rollstuhl zu fahren. Wenn er weiter übt, wird er immer besser mit dem Rollstuhl fahren können. Er ist dabei sehr geschickt, man muss ihm keine Ziele nennen, die sucht er sich selber. Vielleicht wird er irgendwann auch einmal laufen lernen, aber das ist jetzt nicht sein Ziel.« Über das Mädchen sagt die Mutter: »Sie hört aufmerksam zu. An ihrer Mimik kann ich erkennen, ob sie sich wohlfühlt oder was ihr gut schmeckt.«

Das Erschrecken am Anfang vor dem Gedanken, wie viel diese Kinder nicht können, ist verständlich! Es braucht viel Geduld. Oft muss eine Phase überstanden werden, in der es nur wenige Fortschritte gibt. Bei einer kontinuierlichen Zusammenarbeit mit Eltern und Lehrer/innen können Veränderungen, Tendenzen und Konstanten festgestellt und neue Projekte überdacht werden. Es gilt herauszufinden, ob und in welchen Situationen das Kind eher aktiv sein kann bzw. passiv bleiben muss. Für manche Kinder ist es aufgrund der medizinischen Diagnose auch notwendig, eine Verschlechterung zu begleiten und zu akzeptieren.

Wer mit der gemeinsamen Erziehung von behinderten und nicht behinderten Kindern in der Schule anfängt, wird häufig bereits am Beginn dieses Prozesses mit der Frage nach den Grenzen konfrontiert: »Gibt es Kinder, die nicht integrierbar sind?«

Man stelle sich einmal die Situation des Vaters von Tanja vor, wenn über seine Tochter das Urteil »nicht integrierbar« gefällt worden wäre.

Tanja ist ein Kind, das mit sieben Monaten, 1500 g Geburtsgewicht als Zwillingskind durch Kaiserschnitt zur Welt kam. Wochenlang bangten Eltern und Ärzte um ihr Leben. Als es um die Einschulung geht, erzählt ihr Vater (der Busfahrer ist): »Ich bin ja so froh und so stolz, dass wir sie so groß gekriegt haben! Als sie noch im Brutkasten lag, habe ich dafür gesorgt, dass meine Bustour am Krankenhaus vorbeiging. So manches Mal habe ich den Bus mit allen Fahrgästen stehengelassen, um kurz nachzuschauen, ob sie noch lebt. Den Fahrgästen habe ich das immer erklärt. Niemals hat sich einer beschwert. Damals wurde schon diskutiert, ob solche Babys überhaupt ein Recht haben, am Leben zu bleiben. Ich kann nur sagen: die Ärzte haben es geschafft. Und wir Eltern haben es geschafft, diesen kleinen Wurm hochzupäppeln. Und jetzt will mir eine Schulleiterin erklären, dieses Kind sei nicht integrierbar. Wo soll denn Tanja lernen, in dieser Welt zu leben, wenn nicht in der Schule?« Nach einer kurzen Pause ergänzt er: »Wenn wir anfangen, bei Kindern über ›nicht integrierbar‹ zu reden, dann könnte das dazu führen, sie als Menschen als nicht lebenswert zu erklären. Wenn wieder einmal ein Verrückter auftritt und solche Kinder töten lassen will, wer wird sie verteidigen, wenn niemand sie kennt, weil sie in irgendwelche Heime abgeschoben wurden? Ich lebe in meiner Familie mit vier Kindern, zu denen auch Tanja gehört. Und ich will, dass sie in dieselbe Schule geht wie ihre Geschwister.«

Wenn Eltern den Wunsch haben, dass ihr Kind nicht ausgesondert wird, ist es die Aufgabe der Gesellschaft, ihnen zu helfen, mit dem schwer behinderten Kind in der Gemeinschaft zu leben.

Meistens sind Lehrer/innen zunächst erschrocken, wenn sie gefragt werden, ob sie auch ein schwer behindertes Kind in ihre Klasse aufnehmen würden. Im pädagogischen Alltag, im Kindergarten und in der Schule haben Pädagog/innen häufig den Eindruck, an ihre Grenzen zu stoßen.

Haben wir jedoch den Integrationsprozess behinderter Kinder erst einmal zugelassen, stellen wir fest, dass es meistens nicht die behinderten Kinder sind, die die Lehrer/innen verzweifeln lassen, sondern häufig die aggressiven, verhaltensauffälligen Jungen und die Kinder, die besonders dadurch benachteiligt sind, dass ihre Eltern nicht fähig sind, ihnen die innere Stabilität zu vermitteln, die für eine positive Persönlichkeitsentwicklung unentbehrlich ist. Die Grenzen der Integrationsfähigkeit liegen nicht in dem einzelnen Kind und lassen sich nicht von vornherein festlegen. Allerdings müssen wir damit rechnen, dass wir auf dem langen Weg eventuell auch an Grenzen stoßen.

Wenn es Grenzen gibt, sind es unsere Grenzen, die Grenzen der Erwachsenen und der gesellschaftlichen Bedingungen. Es sind unsere Grenzen, wenn wir es nicht schaffen, uns das gemeinsame Leben und Lernen mit einem schwer behinderten Kind vorzustellen, wenn wir die notwendigen organisatorischen Bedingungen nicht herstellen können, um ein solches Kind täglich in die Schule zu transportieren, zu windeln und zu füttern. Wir müssen bereit sein, mit dem Kind zu lernen. Für das Kind mit Behinderung gilt:

Je schwerer die Behinderung ist, umso nötiger braucht das Kind die vielfältigen Anregungen der nicht behinderten Kinder,
- deren Bewegungen es mit den Augen verfolgen kann,
- deren Geräusche es mit den Ohren wahrnimmt,
- deren Gerüche es mit der Nase unterscheiden lernt,
- deren Hände es am eigenen Körper spürt.

Je schwerer das Kind behindert ist, umso nötiger braucht dessen Familie die Entlastungen und die Unterstützung durch die Gesellschaft, damit die Familie das Kind annehmen und behalten kann.

Ein Kind mit Behinderung auf dem langen Weg der Menschwerdung durch Erziehung als »nicht integrierbar« zurückzulassen, bedeutet, diesem Kind das Menschsein abzusprechen. Die Gefahr ist groß, von dieser möglichen Entscheidung der Pädagog/innen zu Beginn der Schulzeit die Rechtfertigung für Mediziner/innen oder Philosoph/innen abzuleiten, einem Menschen bereits am Anfang seines Lebens das Recht auf Leben abzusprechen.

Schwer behinderte Kinder haben in der Bundesrepublik Deutschland bisher nur selten das Recht, in eine »normale Schule« zu gehen.

Ein Beispiel

Bei einem integrativen Lernprozess gilt für diese Kinder, wie für alle anderen auch, ihre Fähigkeiten festzustellen, um darauf ein pädagogisches Konzept aufbauen zu können. Eines dieser Kinder ist Benni. Silvia Sühring, die pädagogische Mitarbeiterin, die ständig im Unterricht mit Benni anwesend war, berichtete:

Benjamin (Benni) ist ein Schüler, der zu Beginn des dritten Schuljahres
- einen Gegenstand oder eine Person anschaut,
- Dingen und Personen nachschaut, die sich bewegen,
- bestimmte Personen wiedererkennt,
- willentlich zu greifen beginnt, differenziert auf weich/rauh/kühl/warm reagiert,
- sich gerne anfassen, drücken, kitzeln und küssen lässt,
- auf Geräusche reagiert,
- aufmerksam zuhört, wenn mit ihm gesprochen wird,
- vor allem kehlige Laute von sich gibt,
- einen verhauchten bis kehligen Laut für »Ja« äußert,
- lächelt, wenn es ihm gut geht und den Mund verzieht, wenn ihm etwas nicht gefällt,
- versucht, durch Blicke Kontakt aufzunehmen,
- eine große Vielfalt in der Sprache seiner Augen hat,
- Ängstlichkeit zeigt, weint, sich aber leicht beruhigen lässt,
- mit Unterstützung sitzen kann, aber häufigen Positionswechsel benötigt,
- durch Fixieren der Bezugsperson und eines Gegenstandes auf einen Handlungszusammenhang aufmerksam macht,
- durch unruhiges Verhalten auf Bedürfnisse hinweist.

Die Integrationsklasse mit insgesamt zwanzig Schüler/innen arbeitet überwiegend mit Formen des offenen Unterrichts. Für Benni wurde eine sehr spezielle Unterrichtsorganisation festgelegt und von den drei Erwachsenen, die meistens in der Klasse sind, mit den Kindern besprochen:

Reihum arbeitet täglich ein anderes Kind mit ihm und zwar mit ähnlichen, aber abgewandelten Materialien aus den Bereichen Deutsch, Mathematik und Sachkunde, an denen auch die anderen Kinder arbeiten. Wenn z. B. die Rechtschreibung mit *ie* an den Beispielen Sieb und Gries geübt wird, bekommt Benni diese Gegenstände zum Anfassen.

Daneben erhält er spezielle Lernangebote, die aus dem wöchentlichen Freiarbeitsangebot stammen (Montessori-Spindelkasten, Holzzylinder, Logische Blöcke). Außerhalb des Klassenraumes nimmt er mit seiner Klasse am Sport- und Musikunterricht und einmal wöchentlich am Schwimmunterricht in der öffentlichen Schwimmhalle teil.

Benni trainiert im Einzelunterricht in einem Nebenraum die Bedienung eines Schalters; später soll er lernen, mithilfe eines Computers mit Sprachausgabe zu kommunizieren.

Zusätzlich nimmt er an einer klassenübergreifenden Fördergruppe zum Erstlesen und Schreiben teil. Der Pflege- und Versorgungsbereich ist in den Unterricht einbezogen. Benni muss gewickelt werden, Nahrung bekommt er während des Schultages flüssig (Flasche) oder als Brei (mit dem Löffel).

Benni liegt während des Unterrichts auf einem großen Kasten, der seinen Bedürfnissen entsprechend gut gepolstert ist und mit Rollen leicht im Klassenraum umherbewegt werden kann. Aus seiner seitlichen Liegeposition, etwa zehn Zentimeter über Tischhöhe, kann er die anderen Kinder gut beobachten.

Benni ist bei seinen Mitschüler/innen beliebt. Sie gehen gerne zu ihm. Er hat auch eine spezielle Freundin.

Im Vergleich zu den Kindern mit Verhaltensauffälligkeiten und im Hinblick auf die großen Ängste, die vor der Integration bestanden, kann gesagt werden: Die Integration eines körperlich so schwer mehrfach behinderten Kindes wie Benni ist für die Lehrer/innen und die Mitschüler/innen kein Problem. Im Gegenteil: Die Anwesenheit von Benni ist für das gesamte soziale Klima und die Lernbereitschaft in der Klasse ein Gewinn. Zwar war der Prozess bis dahin für alle Beteiligten nicht einfach. Bennis ehemalige Kindergärtnerin berichtete:

> »Benni kam anfangs nur zweimal in der Woche, nach kurzer Zeit dann regelmäßig in die Gruppe, immer mit einer Einzelfallhilfskraft. Die Gruppe war damals bewusst so zusammengestellt worden, dass alle Voraussetzungen für eine gut funktionierende soziale Gemeinschaft gegeben waren. Alle Kinder waren sehr an Benni interessiert. Sie gingen ganz selbstverständlich mit ihm um und zeigten von sich aus keinerlei Anzeichen von Abwehr. Ich richtete es ein, dass immer zwei Kinder mit Benni spielten oder sich mit ihm beschäftigten, damit diese Aufgabe nicht nach einiger Zeit an den Mädchen hängenblieb. Die Kinder hatten sehr viele Fragen. Ich besuchte Benni auch zu Hause und ließ mir von seiner Mutter die Therapien erklären und versuchte, viele, für mich neue, Eindrücke zu verstehen und zu verarbeiten. Ich versuchte, Benni ständig an jedem Geschehen teilhaben zu lassen, und achtete auf seine noch kaum wahrnehmbaren Reaktionen. Die Eltern der nicht behinderten Kinder reagierten anfangs jedoch nicht so unbefangen wie ihre Sprösslinge. Sie befürchteten nicht nur eine ›Ansteckung‹, sondern vor allem, dass ihre Kinder zu kurz kommen könnten, wenn Benni meine ganze Aufmerksamkeit auf sich ziehen würde. Auch war es vielen Eltern peinlich, dass ihre Kinder mit Benni gesehen werden könnten: ›Wenn solche Kinder aufgenommen werden, was sollen die Leute denken?‹ – ›Was soll dann aus unseren Kin-

dern werden?‹. Diese schwerwiegenden Probleme der Eltern, die von den Kindern in die Klasse getragen wurden, verursachten auch unerwünschte Reaktionen der Kinder. Sie konnten zwar innerhalb kurzer Zeit abgebaut werden, es bedurfte jedoch zahlreicher Gespräche mit den Eltern auf Elternabenden und auch einzeln. Das Problem flammte erneut auf, als feststand, dass Benni mit der Gruppe in die erste Klasse wechseln würde, konnte aber aufgrund intensiver Arbeit mit den Eltern ausgeräumt werden, vor allem, als feststand, dass für Benni ständig eine Hilfskraft während des Unterrichts da sein würde.«

Nicht nur für die Eltern der anderen Kinder, auch für viele Lehrer/innen war die Anwesenheit von Benni anfangs etwas Ungewöhnliches, Verunsicherndes und Bedrohliches. Eine Lehrerin berichtet:

»Als Benni vor fünf Jahren in unsere Schule aufgenommen werden sollte, löste dies bei mir zornige Ängste aus. Ich wollte im darauf folgenden Jahr eine erste Klasse übernehmen. Würde man von mir erwarten, dass ich ihn in meine Klasse aufnehme? Wie ich, so hatte auch die Mehrheit des Kollegiums Probleme, sich die Beschulung dieses Kindes in unserer Schule vorzustellen. Es folgten heftige Diskussionen während der Konferenzen. Allmählich gelang es jedoch einer entschlossenen Gruppe von Lehrkräften und Elternvertretern, immer mehr Lehrer/innen davon zu überzeugen, der Aufnahme dieses Kindes zuzustimmen. Der Entscheidungsprozess wurde schließlich durch eine von außerhalb kommende Lehrerin positiv beeinflusst, die Erfahrungen und Kompetenzen mitbrachte und sich dieser Herausforderung gern stellen wollte. Als Benni eingeschult wurde, erhielt ich die Parallelklasse. Bei den gemeinsamen Jahrgangsplanungen hörte ich viel über den Unterricht mit Benni, und ich konnte meine Fragen stellen. Bei den klassenübergreifenden Projekten während der folgenden drei Jahre kam Benni öfters mit seiner Lehrerin in meinen Unterricht. Dabei hatte ich viele Gelegenheiten, das Kind, die anderen Kinder und die betreuende Lehrerin zu beobachten. Mit Erstaunen stellte ich fest, dass ich anscheinend diejenige war, die in der Lerngruppe Probleme hatte. Die Ängste nicht speziell ausgebildeter Pädagogen beruhen auf dem zu geringen Wissen über Behinderte. Auf mich bezogen lässt sich sagen, dass die anfänglichen Ängste weitgehend abgebaut sind. Inzwischen habe ich zwei körperbehinderte Kinder in meiner ersten Klasse. Bei dem ersten Kind (mit stärkerer körperlicher Beeinträchtigung) habe ich das anfängliche Gefühl von Angst und Ekel völlig verloren. Ich gehe ganz natürlich mit ihm um, und darüber freue ich mich. Das zweite Kind wird von einer Einzelfallhelferin unterstützt. Ich lerne viel durch Beobachten, Gespräche und manchmal schon durch eigenes Handeln. Die Struktur der Lehrerausbildung sollte sich ändern, sodass Lehrer/innen Kompetenz im Umgang mit Behinderten gewinnen und gleichzeitig die Ängste abbauen können.«

Wenn Lehrer/innen im Prozess des gemeinsamen Lernens an ihre Grenzen stoßen, ist es notwendig, dass sie Beratung und Unterstützung erhalten. Manchmal wird auch argumentiert, es sei zu teuer, für ein einziges Kind eine zusätzliche Lehrkraft in der Klasse zu beschäftigen. Dem muss entgegengehalten werden:
- Wie teuer ist die Versorgung derart schwer behinderter Kinder in den Spezialheimen?
- Wo sollen Kinder und Jugendliche die Fürsorge und das Verständnis für Menschen mit schweren Beeinträchtigungen lernen, wenn nicht in der Schule?

Besonders schwierig ist die Arbeit mit Kindern, die von einer fortschreitenden Behinderung betroffen sind. Das Leben in der Gemeinschaft mit den anderen Kindern kann für diese Kinder bedeuten, dass der Krankheitsverlauf verlangsamt wird; dies ist z. B. für Kinder mit der Diagnose »Muskelschwund« eindeutig festgestellt worden.

Für Kinder mit schweren, mehrfachen Behinderungen – vor allem für diejenigen, denen nur eine begrenzte Lebenszeit vorhergesagt wird –, ist es für die Familien und für die behinderten Kinder selbst von größter Wichtigkeit, dass sie am Leben in der Gemeinschaft so lange teilnehmen können, wie sie es selbst wünschen. Die Schule sollte nicht zu ihrem sozialen Tod beitragen.

17. Kinder mit Verhaltensauffälligkeiten in Integrationsklassen

Lehrer/innen, die bereits Erfahrungen mit dem gemeinsamen Unterricht von behinderten und nicht behinderten Kindern gemacht haben, sind sich darin einig:

Am schwierigsten ist die Nichtaussonderung von Kindern mit erheblichen Verhaltensproblemen.

Was macht die Arbeit mit diesen Kindern so extrem schwierig, dass Lehrer/innen sich an den Grenzen ihrer Belastbarkeit fühlen?

Bei Kindern mit Verhaltensauffälligkeiten fällt es schwer, besondere positive Fähigkeiten zu erkennen, auf denen aufgebaut werden kann, um ein stabileres Selbstbild zu entwickeln. Die unangemessenen Verhaltensformen sind für die anderen Kinder so störend, dass es oft nicht gelingt, Verständnis und Geduld für das verhaltensgestörte Kind aufzubringen. Die Fortschritte sind meistens so gering, dass Lehrer/innen leicht ungeduldig werden und den Eindruck gewinnen, dass sich nichts ändert. Mit den Eltern dieser Kinder kann selten oder nur unter sehr großem Aufwand zusammengearbeitet werden. Andererseits kann bei den Eltern der anderen Kinder auch nur sehr schwer Verständnis geweckt und erhalten werden, wenn deren Kinder zum Beispiel über Wutausbrüche oder gestohlene Gegenstände berichten.

Während für die Kinder mit schweren körperlichen Mehrfachbehinderungen eine zusätzliche pädagogische Begleitung ständig gewährleistet ist, wird diese für Kinder mit Verhaltensproblemen zu selten bewilligt, auch dann nicht, wenn die Lehrer/innen diese ausdrücklich wünschen und als einzige Möglichkeit sehen, um mit diesem Kind weiter arbeiten zu können. Fachleute haben darauf verwiesen, dass für die verhaltensgestörten Kinder (meist Jungen) nur selten vorbeugende therapeutische Maßnahmen wirksam sind, sondern dass sie besondere Unterstützung erst dann erhalten, wenn die Grundschullehrer/innen an ihre Grenzen gestoßen sind, das Kind in der Klasse nicht mehr tragbar ist, weil das Verständnis der anderen Kinder überstrapaziert ist.

Da diese auffälligen Jungen meistens mit den weiblichen Lehrkräften in Konflikt geraten, sollte darüber nachgedacht werden, wie männliche Bezugspersonen in den Prozess der Nichtaussonderung einbezogen werden können.

Wenn über die erfolgreiche Integration eines Kindes mit erheblichen Verhaltensproblemen berichtet wird, handelt es sich zumeist um Mädchen.

Ein Beispiel

Judith lebte bis zu ihrem dritten Lebensjahr in einem Heim, danach in einer Pflegefamilie. Sie galt als stark verhaltensauffällig, erhielt Psychotherapie, einen Einzelfallhelfer und kam in eine Sonderkindertagesstätte.

Wegen einer Sprachentwicklungsverzögerung und wegen Verhaltensauffälligkeiten wurde sie von ihren Pflegeeltern für eine Integrationsklasse angemeldet. Bis zum Ende des zweiten Schuljahres wird ihr Sozialverhalten vorwiegend negativ beschrieben:

Sie ärgert, stört, schlägt, bestiehlt die anderen Kinder, kann sich nicht in die Gruppe einordnen. Sie ist wenig belastbar, unberechenbar und labil. Ihre Konzentrationsfähigkeit ist niedrig, sie lässt sich leicht stören und ablenken, hat eine geringe Frustrationstoleranz, zerstört Arbeiten, die nicht sofort gelingen und lässt sich nur selten zur Mitarbeit überreden. Deshalb liegt ihr Leistungsstand erheblich unter dem der anderen Kinder, ist teilweise gar nicht festzustellen. Die Belastbarkeit der Lehrer/innen stößt an Grenzen. Häufig ist in der Klasse Unruhe durch das Geschrei von Judith. Ihrer Unberechenbarkeit wegen müssen die Lehrer/innen jeden Tag die Planungen umstoßen. Judith beschimpft die anderen Kinder und die Lehrer/innen, die keine Fortschritte sehen. Immer öfter wird die Frage gestellt: »Wie lange halten wir das noch durch? Kommen die anderen Kinder nicht zu kurz dadurch, dass Judith so viel Zuwendung braucht?«

Was trug dazu bei, dass Judith aus der Regelschule nicht ausgesondert wurde?

Durch Teilungsunterricht konnte für Judith zunächst regelmäßig Einzelbetreuung ermöglicht werden. Durch Teamarbeit in der Schule konnte über die Belastungen gesprochen werden. Es konnte abgegeben und geteilt werden, wenn die Lehrer/innen vorübergehend Entlastung brauchten. Dies ist ganz wesentlich, dass Lehrer/innen, in deren Klasse ein Kind mit einer erheblichen Verhaltensauffälligkeit ist, selbst die Sicherheit haben, vom Kollegium und der Schulleitung unterstützt zu werden und nicht mit ihrem Engagement für ein schwieriges Kind selbst zum Außenseiter gemacht werden.

Die anderen Kinder in der Klasse zeigten Langmut und erstaunliches Verständnis für Judith. Sie wurde ertragen, mitgetragen und nur selten abgelehnt. Trotz mannigfacher Rückschläge und Enttäuschungen konnte Judith zu Erwachsenen und Kindern Beziehungen aufbauen, die ihr mit der Zeit Sicherheit gaben. Sie verfügt über ausreichende Intelligenz, sodass sie sich mit geringer Anstrengung Inhalte aneignen konnte.

Langsam, sehr langsam gelangte Judith zu einem besseren Selbstkonzept. Es wurde für sie festgelegt, dass ihre Lernziele zunächst auf sozialer Ebene liegen sollten.

Sie sollte lernen:
- über Probleme zu reden und nicht gleich zuzuschlagen,
- sich selbst besser einzuschätzen,
- ihr Durchhaltevermögen zu steigern,
- Regeln zu akzeptieren und zu befolgen.

- Allmählich sollte ihre Sonderrolle in der Klasse abgebaut werden. Das wurde erreicht durch:
- ein Arbeitsprogramm mit motivierenden, leichten Aufgaben und Erfolgskontrollen,
- viele manuelle Extraaufgaben,
- den Aufbau einer Kleingruppe mit zunächst drei anderen Mädchen.
- Judith fällt Außenstehenden seit der fünften Klasse nicht mehr als »Gutachtenkind« auf. Aus der stabilen Beziehung zu ihrer Klassenlehrerin hat sie innere Sicherheit gewonnen. In der Zwischenzeit kann sie jedoch auch mit Lehrerwechsel und dem Fachlehrerprinzip umgehen.
- Judith hatte zwar keine Freundin in der Klasse; sie wurde jedoch akzeptiert.
- Sie ist leistungsmotiviert und fleißig und legt Wert darauf, hinsichtlich der Leistungsanforderungen keine Sonderrolle mehr einzunehmen.
- Sie hatte gelernt, über Probleme und Stimmungen zu sprechen.
- Sie ist immer noch labil, rastet manchmal aus und stört; gelegentlich probiert sie die Grenzen aus, findet aber immer wieder zurück, beruhigt sich und entschuldigt sich.

Welche Entwicklung hätte Judith genommen, wenn sie in einer Klasse für Verhaltensauffällige oder in einer Schule für Lernbehinderte gewesen wäre? Darauf gibt es keine eindeutige Antwort. Unklar ist vor allem, welchen Anteil schulische und welchen Anteil außerschulische Einflüsse an ihrer Entwicklung hatten. Mit Sicherheit lässt sich aber zum Vergleich von Sonderschule und Integrationsschule sagen: In der Sonderschule hätte sie viele andere Kinder mit »gestörtem Verhalten« als Vorbild gehabt. In der Grundschule hatte sie Kinder um sich, die sich nicht so extrem verhielten, mit sich selbst zufrieden, kindlich und zutraulich waren, die lernen wollten und konnten. Judith litt zunächst darunter, anders zu sein. Als sie nach eineinhalb Schuljahren allmählich damit anfing, wie die anderen Kinder sein zu wollen, machte sie sichtbare Fortschritte in allen Bereichen ihres Verhaltens.

Für Kinder mit schweren Verhaltensstörungen müsste in den Schulen eine ähnlich direkte, zusätzliche personelle Unterstützung zur Verfügung stehen wie für körperlich schwer behinderte Kinder (vgl. hierzu Preuss-Lausitz 2005).

Ein Beispiel

Gerhard wohnt mit seiner Mutter und deren Freund in einer engen Zwei-Zimmer-Wohnung. Die Mutter trennte sich von seinem Vater als Gerhard zwei Jahre alt war. Der Vater lebte weiter mit in der Wohnung, obwohl die Mutter einen neuen Freund hatte.

Da die Mutter kurz nach der Geburt wieder berufstätig war, wurde Gerhard zuerst von einer Tagesmutter, später in einem Kindergarten betreut. Bereits dort zeigten sich Probleme im Sozialverhalten und in der Gruppenfähigkeit. Gerhard wurde zunächst vom Schulbesuch zurückgestellt und ein Jahr verspätet eingeschult. Nachmittags besuchte er einen Hort. Nach Auseinandersetzungen mit den Erzieherinnen kündigte die Mutter den Hortplatz. Deshalb war Gerhard nun nachmittags ohne Aufsicht.

In der Schule erhielt er ein halbes Jahr später eine Verwarnung wegen undisziplinierten, aggressiven Verhaltens gegenüber Lehrer/innen und Schüler/innen, im Unterricht und in den Pausen. Nach dem Unterricht belästigte er die Mädchen sexuell. Beschwerdebriefe und -gespräche folgten. Dann kam Gerhard in ein Heim und besuchte die angeschlossene Grundschule. Nach sechs Wochen kehrte er nach Hause zurück, blieb einige Wochen der Schule fern, bis er dann in eine Integrationsklasse aufgenommen wurde. Kurz danach unternahm die Mutter einen Selbsttötungsversuch. Nachdem sie genesen war, fuhr sie für drei Wochen in die Türkei, um dort ihren neuen Lebenspartner zu heiraten. Währenddessen wurde Gerhard von einer Freundin der Mutter beaufsichtigt.

Gerhard hatte große Probleme im Klassenverband. Er nahm die ganze Aufmerksamkeit von Lehrer/innen und Mitschüler/innen in Anspruch. Er trat, schlug, würgte Mitschüler/innen, störte bei der Arbeit und bevormundete die anderen Kinder. Er schrie laut durch die Klasse, Ermahnungen und Hinweise gab er lautstark zurück. Auch in der Einzelbetreuung ließ seine Konzentration nach kurzer Zeit nach. Täglich war Gerhard in Auseinandersetzungen verwickelt. Die anderen Kinder hatten Angst und wollten nicht mehr in die Schule gehen.

Was war zu tun? Die Lehrerin führte Gerhards Verhalten auf die vielen Verunsicherungen zurück, die er erleben musste. Zunächst wurde er im Klassenverband unterrichtet und von einer neben ihm sitzenden Lehrerin betreut. Teilweise konnte er auch entscheiden, ob er im Klassenverband oder in einer Kleingruppe arbeiten wollte. Durch »Verhaltensverträge« stellten sich kleine Verbesserungen ein, z. B.:

- Es gelang ihm immer öfter, leise in den Klassenraum zu kommen und sich auf seinen Platz zu setzen.
- Er bearbeitete ein differenziertes Rechtschreibprogramm.
- Er erhielt einen, auf ihn persönlich abgestimmten, reduzierten Stundenplan.
- Stundenweise wurde er vom Schulleiter in dessen Klasse oder von Kolleginnen in deren Klassen oder auch im Schulgarten betreut. Durch diese Verteilung waren die Belastungen für die einzelnen Lehrer/innen leichter zu ertragen. Hörte die Einzelbetreuung auf, versuchte er, sich mit aller Kraft Zuwendung zu erzwingen.
- Es wurden Hausbesuche durchgeführt, Kontakte zu den Sozialarbeitern und zur schulpsychologischen Beratungsstelle aufgenommen. Die Mutter konnte an den entscheidenden Sitzungen nicht teilnehmen, weil sie sich wegen ihrer Heirat im Ausland aufhielt.

Für Gerhard konnten leider keine befriedigenden Lösungen gefunden werden. Als besondere Probleme wurden deutlich:
- Die Bedürfnisse der anderen Kinder, insbesondere der Kinder mit besonderem Förderbedarf, konnten nicht mehr ausreichend berücksichtigt werden.
- Die Lehrer/innen waren gestresst, oft mit ihren Nerven am Ende.

- Eine Einzelfallhilfe wurde für die Schulzeit nicht zur Verfügung gestellt.
- Der Vorschlag, Gerhard in einer Tagesklinik zu versorgen, löste bei der Mutter Entsetzen aus.

Nachdem sie aus der Türkei zurückgekehrt war, meldete die Mutter ihren Sohn von der Schule ab und schickte ihn in die Türkei, wo er in die Schule gehen sollte. Von dort kehrte er jedoch nach kurzer Zeit zurück. Daraufhin bemühte sich die Mutter darum, ihn wieder in seiner alten Schule unterzubringen. Dort waren jedoch alle Plätze in der Integrationsklasse durch Neuzugänge besetzt. Seitdem geht Gerhard nicht mehr in die Schule und streunt auf der Straße herum. Wenn er aufgegriffen wird, wird er vielleicht – auch gegen den Willen seiner Mutter – in ein Heim eingewiesen.

Vielleicht hat er das Glück, in ein besonderes pädagogisches Projekt aufgenommen zu werden, mit dem Kinder und Jugendliche von der Straße geholt werden sollen, um ein Abgleiten in die Kriminalität zu verhindern.

Für diese Kinder wird dann ein ähnlich hoher personeller Aufwand erforderlich sein wie für schwer körperlich behinderte Kinder. Selbst wenn diese Bedingungen hergestellt werden, ist die Belastung für die beteiligten Lehrer/innen trotzdem bei der pädagogischen Arbeit mit schwer verhaltensgestörten Kindern ungleich schwieriger als bei der Arbeit in der Integration der schwer körperbehinderter Kinder. Weshalb? Eine Antwort soll die folgende Gegenüberstellung geben:

Tab. 7: Gegenüberstellung zur pädagogischen Arbeit mit schwer mehrfach behinderten und stark verhaltensgestörten Kindern

Bei schwer mehrfach behinderten Kindern	Für ein Kind mit starken Verhaltensschwierigkeiten
Bei den körperlich schwer mehrfach behinderten Kindern wird akzeptiert, wenn sie Kulturtechniken nicht oder nur mit erheblichen zeitlichen Verzögerungen – im Vergleich zu den Mitschüler/innen – erlernen.	Es kann eine große Anstrengung sein, im morgendlichen Stuhlkreis zehn Minuten den anderen zugehört zu haben. Diese große Leistung wird zumeist nicht beachtet. Erst in dem Moment, wo das Kind nach fünfzehn Minuten aufspringt und sich nicht mehr konzentrieren kann, fällt dies den anderen auf und wird negativ bewertet.
Die Mitschüler/innen erkennen Leistungen des schwer behinderten Kindes an, die für sie bereits selbstverständlich sind, z. B. alleine essen können.	Den Mitschüler/innen fällt es sehr schwer oder ist oft unmöglich, die positiven Änderungen im Verhalten dieser Mitschüler/innen zu erkennen und zu würdigen.
Kleine Fortschritte werden beachtet und gewürdigt: Mit einem Lächeln das Erkennen eines Wortes zeigen, die ersten Worte sprechen – das kann bei einem schwer behinderten Kind eine herausragende Leistung sein, die die Mitschüler/innen mit Klatschen belohnen.	Kinder mit Verhaltensschwierigkeiten können durch gute Leistungen überraschen. Oft sind sie intelligent genug, um bestimmte Situationen zu ihrem Vorteil schnell zu nutzen. Ihr Verhalten ist für Lehrer/innen und Mitschüler/innen häufig überraschend und einfach nicht zu verstehen.

Tab. 7: **Gegenüberstellung zur pädagogischen Arbeit mit schwer mehrfach behinderten und stark verhaltensgestörten Kindern** (Fortsetzung)	
Bei schwer mehrfach behinderten Kindern	**Für ein Kind mit starken Verhaltensschwierigkeiten**
Die Eltern der schwer mehrfach behinderten Kinder haben sich bewusst für diesen Schritt in die Normalität mit ihrem Kind entschieden. Sie sind den Lehrer/innen zumeist dankbar, verhalten sich häufig sehr kooperativ und bestätigen damit die Lehrer/innen in ihrer täglichen Arbeit.	Die Eltern von Kindern mit starken Verhaltensauffälligkeiten sehen es als selbstverständlich an, dass ihre Kinder die »normale« Schule besuchen. Häufig werden sie zu Beginn der Schulzeit nicht als Kinder mit »besonderem Förderbedarf« gesehen. Die Lehrer/innen können von den Eltern meistens keine besondere Dankbarkeit und Anerkennung erwarten.
Von den schwer mehrfach behinderten Kindern geht in der Mehrzahl kein aggressives Verhalten aus. Selbst dann, wenn sie andere Kinder an den Haaren ziehen, wird es als Versuch der körperlichen Annäherung verstanden und nicht als Gewalt, die mit Gegengewalt abgewehrt werden muss.	Wenn Kinder mit Verhaltensstörungen anderen Kindern die Federtaschen vom Tisch werfen oder sie an den Haaren ziehen, kann dies in der Regel von den Gleichaltrigen nicht als Versuch einer Kontaktaufnahme verstanden werden.

Die Nichtaussonderung von Kindern mit starken Verhaltensauffälligkeiten ist die schwierigste Aufgabe. Viele Lehrer/innen haben sich in den vergangenen Jahren für diese Kinder engagiert. Ihre Arbeit wurde nur selten als ein Beitrag zur »Integration von Kindern mit Behinderungen« anerkannt.

Wenn die Gesellschaft der Gewalt unter Jugendlichen vorbeugen und auch für diese Heranwachsenden einen Beitrag für demokratisches Verhalten leisten will, dann darf es nicht weiter allein dem außergewöhnlichen Engagement einzelner Lehrer/innen überlassen sein, diese – durch ihre Familiensituation – benachteiligten Kinder zu integrieren. Diese Kinder benötigen ähnliche unterstützende Maßnahmen in Integrationsklassen wie die Kinder mit schweren körperlichen Behinderungen.

18. Nachwort und Ausblick

Alle sind verschieden. – In dem vorliegenden Buch wird anhand zahlreicher Beispiele dargestellt, wie diese Verschiedenen in der Gemeinsamkeit so gefördert werden können, dass ihre besonderen Lernbedürfnisse berücksichtigt werden. Kein Kind ist einem anderen Kind gleich. Die Unterschiede zwischen zwei blinden oder gehörlosen Kindern, zwei Kindern mit der Diagnose Down-Syndrom oder Autismus sind so groß, dass es nicht zu rechtfertigen ist, sie gemeinsam in einer Sonderschule von den anderen Gleichaltrigen zu trennen. Die Beispiele in diesem Buch sollen den Lehrer/innen und Eltern sowie allen, die Verantwortung für Kinder haben, Anregungen geben und Mut machen. Die Wege des gemeinsamen Lernens werden beim Gehen sicherer werden, im Sinne von Jakob Muth, der seit Beginn der 1970er-Jahre für die ersten Integrationsschulen gekämpft hat. Er formulierte 1982: »Vor allem durch die Bewusstseinsdisposition für Behinderte und das aus ihr erwachsende emotionale Engagement kommt es zur Gründung von Einrichtungen für die gemeinsame Erziehung und Unterrichtung von Behinderten und nicht Behinderten. Am stärksten wirken Beispiele. Deshalb ist jede einzelne integrative Einrichtung, die neu entsteht, zugleich die Bedingung für die Ermöglichung weiterer.«

In der Bundesrepublik Deutschland werden zu Beginn des 21. Jahrhunderts nur knapp 15 Prozent aller Kinder mit »sonderpädagogischem Förderbedarf« in allgemeinbildenden Regelschulen unterrichtet. Die »Integrationsquote« ist von Bundesland zu Bundesland (Nord-Süd- und West-Ost-Gefälle) und für die acht sonderpädagogischen Förderschwerpunkte sehr unterschiedlich (vgl. Schnell 2006). Mehr als 50 Prozent aller Schüler/innen, welche in der Bundesrepublik Deutschland Sonderschulen besuchen, wurden zu »Lernbehinderten« erklärt. In den alten Bundesländern betrifft dies überproportional Jungen nicht-deutscher Herkunft. In den neuen Bundesländern, wo es nur einen sehr geringen Anteil nichtdeutscher Schüler/innen gibt, ist die Überweisungsquote an Sonderschulen für Lernbehinderte ähnlich hoch, zum Teil höher als in den alten Bundesländern (vgl. Wocken 2005).

Im Vergleich zum europäischen Ausland und zu vielen außereuropäischen Industrienationen (USA, Kanada, Australien), aber auch im Vergleich zu »Schwellenländern« (z. B. Süd- und Mittelamerika) oder zu den Ländern des ehemaligen »Ostblocks« herrscht in der deutschen Öffentlichkeit noch weitgehend ein Bewusstsein, dass es »normal« sei, Kinder mit besonderem Förderbedarf in »besonderen« Schulen zu unterrichten. Den Kindern mit besonderem Förderbedarf wird in den Regelschulen die besondere Unterstützung verweigert; den Eltern wird die Sonderschule als »Schonraum« dargestellt. Dass dieser »Schonraum« eine Falle ist, aus der es in der

Regel kein Zurück gibt, ist den meisten Menschen in Deutschland nicht bewusst (vgl. Schumann 2007).

Als wesentliche Ursachen für das Beharrungsvermögen des deutschen Sonder-Förderschul-Systems gegenüber inklusiver Bildung für alle Kinder wird die *starre Gesetzgebung* und das *komplizierte Finanzierungssystem* mit den verschiedenen Verantwortlichkeiten auf Kreis-, Landes- und Bundesebene gesehen.

Zur Gesetzgebung: Im Gegensatz zur Gesetzgebung in anderen Ländern ist es in Deutschland möglich, dass Kinder gegen den Willen ihrer Eltern auf eine Förder-Sonderschule überwiesen werden. Juristische Verfahren gegen diese Verwaltungsentscheidung sind langwierig, risikoreich und zumeist nur dann möglich, wenn engagierte Jurist/innen und pädagogische Expert/innen die Eltern unterstützen. Die Besonderheit der Gesetzgebung der Bundesrepublik Deutschland (wie auch der ehemaligen DDR) ist auf das »Reichspflichtschulgesetz« von 1938 zurückzuführen.

Das Reichspflichtschulgesetz schrieb erstmalig den Zwang zur Sonderbeschulung »geistig oder körperlich behinderter Kinder« vor. In § 6, Abs. 1 hieß es dazu:

> *»Für Kinder, die wegen geistiger Schwäche oder wegen körperlicher Mängel dem allgemeinen Bildungsweg der Volksschule nicht oder nicht mit genügendem Erfolge zu folgen vermögen, besteht die Pflicht zum Besuch der für sie geeigneten Sonderschulen oder des für sie geeigneten Sonderunterrichts (Hilfsschulen, Schulen für Krüppel, Blinde, Taubstumme u. ä.)«* (Reichsgesetzblatt Teil 1, 1938, S. 102).

Zum Finanzierungssystem: Die Finanzierung der Sonderbeschulung erfolgt auf Landkreis-, Bundesland- und nationaler Ebene (z. B.: Fahrtkosten und Gebäudeunterhalt, Lehrerbezahlung und Internatskosten, Einzelfallhilfe und alle Unterstützungsmaßnahmen nach Bundes-Sozialgesetzgebung). Einsparungen im Sonderschulbereich (z. B. Fahrt- und Internatskosten) werden bisher in den meisten Bundesländern mit den zumeist deutlich geringeren Mehrkosten, die bei einer Beschulung desselben Kindes am Wohnort entstehen, nicht verrechnet (vgl. Preuss-Lausitz 1998).

Diese beiden grundsätzlichen Aspekte bilden den gesellschaftlichen Hintergrund, der es bisher erschwert hat, dass sich Mehrheiten in den jeweiligen Entscheidungsbereichen für den gemeinsamen Unterricht aller Schüler/innen engagieren. Erschwert wird die inklusive Bildung in Deutschland – im Vergleich zu den meisten anderen europäischen Ländern – bisher durch die folgenden Faktoren:

1. dreigliedriges Regelschulsystem in der Sekundarstufe I
2. starre Rahmenpläne
3. Leistungsbewertung, die an der Lerngruppe und nicht am individuellen Lernfortschritt gemessen wird
4. unzuverlässige Halbtags-Regelschule
5. hohe Klassenfrequenzen in Regelschulen
6. Lehrerbildung, die bereits mit dem Beginn des Studiums trennt für eine Tätigkeit an Regel- oder an Sonderschulen

Die unzuverlässige Halbtags-Regelschule in Deutschland im Vergleich zu der Tatsache, dass (fast) alle anderen europäischen Länder eine lange Tradition der Ganztagsschule aufweisen, führt dazu, dass an den meisten Orten die Integration von Kindern mit Behinderung nur für diejenigen möglich ist, deren Eltern die Nachmittagsbetreuung privat übernehmen oder finanzieren können.

Für die kommenden Jahre werden trotz aller Schwierigkeiten positive Entwicklungen erwartet. Am 30. März 2007 hat sich die Bundesrepublik Deutschland vor den Vereinten Nationen mit ihrer Unterschrift dazu verpflichtet, sich in Deutschland für ein inklusives Schulsystem einzusetzen. Die Konvention sagt unmissverständlich in Artikel 24 (Bildung), Absatz 1:

»Die Vertragsstaaten anerkennen das Recht behinderter Menschen auf Bildung. Um die Verwirklichung dieses Rechts ohne Diskriminierung und auf der Grundlage der Chancengleichheit zu erreichen, gewährleisten die Vertragsstaaten ein integratives Bildungssystem auf allen Ebenen und lebenslange Fortbildung.«

In den Absätzen 2 und 3 heißt es ebenso deutlich:
»Bei der Verwirklichung dieses Rechts stellen die Vertragsstaaten sicher,
a) dass behinderte Menschen nicht aufgrund ihrer Behinderung vom allgemeinen Bildungssystem ausgeschlossen werden und, dass behinderte Kinder nicht aufgrund ihrer Behinderung vom unentgeltlichen und obligatorischen Grundschulunterricht oder von der Sekundarschulbildung ausgeschlossen werden;
b) dass behinderte Menschen gleichberechtigt mit anderen in der Gemeinschaft, in der sie leben, Zugang zu einem integrativen, hochwertigen und unentgeltlichen Grundschulunterricht und einer entsprechenden Sekundarschulbildung haben.«

Dieser Konvention hat der Bundestag und der Bundesrat der Bundesrepublik Deutschland im Dezember 2008 zugestimmt; damit hat sie Gesetzeskraft.

Als »Akzeptanz der Behinderung« soll von Eltern nicht mehr erwartet werden, dass sie der Überweisung ihres Kindes auf eine »Sonder-Förder-Schule« zustimmen, sondern: Als »Akzeptanz der Behinderung« wird erwartet, dass jede Schule die Verschiedenheit aller Kinder respektiert und besondere Förderung der Verschiedenen in der Gemeinsamkeit organisiert, praktiziert und als Selbstverständlichkeit nach außen vertritt. Jede »normale« Schule ist eine Förderschule für *alle* Kinder. Eine Schule ohne Kinder mit besonderem Förderbedarf ist keine »normale« Schule.

Literatur

Hinweis: Die Literaturverweise in diesem Buch sind bewusst sparsam. Im Text wird auf spezielle weiterführende Internetadressen verwiesen. Jeweils aktuell können sich Interessierte in Deutschland über die Internetseite der Bundesbehindertenbeauftragten informieren, insbesondere zu aktuellen Gerichtsurteilen oder politischen Entscheidungen: www.behindertenbeauftragte.de/
Die Volltextbibliothek der Universität Innsbruck stellt kostenlos und gut aufbereitet aktualisierte Texte zu vielen Fragen des inklusiven Lebens, Lernens und Arbeitens von Menschen mit Behinderungen zur Verfügung: bidok.uibk.ac.at

Arnold, Karl-Heinz/Jürgens, Eiko (2001): Schülerbeurteilung ohne Zensuren. Neuwied, Kriftel: Luchterhand.
Bambach, Heide (1994): Ermutigungen. Nicht Zensuren. Lengwil am Bodensee: Libelle-Verlag.
Becker, Hellmut/von Hentig, Hartmut (Hrsg.) (1983): Zensuren. Lüge – Notwendigkeit – Alternativen. Frankfurt a.M.: Klett-Cotta.
Boban, Ines/Hinz, Andreas (2008): Qualitätsentwicklung des Gemeinsamen Unterrichts durch den »Index für Inklusion«; bidok.uibk.ac.at/library/boban-qualitaetsentwicklung.html (Abruf: 9.3.2009)
Fritzsche, Rita/Schastok, Alrun (^{2}2005): Ein Kindergarten für alle – Kinder mit und ohne Behinderung spielen und lernen gemeinsam. Hrsg. von Jutta Schöler. Berlin: Cornelsen Scriptor.
Heyer, Peter et al. (^{2}1994): Zehn Jahre wohnortnahe Integration. Behinderte und nicht behinderte Kinder gemeinsam an ihrer Grundschule. Frankfurt a.M.: Arbeitskreis Grundschule.
Lau, Gisela/Lau, Wolf-Dieter (1987): Jenny darf nicht in die Oberschule. Berlin (Selbstverlag).
Muth, Jakob et al. (1982): Behinderte in allgemeinen Schulen. Essen: Neue deutsche Schule Verlagsgesellschaft.
Preuss-Lausitz, Ulf (1998): Integration Behinderter zwischen Humanität und Ökonomie. Zu finanziellen Aspekten sonderpädagogischer Unterrichtung. In: Erziehung heute, Sonderheft: Weißbuch Integration, Heft 3, 1998/betrifft: integration, Sondernummer 3a 1998, S. 32–40. Hrsg. von der Tiroler Bildungspolitischen Arbeitsgemeinschaft. Innsbruck: Studien Verlag; auch: bidok.uibk.ac.at/library/preuss_lausitz-weissbuch_oekonomie.html (Abruf: 16.6.2008).
Preuss-Lausitz, Ulf (Hrsg.) (2005): Verhaltensauffällige Kinder integrieren. Zur Förderung der emotionalen und sozialen Entwicklung. Weinheim und Basel: Beltz Verlag.
Projektgruppe Integrationsversuch (Hrsg.) (1988): Das Fläming-Modell. Gemeinsamer Unterricht für behinderte und nicht behinderte Kinder in der Grundschule. Weinheim und Basel: Beltz.
Schnell, Irmtraut (2006): An den Kindern kann's nicht liegen. Zum aktuellen Stand gemeinsamen Lernens von Mädchen und Jungen mit und ohne sonderpädagogischen Förderbedarf in der Bundesrepublik Deutschland. In: Zs. gemeinsam leben. Zeitschrift für integrative Erziehung, 14 (2006) 4, S. 195–213; auch in: bidok.uibk.ac.at/library/schnell-schule.html (Abruf: 24.11.2008).
Schöler, Jutta (1997): Leitfaden zur Kooperation von Lehrerinnen und Lehrern – nicht nur in Integrationsklassen. Heinsberg: Dieck.

Schumann, Brigitte (2007): »Ich schäme mich ja so!« Die Sonderschule für Lernbehinderte als »Schonraumfalle«. Bad Heilbrunn: Julius Klinkhardt-Verlag.
Siegert, Hubertus (2007): Klassenleben. Kinofilm, auch als DVD erhältlich.
Wilken, Etta (2002): Sprechen lernen mit GuK (Gebärden-unterstützte Kommunikation), Deutsches Down-Syndrom-Infocenter, Lauf.
Wocken, Hans (2005): Andere Länder, andere Schüler? Vergleichende Untersuchungen von Förderschülern in den Bundesländern Brandenburg, Hamburg und Niedersachsen (Forschungsbericht), Potsdam – als Download: bidok.uibk.ac.at/library (Abruf: 19.3.2009).

Tabellenverzeichnis

Tab. 1:	Hilfe bei der Entscheidungsfindung	S. 16
Tab. 2:	Gründe für einen Wechsel von Sondereinrichtungen in Regelkindergärten oder -schulen	S. 43
Tab. 3:	Beispiele für »Rasterzeugnisse«: Schülerin A	S. 65
Tab. 4:	Beispiele für »Rasterzeugnisse«: Schülerin B	S. 66
Tab. 5:	Beispiele für »Rasterzeugnisse«: Schülerin C	S. 66
Tab. 6:	Beispiele für »Rasterzeugnisse«: Schülerin D	S. 67
Tab. 7:	Gegenüberstellung zur pädagogischen Arbeit mit schwer mehrfach behinderten und stark verhaltensgestörten Kindern	S. 164

Förderpädagogik praktisch

Ulf Preuss-Lausitz (Hrsg.)
Verhaltensauffällige Kinder integrieren
Zur Förderung der emotionalen und sozialen Entwicklung.
Beltz Sonderpädagogik.
2005. 256 Seiten. Broschiert.
ISBN 978-3-407-57218-9

Praktisch erprobte und erforschte Umsetzungsempfehlungen für den Förderunterricht.
In jeder Klasse gibt es Kinder mit erheblichen Schwierigkeiten in ihrer emotionalen und sozialen Entwicklung, die zu Verhaltensauffälligkeiten und zu Belastungen in Unterricht und Erziehung führen. In der vorliegenden Studie wurde untersucht, wie Kinder mit dem »Förderschwerpunkt emotionale und soziale Entwicklung« integrativ in den Klassen 1 bis 6 unterrichtet werden.
Mit zahlreichen Empfehlungen für den Unterricht, die Förderarbeit, die Einbeziehung der Gleichaltrigen und der Eltern und nicht zuletzt für die Vernetzung der Schule mit den Hilfeeinrichtungen.
Das Buch ist gedacht als Arbeitshilfe für Lehrer der Grund- und Sekundarschulen, Sonderpädagog/innen, Schulpsycholog/innen, Schulleitungen, die Schulaufsicht und die Jugendhilfe.

»In zehn lesenswerten und hilfreichen Beiträgen wird der Frage nachgegangen, wie verhaltensauffällige Kinder in den Lernprozess zum Vorteil aller zu intergrieren sind. Die Überlegungen sind stets sehr praxisnah, weil sie auf dreijährige Erfahrungen mit einem ›verhaltensförderlichen Unterricht‹ zurückgehen.«
Schulmagazin 5 bis 10

Beltz Verlag · Weinheim und Basel · Weitere Infos und Ladenpreis: www.beltz.de

Schüler/innen individuell fördern

Karl-Heinz Arnold
Olga Jaumann-Graumann
Anatoli Rakhkochkine
(Hrsg.)
Handbuch Förderung
2008. 493 Seiten. Gebunden.
EUR 49,90 D
ISBN 978-3-407-83158-3

Das »Handbuch Förderung« bietet einen umfassenden Überblick über das Handlungsfeld der unterrichtlichen und unterrichtsergänzenden individuellen Förderung – für Lehrer/innen, Psycholog/innen und Sozialpädagog/innen.

Dargestellt werden die wissenschaftlichen Grundlagen der Konzeption von Förderung, ihre Diagnostik sowie die Planung und Durchführung von Fördermaßnahmen im Unterricht. Detailliert und dennoch übersichtlich gibt der Band einen Einblick in die unterschiedlichen Bereiche der Förderung:

- Unterstützung psychomotorischer und basaler kognitiver Fähigkeiten
- Förderung der sprachlichen, sozialen und schulischen Entwicklung
- motivationale und lebenspraktische Aspekte

Der Band wird ergänzt durch die Darstellung der institutionellen Rahmenbedingungen und Ausbildungsmöglichkeiten für Förderungsaufgaben.

Beltz Verlag · Weinheim und Basel · Weitere Infos: www.beltz.de

Eine Schule für alle Kinder

Marianne Wilhelm
Rosá Eggertsdòttir
Gretar L. Marinòsson
Inklusive Schulentwicklung
Planungs- und Arbeitshilfen zur neuen Schulkultur.
Beltz Sonderpädagogik.
2005. 222 Seiten. Broschiert.
ISBN 978-3-407-57217-2

Ein kennzeichnender Aspekt einer modernen, demokratischen und humanen Gesellschaft ist ihr Umgang mit Menschen mit Behinderungen. Aktuelle Schulentwicklung bedeutet damit auch, die Schule im Sinne der Inklusion zu einer Schule für alle Kinder zu entwickeln, die die optimale Entwicklungsbegleitung für jedes Kind garantiert.

Die methodischen Hilfen im Buch unterstützen die Schule als »lernende Organisation« in ihrem selbstständigen Streben nach Entwicklung und Qualität des inklusiven Lebens und Lernens von Kindern mit Behinderungen.

Die Reihe »Gemeinsam Leben und Lernen: Integration von Menschen mit Behinderungen« wird herausgegeben von Jutta Schöler.

Beltz Verlag · Weinheim und Basel · Weitere Infos und Ladenpreis: www.beltz.de

Integration als Chance begreifen!

Marianne Wilhelm
Integration in der Sek. I und II
Wie die Umsetzung im Fachunterricht gelingt.
2009. 272 Seiten. Broschiert.
ISBN 978-3-407-25485-6

Häufig werden die Integration förderbedürftiger Schüler/innen und die Fachorientierung der Sekundarstufe als Gegensatz begriffen. Dieses Buch zeigt, dass Integration im Fachunterricht der Sekundarstufe nicht nur möglich ist, sondern diesen sogar bereichert.

In einigen deutschen Bundesländern ist die Integration förderbedürftiger Schüler/innen in weiterführenden Schulen bereits Standard, weitere Länder werden folgen. Die Autorin weitet diesen integrativen Ansatz auf den Fachunterricht aus: Sie gibt konkrete Anregungen und praktische Tipps, wie Integration in einem fächerorientierten Unterricht möglich ist, ohne die Bedürfnisse lernstarker Schüler/innen zu vernachlässigen. Im Gegenteil: Auch sie können profitieren!

BELTZ
Beltz Verlag · Weinheim und Basel · Weitere Infos: www.beltz.de